寄语

基层团组织工作实务与规范化建设

邹立春 ◎ 编著

JICENG TUANZUZHI GONGZUO SHIWU
YU GUIFANHUA JIANSHE

人民日报出版社

图书在版编目（CIP）数据

基层团组织工作实务与规范化建设/邹立春编著.
北京：人民日报出版社，2025.9. --ISBN 978-7-5115-8878-4

I. D297

中国国家版本馆 CIP 数据核字第 2025JG0634 号

书　　名：	基层团组织工作实务与规范化建设
作　　者：	邹立春
责任编辑：	周海燕
封面设计：	先哲龙设计室
出版发行：	人民日报出版社
地　　址：	北京金台西路 2 号
邮政编码：	100733
发行热线：	（010）65369527　65369509　65369512　65369846
邮购热线：	（010）65369530　65363527
编辑热线：	（010）65369518
网　　址：	www.peopledailypress.com
经　　销：	新华书店
印　　刷：	廊坊市长岭印务有限公司
开　　本：	710mm×1000mm　1/16
字　　数：	350 千字
印　　张：	22
印　　次：	2025 年 9 月第 1 版　2025 年 9 月第 1 次印刷
书　　号：	ISBN 978-7-5115-8878-4
定　　价：	69.00 元

前言
PREFACE

基层团组织作为共青团事业的基础和细胞,承载着团结凝聚广大青年、服务党政大局、促进青年成长成才的重要使命。在共青团事业蓬勃发展的今天,如何更好地发挥基层团组织的作用,不断增强引领力、组织力、服务力,提升对大局的贡献度,是摆在我们面前的重要课题。

为深入贯彻党的二十大、团的十九大精神和习近平总书记关于青年工作的重要思想,积极响应共青团中央关于加强基层团组织建设的号召,特编写了《基层团组织工作实务与规范化建设》一书。

在编写过程中,我深刻感受到了基层团组织工作的艰辛与不易。基层团组织面临着诸多挑战和困难,如团员流动性大、活动资源有限、团干部兼职化等。然而,正是这些挑战和困难,激发了基层团组织不断创新、不断进取的精神。

本书紧密围绕最新政策,结合基层团组织工作实际,旨在为基层团干部提供一本全面、实用、具有可操作性的工作手册。从支部团员大会的选举流程到支部委员会的议事规则,从团员教育评议制度的实施到团课教育的开展,再到主题团日活动的策划与实施,本书都提供了详尽的步骤指导。同时,本书针对基层团组织队伍建设、制度建设等关键环节,提出了具体的管理措施和制度建议,以期为基层团组织提供全方位的工作支持,从而推动基层团组织工作更加规范化和高效化。

值得一提的是,本书在阐述各项工作时,还融入了最新的政策精神和理论成果。通过解读相关政策文件,分析基层团组织工作的新趋势和新要求,以期引导基层团干部紧跟时代步伐,不断创新工作方式方法，推动基层团组织工作迈上新台阶。

本书在编写过程中得到了一些同人的大力帮助，也得到了家人的鼎力支持，在付梓之际一并致谢！由于编者水平及编写时间所限，书中难免有不足之处，恳请读者批评指正。

邹立春
2025 年 8 月于贵阳

第一章　基层团组织与"三会两制一课"/1
一、基层团组织的性质、任务和职责/1
二、"三会两制一课"的意义和现状/3
三、不断提高"三会两制一课"质量/18

第二章　支部团员大会/35
一、支部团员大会的性质和职权/35
二、支部团员大会的会期及其形式/35
三、支部团员大会选举的任务/36
四、支部团员大会选举的原则/38
五、进行换届选举的支部团员大会的主要流程/40
六、没有选举任务的支部团员大会程序/43
七、支部团员大会选举办法/44
八、支部团员大会讨论接收新团员的主要程序/44
九、支部团员大会相关热点问答/45
十、支部团员大会换届选举文书范本/54

第三章　支部委员会/80
一、支部委员会的主要职责/80
二、支部委员会的基本任务/80
三、支部委员会的主要制度/83
四、支部委员会议事规则和决策程序/85
五、支部委员会会议流程/86

六、如何召开支部委员会扩大会议/88

七、支部委员会委员增补程序/89

八、支部委员会和支部团员大会之间的关系/90

九、正确处理支部委员与团支部书记的关系/91

十、怎样当一名合格的团支部委员/92

十一、加强支部委员会自身建设/94

十二、支部委员会成员职责/96

十三、高校基层团组织设置的热点问答/101

第四章 团小组会/104

一、团小组的发展历史/104

二、团小组的设置与划分/109

三、团小组长的产生与职责/110

四、团小组的主要任务/111

五、团小组会的主要任务/113

六、团小组会的主要形式/114

七、召开团小组会的内容与基本程序/114

八、开好团小组会要抓住哪些环节/115

九、团小组与团支部的关系/116

十、团小组组长与所在小组团员的关系/117

十一、团小组组长与支部委员会的关系/117

十二、团小组组长与支部书记和支部委员的关系/118

十三、要充分尊重团小组的创造性/119

十四、团小组怎样向上级团组织请示、汇报工作/119

十五、优秀团小组的评比/120

十六、团小组的自身建设/121

十七、团小组面临的问题及应对的措施/122

十八、依靠团小组全体团员开展工作/123

十九、创建学习型团小组/124

二十、团小组的文化建设/126

二十一、怎样当一名合格的团小组组长/128

二十二、不断提高团小组组长的自身素质/130

二十三、团小组组长如何发扬民主/134

二十四、团小组组长工作的基本要求/136

二十五、团小组组长的领导方法和领导艺术/136

二十六、团小组组长开展活动的方法/137

二十七、团小组组长如何写好各种材料/143

第五章 团员教育评议制度/145

一、团员教育评议制度的由来与发展/145

二、团员教育评议制度的作用/146

三、团员教育评议的对象和频次/147

四、团员教育评议的原则/147

五、团员教育评议的指导标准/147

六、团员教育评议的指标体系/149

七、团员教育评议的流程/172

八、如何做好团员教育评议活动/173

九、如何强化团员教育评议活动效果/175

十、增强团员教育评议工作有效性的途径/176

十一、团员教育评议的等次和奖惩/178

十二、团员教育评议结果应用/179

十三、新时代共青团激励机制/180

第六章 团员年度团籍注册制度/186

一、团员年度团籍注册制度的概念/186

二、团员年度团籍注册制度的基本内容/186

三、团员年度团籍注册制度的基本要求/187

四、团员年度团籍注册工作程序图/188

五、转接团员组织关系工作程序图/189

六、团籍管理工作/190

七、团员年度团籍注册操作步骤/199

八、团员年度团籍注册制度的热点问答/206

第七章　团课/210

一、团课的主要内容/210

二、团课教育的类型/211

三、团课教育的形式/221

四、团课主题的确定/223

五、团课教育的基本要求/223

六、团课教育的一般方法/225

七、团课的基本程序/227

八、健全"团干部上讲台"工作机制的意义/229

九、上讲台的团干部能力要求/230

十、团干部讲团课的主题内容/231

十一、团干部讲好团课的方法/232

十二、团干部的授课艺术/233

十三、团课教育实效性的现实意义/236

十四、加强高校团课教育实效性的可行办法/237

十五、团课的热点问题问答/239

第八章　基层团组织队伍建设/242

一、团员教育管理概述/242

二、团员教育管理的主要方式/244

三、团员教育的主要内容/246

四、团干部教育培训工作应当遵循的原则/270

五、团干部教育培训工作的管理体制/270

六、团干部教育培训的对象/271

七、团干部教育培训的内容/272

八、团干部教育培训的方式方法/273

九、团干部教育培训的制度/274

十、团中央青年讲师团的成员构成/275

十一、团中央青年讲师团的课题组制度/277

十二、严格管理团的专职干部/277

十三、团干部协管工作的内容/278

十四、做好团干部协管工作的要求/279

十五、青年马克思主义者培养工程/280

十六、基层团组织书记述职评议考核/282

第九章　基层团组织制度建设/285

一、团支部例会制度/285

二、团支部民主选举制度/286

三、团支部工作报告制度/289

四、团支部团员大会制度/291

五、团支部委员会管理制度/292

六、团支部工作定期检查、考核制度/295

七、团支部工作目标管理制度/299

八、团干部奖惩管理制度/301

九、团干部保密制度/304

十、团支部活动管理制度/308

十一、团支部考勤制度/310

十二、团的民主集中制/311

第十章　主题团日活动/315

一、主题团日活动的概念/315

二、主题团日活动的特点/315

三、主题团日活动的创意/317

四、主题团日活动的主题/319

五、主题团日活动的内容/321

六、主题团日活动的形式/324

七、主题团日活动的方案/327

八、主题团日活动的实施/329

九、主题团日活动的总结/335

第一章

基层团组织与"三会两制一课"

一、基层团组织的性质、任务和职责

(一)基层团组织的性质

企业、农村、机关、学校、医院、科研院所、街道社区、社会组织、人民解放军连队、人民武装警察部队中队和其他基层单位,凡是有团员三人以上的,都应当建立团的基层组织。

团的基层组织,根据工作需要和团员人数,经上级团的委员会批准,分别设立团的基层委员会、总支部委员会、支部委员会。在基层委员会、总支部下建立支部。工作需要的,在基层委员会下也可以建立总支部。在一个支部内可以分若干个小组。

支部委员会、总支部委员会由团员大会选举产生,其中大、中学校学生支部委员会每届任期一年,其他每届任期三年。基层委员会由团员大会或代表大会选举产生,每届任期三年至五年,一般与同级党的委员会任期保持一致。

团的基层组织设置应从实际出发,可以不完全与党组织和行政建制对应。适应街道社区、非公有制经济组织、社会组织等单位和领域的特点,适应团员青年流动和分布聚集的特点,灵活设置团的基层组织。

(二) 基层团组织的任务

团的基层组织是团工作和活动的基本单位,应该充分发挥团结教育青年的核心作用。它的基本任务是:

1. 组织团员和青年学习马克思列宁主义、毛泽东思想、邓小平理论、"三个代表"重要思想、科学发展观、习近平新时代中国特色社会主义思想,学习党的路线、方针和政策,学习团章和团的基本知识,学习科学、文化、法律和业务。

2. 宣传、执行党和团组织的指示和决议,参与民主管理和民主监督,充分发挥团员的模范作用,积极创先争优,团结带领青年积极投身改革开放和现代化建设,为社会主义经济建设、政治建设、文化建设、社会建设、生态文明建设做贡献。

3. 教育团员和青年学习革命前辈,继承党的优良传统,发扬社会主义道德风尚,弘扬网上主旋律,树立与改革开放和社会发展相适应的新观念,自觉抵制不良倾向,坚决同各种违纪违法行为做斗争。

4. 了解和反映团员与青年的思想、要求,维护他们的权益,关心他们的学习、工作、生活和休息,开展文化、娱乐、体育活动。

5. 对要求入团的青年进行培养教育,做好经常性发展团员工作,收缴团费,办理超龄团员的离团手续。

6. 对团员进行教育、管理和服务,健全团的组织生活,落实"三会两制一课"制度,开展批评和自我批评,监督团员切实履行义务,保障团员的权利不受侵犯,表彰先进,执行团的纪律。

7. 对团员进行党的基本知识和党的历史教育,推荐优秀团员作党的发展对象;发现和培养青年中的优秀人才,推荐他们进入

(三) 基层团组织的职责

团支部是团的基础组织，担负直接教育团员、管理团员、监督团员和组织青年、宣传青年、凝聚青年、服务青年的职责。

对工作活跃、成绩显著的团的基层组织，上级团的组织应当给以奖励。

奖励分为：通报表扬，由团的中央、省、市、县级委员会和基层团委授予五四红旗团组织称号。

二、"三会两制一课"的意义和现状

中国共产党作为世界第一大执政党，实现长期执政的关键，在于基层党组织建设和党员的教育管理。只有根基牢固，才能枝繁叶茂。中国共产主义青年团作为党的助手和后备军，"党有号召团有行动""党旗所指团旗所向"是共青团的优良传统，在任何时候任何情况下共青团都要坚持以党的旗帜为旗帜、以党的意志为意志、以党的使命为使命，坚定不移听党话、跟党走，所以在大抓基层党组织建设的背景下，大抓基层团组织建设也是时代应有之义。截至2024年12月底，对于拥有7531.8万名团员、439.7万个基层团组织的庞大组织生命体——中国共产主义青年团，要想确保团组织肌体的健康，就必须确保每个细胞健康。做到这一切，就要全面加强基层团组织建设，就要保证对每一名团员的教育管理都能跟得上。作为基层团的组织生活制度——"三会两制一课"，是解决这一问题的根本途径，通过定期召开支部团员大会、支部委员会、团小组会，按规定做好团员教育评议制度和团员年度团籍注册制度，按时上好团课，充分发挥基层团组织的创造力、凝聚力、战斗力、领导力和号召力，担负好直接教育团员、管理团员、监督团员、服务团员的职责。

（一）坚持"三会两制一课"制度的重要意义

"三会两制一课"是团章规定的基层团组织开展活动的基本方式和重要制度，也是团员参与团内生活、接受团内教育的基本保障。

1. "三会两制一课"制度是实现"学习贯彻习近平新时代中国特色社会主义思想主题教育"常态化和制度化的重要方式

为加强对共青团员的政治锻造，加强对广大青年的政治引领，用党的创新理论统一思想、统一意志、统一行动，铸牢听党话、跟党走的立身之本和政治之魂，2023年9月，共青团中央印发《关于面向广大团员和青年开展学习贯彻习近平新时代中国特色社会主义思想主题教育的通知》。实践证明，"学习贯彻习近平新时代中国特色社会主义思想主题教育"是推进思想建团、组织建团、制度治团的有力抓手，是全面从严治团的基础性工程，要坚持不懈抓下去。推进"学习贯彻习近平新时代中国特色社会主义思想主题教育"常态化制度化，要引导广大团员深入学习习近平新时代中国特色社会主义思想，深入学习团章团规，增强"四个意识"，在思想上、政治上、行动上同以习近平同志为核心的党中央保持高度一致，做到政治合格、品德合格、纪律合格、发挥作用合格。

只有依托"三会两制一课"等团的组织生活制度，牢固树立团的一切工作到支部的鲜明导向，发挥团支部自我净化、自我提高的主动性，抓好基层团支部相关制度建设，在真学实做上深化拓展，完善查找解决问题的长效机制，经常进行政治体检，深化问题整改，推动学习教育与中心工作深度融合，激发团员干部干事创业的内生动力，在补齐基层团建短板、解决群众身边不正之风和腐败问题上持续用力，才能真正把团的政治建设、思想建设、组织建设抓在日常、严在经常。

2. "三会两制一课"制度是严肃团内政治生活的基本途径

习近平总书记指出："一个班子强不强、有没有战斗力，同有没有严肃认真的党内政治生活密切相关；一个领导干部强不强、威信高不高，也同是否经过严肃认真的党内政治生活锻炼密切相关。"

2017年1月，共青团中央常委会议审议批准，共青团中央发布的《中国共产主义青年团基层组织"三会两制一课"实施细则（试行）》规定：落实"三会两制一课"，是共青团保持和增强政治性、先进性、群众性的必然要求，是推进团要管团、从严治团的重要载体，是加强团员思想政治教育和自我教育，强化团员意识，提升基层团组织凝聚力和战斗力的制度保障。全体团员要牢记团员身份、增强团员意识，积极参加团的组织生活。团员没有正当理由，连续六个月不参加团的组织生活，严格按照有关规定处理。"三会两制一课"作为团员参与政治生活的基本途径和方式，有利于团员干部坚定理想信念，加强政治修养。通过"三会两制一课"制度，开展团内集中学习教育，通过学习加强正确的思想理论引导，团员干部就能够坚持不懈抓好理论武装，系统掌握马克思原理，学会用马克思主义的立场、观点和方法来分析问题和解决问题，用坚定的政治信念抵御政治风浪，在纷繁复杂的现实中坚持正确的权力观与义利观，正确认识、理性对待矛盾与问题，防止团内政治生活庸俗化、随意化、平淡化、娱乐化，保证团内政治生活的重要载体得到有效落实，把政治热情转化为做好本职工作的强大动力，从而永葆共青团员的先进性和纯洁性。

3. "三会两制一课"制度是加强基层团组织的重要举措

共青团十八大以来,共青团深入学习贯彻习近平新时代中国特色社会主义思想,牢牢把握根本任务、政治责任、工作主线,紧紧围绕保持和增强政治性、先进性、群众性,切实履行引领凝聚青年、组织动员青年、联系服务青年职责,先后召开多次团中央全会对大抓团的基层建设、加强共青团宣传思想文化工作、深化共青团改革、促进青年发展与建功、全面从严治团等重大问题做出专门部署,逐步形成了以增强团的引领力、组织力、服务力为重点,以提升共青团工作的大局贡献度为目标,以深化改革攻坚、全面从严治团为保证的工作格局,推动团的建设和工作取得突破性进展,共青团面貌发生整体性变革。

团的十九大报告指出:通过严格"三会两制一课"、加强团员先进性评价、开展支部对标定级、强化学社衔接等举措,整理整顿软弱涣散团支部超过 10 万个。通过此种途径来加强基层团组织带头人队伍的建设,扩大基层团组织的有效覆盖面,着力解决一些基层团组织弱化、虚化、边缘化问题。2019 年 6 月 12 日,共青团中央发布《中国共产主义青年团支部工作条例(试行)》。条例第十六条规定:团支部应当组织团员按期参加团员大会、团小组会和上团课,按期开展团员教育评议和团员年度团籍注册,定期召开团支部委员会会议。同时还对基层团支部如何开展"三会两制一课"作了全面规定,如"三会两制一课"的目的,团课的内容形式以及团干部讲团课的要求。其中具体规定:"三会两制一课"应当突出思想政治要求,切实提高组织生活质量,注重创新方式方法,做到形式多样、严肃活泼。团课应当针对团员思想和学习、工作实际,采用相对灵活的方式,增强吸引力感染力。团的领导机关干部应当定期为基层团员讲团课,基层团委主要负责人每年至少要为团员青年讲1次团课。除团支部的团员和入团积极分子外，团课可以扩大至积极向本团支部靠拢的青年。入团积极分子被确定为发展对象之前参加集中团课学习应当不少于8个学时。

全面从严治团，基础是全面，关键在严，要害在治。"全面"就是要管全团、治全团，覆盖团的建设各个领域、各个方面、各个部门。因此，落实好"三会两制一课"不仅是全面从严治团覆盖全体团员队伍的必然要求，也是覆盖全部基层团组织的必然要求。落实"三会两制一课"制度，有利于把基层团组织的政治功能和服务功能紧密结合，解决好整顿软弱涣散基层团组织、推进城市街道社区区域化团建、加强团员管理等问题，把每个基层团组织都建设得坚强有力。通过定期开展"三会两制一课"活动，让团员养成经常参加组织生活的习惯和自觉，有利于增强团员意识和对团组织的归属感，教育引导团员加强政治锻炼、增强宗旨意识、自觉守纪律讲规矩。"三会两制一课"作为密切联系服务群众的重要载体，注重与群众的生产生活相对接，通过开展"主题团日"活动、青年志愿者行动、青年文明号、青年岗位能手等活动，组织团员青年在扶贫帮困、就业创业、文明创建、乡村振兴等方面发生作用，帮助群众解决生产生活中的实际困难和问题，让人民群众有更多获得感、幸福感和安全感，有利于进一步激发团员队伍活力，提高基层团组织的凝聚力和战斗力，从而进一步提升基层团组织的组织力。

（二）坚持"三会两制一课"是全面从严治团的必然要求

打铁必须自身硬。团的十八大报告提出，深化团的改革、发展团的事业，关键在于从严治团。我们要深刻认识团的建设是党的建设一部分的重大意义，深刻把握全面从严治党必然要求从严治团的重要逻辑，从党的十八大以来党的领导和党的建设全面加强、管党治党宽松软状况彻底扭转的历史性变革中全面汲取养分，学习我们党勇于自我革命的精神和敢于刮骨疗毒的决心，学习我们党的初心使命和思想理论，反躬自问、大步跟上，严格对照全面从严治党的标准、要求、做法，大力推进全面从严治团，切实管好专职团干部、基层工作骨干、团员，加强各级团组织的革命性锻造。报告中还提出：以增强先进性为目标，抓好团员队伍建设。共青团员是青年中的先进分子，团员先进性是团组织先进性的基石。要加强团员教育，把更大功夫下在入团以后，以学习习近平新时代中国特色社会主义思想和党的二十大精神为主线，常态化开展各类面向团员的主题教育活动。要提升团员发展质量，规范入团仪式、超龄离团、组织关系接转、团内统计等基础团务，提高"三会两制一课"实效，深化团员成为注册志愿者工作，努力解决"失联"团员问题，稳妥处置不合格团员。认真落实"推荐优秀团员做党的发展对象"制度安排。团员要把政治先进摆在首位，平常时候看得出来、关键时刻冲得上去，做青年表率，不辜负共青团员的光荣称号。

对于团的基层组织建设，习近平总书记在 2018 年 7 月 2 日重要讲话中强调：要树立大抓基层的鲜明导向，推动改革举措落到基层，使基层真正强起来。应当切实落实从严治团要求。政治上要严，坚持以政治建设为统领，加强共青团系统党的建设，增强"四个意识"，坚定"四个自信"，坚决维护党中央权威和集中统一领导，旗帜鲜明抵制各种歪风邪气，保持清风正气和良好形象。团的干部队伍建设要严，政治上、思想上、能力上、担当上、作风上、自律上要强，做到对党忠诚，敢于挑急难险重的担子，敢于到条件艰苦、环境复杂的岗位锻炼，脚踏实地、一步一个脚印干。团员队伍建设也要严，在团员标准要求上严起来，从把好入团质量关入手，抓好入团以后的教育实践，带动广大青年一起前进。

第一章 基层团组织与"三会两制一课"

团的十九大报告提出：我们党通过全面从严治党开辟了百年大党自我革命的新境界，共青团必须深刻领悟党的自我革命战略思想，自觉对标全面从严治党经验做法，坚持党建带团建，不折不扣落实习近平总书记关于从严治团的重要要求，毫不动摇把严的基调贯穿始终，持之以恒推进全面从严治团，着力锻造对党忠诚、心系青年、勇于担当、作风过硬的马克思主义青年组织。

坚持党的全面领导，筑牢全面从严治团的政治根基。认真组织学习贯彻习近平新时代中国特色社会主义思想，牢牢把握"学思想、强党性、重实践、建新功"的要求，努力做到以学铸魂、以学增智、以学正风、以学促干，自觉用党的创新理论统一思想、统一意志、统一行动。

建立健全政治理论学习制度，坚持完善"第一议题"学习机制，不断提高政治判断力、政治领悟力、政治执行力。着力完善贯彻落实习近平总书记重要指示批示精神和党中央决策部署的工作闭环，健全台账管理和督查督办机制，确保党中央各项要求落实到共青团工作的全过程各领域。全面加强共青团系统党的建设，严格落实重大事项请示报告制度，自觉接受巡视巡察并协同抓好整改落实。

从严加强团的组织建设，着力提升政治功能、组织功能和服务功能。深入实施共青团组织体系贯通工程，加强团的领导机关建设，深化"一专一站两联"工作机制，建设横向覆盖各领域、纵向联通各层级、普遍联系团员青年的工作体系，推动团的领导机关发挥政治功能。

严密团的组织体系，着眼发挥共青团在大思政格局中的独特作用。建强学校团组织，巩固国有企业、机关事业单位等团组织建设，实施行业系统团建攻坚行动，持续扩大"两新"组织团建覆盖，构建纵横交织、上下贯通的组织体系。定期开展基层团组织规范化建设对标定级和突出问题专项治理,持续整顿软弱涣散团组织。优化"智慧团建"系统,创新运用数字化手段赋能团的组织建设。清醒认识面对日益复杂的生存发展环境、日新月异的科学技术进步,唯有依靠学习才能走向未来、创造未来,下大气力加强学习型团组织建设。

从严加强团干部队伍建设,着力锤炼政治品格和优良作风。

团的作风形象首先体现为团干部的作风形象,团的事业发展关键靠的是团干部的担当作为。落实主题教育要求,认真开展团干部队伍教育整顿。坚持把政治标准放在首位,从严选配团的领导机关干部,常态化分级分类开展团干部教育培训,让对党忠诚成为团干部的鲜明政治品格。深化密切联系青年机制,推动团干部进万家门、访万家情、结万家亲,和广大青年打成一片,让扎根青年成为团干部的强烈行动自觉。

健全考核评价机制,加强绩效管理,突出激励约束,引导团干部树立和践行正确政绩观,让多为青年计、少为自己谋成为团干部的思想自觉,让担当实干成为团干部的过硬工作作风。持续开展团干部成长观教育,加强新时代廉洁文化建设,加强日常监督执纪和警示提醒,让廉洁自律成为团干部的基本道德修为。广大团干部要增强事业心,彻底拔除"官本位"思想根子,摒弃畏首畏尾的"谨慎",理直气壮履职,以一言一行重塑清新形象。

从严加强团员队伍建设,着力增强共青团员先进性。严格标准、严把入口,落实少先队推优入团相关规定,健全积分入团、评议入团制度,不断提升团员发展质量。坚持县域统筹、市域补充、省控总量,科学制定团员发展计划,优化团员发展结构,合理调控团青比。

严格团员教育管理,深化先进性评价、荣誉激励机制,引导团员在实践中展现先进和优秀,做理想远大、信念坚定,刻苦学习、

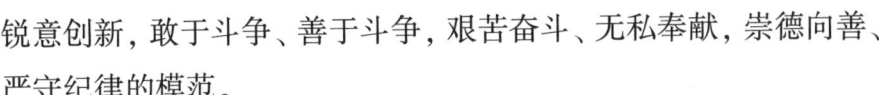

锐意创新，敢于斗争、善于斗争，艰苦奋斗、无私奉献，崇德向善、严守纪律的模范。

严肃团员纪律要求，依章依规稳妥处置不合格团员，保持队伍纯洁性和战斗力。完善团内规章制度体系，着力强化全面从严治团的刚性约束。坚持以党章为根本遵循、以团章为基本依据，坚持整体设计与急用先行相结合，坚持规范主体、规范行为、规范监督，抓紧制定完善团内教育、管理、监督、执纪、问责等方面制度。强化各级团干部制度意识、规矩意识，督促团的各级领导机关带头维护制度权威，定期对规章制度落实情况进行评估检查，做到有章必循、有规必依，切实保障各项规章制度落地见效。

习近平总书记在2023年6月26日重要讲话中强调：要顺应全面从严治党的要求，坚持问题导向，敢于刀刃向内，纵深推进团的改革，全面从严管团治团，坚定不移走好中国特色社会主义群团发展道路，不断保持和增强政治性、先进性、群众性，不断提高团组织的引领力、组织力、服务力。要坚持夯实基层的鲜明导向，不断扩大团组织的覆盖面，提升青年群众工作能力。广大团干部要倍加珍惜为党做青年工作的宝贵机会，不断提升政治能力、理论素养、群众工作本领，心无旁骛干好本职工作，用实打实的业绩赢得党的信任、赢得社会尊重、赢得青年口碑。

全面从严治团的基础在于加强基层建设，这是做好共青团工作的"根"。一是要加强组织建设。要"全团大抓基层""全团大抓学校"，积极推动县域共青团基层组织改革，不断推动团的基层组织自我完善，使基层团组织覆盖更广泛、工作更活跃。二是要加强作风建设。要在重点群体上向党看齐，抓住团干部这个"关键少数"，不断进行自我提高。团干部首先是党的干部，是政治干部，要对标党对领导干部的要求，切实提升政治判断力、政治领悟力、政治执行力。要坚持以党性立身做事，把说老实话、办老实事、做老实人作为党性修养和锻炼的重要内容,敢于坚持真理,善于独立思考,坚持求真务实。三是要加强纪律建设。要在团员队伍建设上向党看齐,不断进行自我净化。要深刻认识全面从严治团进程中团员先进性的建设,将从严管理的总要求落实到青联、学联学生会、少先队各项工作和建设中去。要深刻理解"降低团学比例,提升团员质量"的重大战略意义,严把团员入口关。要重视当代青年由于现实利益满足而产生的实践认同,不断加强全过程进阶培养与严格管理,使广大青年成为弘扬主旋律、引领新风尚、传播正能量的时代先锋。

(三)当前"三会两制一课"存在的不足

1. 基层团组织对落实"三会两制一课"制度认识还不够深刻

"三会两制一课"制度落实不力与一些基层团组织思想认识不深刻息息相关。很多基层团干部对于如何落实"三会两制一课"制度缺乏系统的思考,致使"三会两制一课"制度落实浮于表面,难以产生强壮组织肌体的作用。此外,很多基层团干部对《中国共产主义青年团基层组织"三会两制一课"实施细则(试行)》没有认真学习领会,对《中国共产主义青年团基层组织"三会两制一课"实施细则(试行)》中明确规定的"三会两制一课"制度实施的内容、时间、频次、形式、流程及相关的活动等问题存在认识模糊,极大地影响了"三会两制一课"制度常态化实施、规范化建设。

2. 缺乏有效载体

当前,共青团组织的吸引力和凝聚力不足的问题依然是阻碍共青团组织发展的瓶颈。当前基层团组织在落实"三会两制一课"制度时,多数仍然是采取以"灌输、说教"的方式来开展学习教育活动，主要的载体依然是传统的开会、读文件、上课的方式，缺乏有效的吸引青年的载体和方式，致使团员对参与其中兴致索然。

3. 部分团员素质不高，团员意识不强、参与兴趣不浓

在实际工作中，团员不了解《团章》、不清楚作为共青团员的权利和义务、不严格遵守团的规章制度的现象依然存在。一些团员无视团的纪律，常常以各种借口不参加团的活动，团支部开展组织生活会时团员召集难的问题比较突出。有的团员即使参加组织生活也是带着走形式走过场的心理被动参加，致使"三会两制一课"制度存在形式化、庸俗化，难以产生实效。

4. 部分基层党组织缺乏对团的组织生活的指导和支持，部分团干部责任意识不强

党组织的重视和指导是"三会两制一课"制度得以有效执行的重要保障。但是在实际工作中，一些基层党组织对团的工作的领导更多的是重视共青团如何发挥党的助手和后备军作用，团结带领青年投身到新时代中国特色社会主义建设，很少过问是否召开组织生活会。此外，部分团干部主体责任意识不强，对于"三会两制一课"制度不能从战略高度和政治高度上充分认识，认为开展团的工作关键是组织建立起来，活动开展起来。很多团支部书记说，现在团员都很忙，企业一线青工都是三班倒，农村青年忙于去城里打工，很难召集起来开组织生活会。

5. 缺乏科学系统的监督考核机制

（1）缺乏严格科学的考核指标体系。虽然很多基层团组织已经把"三会两制一课"制度落实情况列入基层团组织建设日常考核评价体系，但是存在制度设计简单化、表面化的问题。相对于其他方面的工作，对"三会两制一课"制度实施状况没有建立科学严谨规范细化的考核指标。由于缺少有效的管理和监督，致使会议流程不规范、组织生活会开与不开一个样的现象普遍存在。

(2) 缺乏严格的检查督导，致使学习流于形式、组织生活程序随意。基层团组织很少检查团员的学习情况，有的团课虽然设置了考试环节，但是监督不严格，致使考试流于形式；有的基层团委对于团员大会的选举程序是否规范非常重视，而对"两制"是否按照规定的流程、内容开展并不重视。有的基层团干部不知道团员教育评议制度的流程、评议的等次以及评议结果如何运用；有的团支部没有团的组织生活会议记录，有的虽然有会议记录，但是记录得不全面、不规范。

（四）推进"三会两制一课"的途径

1. 强化宣传教育力度，提高对"三会两制一课"制度重要性的认识和相关业务能力

（1）加强宣传，提高对"三会两制一课"制度的认识

共青团组织要充分利用各种新媒体手段，加强对"三会两制一课"制度的宣传。通过制作宣传片，专家解读《中国共产主义青年团基层组织"三会两制一课"实施细则（试行）》，宣传报道基层团组织落实"三会两制一课"制度的典型经验、组织线上线下互动讨论等多种方式，使广大团员和团干部端正态度，从思想上认识到"三会两制一课"制度是团内一项十分严肃的政治生活制度，是保持共青团员先进性的重要载体，增强团干部的责任意识和团员参加"三会两制一课"的自觉性、严肃性。

（2）加强对基层团干部的教育培训，提高其责任意识和团务工作能力

要加强基层团干部特别是团支部书记的培训，使其深入理解"三会两制一课"制度的内涵、重要意义，提高其认知水平，增强抓好"三会两制一课"制度的责任意识，全面掌握"三会两制一课"制度的相关要求；系统地掌握团务工作基本知识、基本政策和

基本方法，特别是对团的组织生活进行策划设计、组织实施、指导督促、考核检查、总结推广等方面的能力，切实提高团务工作水平。

（3）加强对团员的教育，提高其参加团的组织生活的自觉性和积极性

2015年8月14日，习近平总书记在中办机关党委直属党支部召开的组织生活会上，与支部成员一起交流时说："共产党员这个称号，是一个组织的称号，在组织里的人，就要过组织生活，不参加组织生活的人，也就脱离党了。"同样，共青团员作为共青团组织的一员，就要过组织生活。基层团组织要加强对团员的教育，组织团员认真学习《中国共产主义青年团章程》及团内各种规章制度，让全体团员了解共青团的组织制度和规范、明确自身的权利和义务，时刻不忘自己共青团员的政治身份。共青团员应从提高政治素养、保持共青团员先进性的高度认识团的"三会两制一课"制度，积极主动地参加团的组织生活会，并学会运用批评与自我批评的武器，养成批评与自我批评的习惯。

（4）坚持党的领导，做好党建带团建，形成党的组织生活与团的组织生活的联动机制

2018年7月2日，习近平总书记在团中央新一届领导班子集体谈话时明确提出："各级党委要拿出极大精力抓青年工作、抓共青团工作，切实尽到领导责任。"各级党委要把团的"三会两制一课"制度的有效执行作为从严治团，加强团的组织建设的重要内容抓好抓实。通过建立党团共建的联动机制，促进"三会两制一课"制度的落实和有效执行。实行党、团的组织生活会同部署。党务工作者要加强与团委沟通，使团委及时掌握党的组织生活会的内容、召开时间，围绕党的组织生活会的内容结合团的工作及团员思想状况制定团的组织生活会内容，并与党的组织生活会同

步召开。

(5) 实现党、团组织生活会同检查同总结

党组织要按照党的"三会一课"的标准要求团的"三会两制一课",加强对团的组织生活会的检查监督指导,确保团的组织生活会的规范性、严肃性。各级党委不仅要总结党的"三会一课"组织生活制度的执行情况,而且要把团的"三会两制一课"制度执行情况纳入党建工作总结之中,认真听取团委的专题汇报,做到党、团组织生活同总结、共进步。

2. 不断创新工作机制,提高"三会两制一课"的吸引力

(1) 创新基层组织设置

根据团员青年流动聚集状况,以"有利于团员参加团的工作和活动、有利于日常联系、有利于发挥作用"为原则,设置团支部和团小组。特别是企业,要根据工作一线团员的工作时间设置团支部、团小组,以便于团组织开展工作,更好地落实"三会两制一课"制度。

(2) 创新组织生活会形式

A. 增强互动性。当代青年参与意识、民主意识增强。为了调动团员参与组织生活会的积极性,应该坚持以团员为主体,充分考虑团员的特征和喜好。比如,对于政治理论学习,可以会前把学习内容下发给团员,会议上团员交流学习体会。对于团员、青年关注的热点问题,可以采取辩论会的形式,通过辩论明辨是非,统一思想。

B. 创新团课形式。针对青年的特点,创新教学方式,引入"体验式教学、互动式、案例式、情境模拟式"等现代教学方式。

C. 创新会议载体。一方面,构建网上组织生活平台,充分利用网络直播、QQ群、微信群等载体召开线上会议、开展"微课堂""微团课""微话题"等方式,增加团员线上参与的热情,使组织

生活从接受式变为互动式。另一方面，积极探索开放的组织生活形式。组织团员参与志愿服务活动、到工作第一线或者青年文明号等先进集体、新时代传习所等单位参观学习，使其见贤思齐，真正提高先进性。

3. 构建严格的监督考核评价机制，提高"三会两制一课"制度的刚性和实效

（1）建立健全团建工作考核评价机制

A. 把基层落实"三会两制一课"制度情况作为团建工作考核的重点，赋予较高的权重值。

B. 制定科学严谨的"三会两制一课"质量考核评价体系，重点考核内容是否体现政治性、时代性、先进性；流程是否具有规范性；形式是否具有创新性；是否充分发扬民主，广泛开展批评与自我批评，形成良好的民主氛围以及活动的频次是否达到《中国共产主义青年团基层组织"三会两制一课"实施细则（试行）》的要求，活动记录是否完整规范。

C. 把团员评价作为"三会两制一课"制度执行情况考核的重要内容。采取民主测评的方式，重点考察团员参加组织生活会的满意度和获得感。

（2）建立完善检查督导机制

坚持考核与督导相结合，采取日常检查、定期考核、工作调研、实效评估、半年工作总结、年终工作总结等多种方式，不定期对各级团组织落实"三会两制一课"制度情况以及团员参加团的组织生活情况进行明察暗访，对检查出来的问题及时反馈，并要求限期整改，同时要严格跟踪整改情况，对于整改不力的团支部书记进行问责。对于不参加团的组织生活的团员按照《中国共产主义青年团章程》的规定给予纪律处分。

(3) 建立激励机制

A. 与团支部书记个人述职相结合，把"三会两制一课"制度执行情况作为考核团支部书记履职能力的重要指标，提升团支部书记落实好"三会两制一课"制度的能动性。

B. 把团员参加组织生活会情况作为团员评议、"推优入党"，以及各类评优的重要参考内容，以提高团员参加组织生活会的积极性。

C. 选树落实"三会两制一课"制度先进团支部和先进个人，加大对其先进事迹的宣传，给予表彰奖励。

三、不断提高"三会两制一课"质量

（一）新时代提高团的组织生活质量的基本经验

不断提高团的建设质量是新时代团的建设的重要要求，那么提高团的组织生活质量则是提高团的建设质量的题中之义。近些年来，中国共产主义青年团不断提高组织生活质量，取得了许多成绩，具体表现为以下几方面。

1. 要夯实全面从严治团主体责任

《中国共产主义青年团章程》规定："要把严的标准、严的措施贯穿于从严治团全过程和各方面。坚持依规治团，建立健全团内规章制度体系。首先从团干部严起，重点加强对团的领导机关和领导干部的管理和监督，坚决反对机关化、行政化、贵族化、娱乐化倾向。按照增强政治性、时代性、原则性、战斗性的要求，加强和规范团内政治生活，发展积极健康的团内政治文化，营造风清气正的良好政治生态。"也就是说，不按规定开展组织生活的团组织就是涣散，不按规定召开组织生活的支部书记就是失职，不按规定参加组织生活的团员就是不合格。团员应该提高思想认识，确保组织活动时间有保证，经费有保障，工作能落实。一是强化第一责任。突出"关键少数"，以"关键少数"带"最大多数"。团支部书记、团支部委员是支部组织生活的组织者、推动者，在整个组织生活开展之中具有重要的引领作用。因此，要坚持抓"关键少数"，加强对支部书记的考核管理，积极推动支部组织生活开展。切实加强团组织书记思想政治建设，充分利用团校培训、述职评议会议、民主生活会等多种形式，反复解读和灌输抓好基层团建的重要性，深刻领会新时代全面从严治团要求，让团组织书记主动担起抓团建的政治责任，始终把团建工作放在心上、攥在手上、落实在行动上。切实压紧压实大抓基层团建的主体责任，形成团组织书记负总责，班子成员分工负责，齐抓共管的管团治团责任体系，并制定任务清单，分解落实，让班子成员人人肩上有工作责任，个个手上有团建项目。切实强化团组织书记履职尽责，坚持"书记抓、抓书记"，推行团建工作清单制。二是强化直接责任。各级团组织承担好抓组织生活的直接责任，齐抓共管、层层落实。三是强化评议述职。实行书记抓团建工作述职评议和团组织负责人述职评议制度。

2. 要选配好团组织领导班子，加大团支部书记、委员培训力度

团支部书记、委员在整个支部建设、支部组织生活开展之中具有重要的领导作用。因此，选优配强一个团组织领导班子则具有十分现实的意义。

加强对团务工作者的培训。定期举办团务干部专题培训班，使其全面掌握团务工作基本知识、基本政策和基本方法。坚持问题导向，分点收集培训需求。针对部分新任团务干部业务不熟的问题，以团建业务问题为培训要点，通过多种途径收集基层团务干部的培训需求。首先，注重在平时团务工作中掌握培训需求。在基层团务干部到组织部门办理团建业务、报送材料时，掌握基层团务干部不熟悉的业务问题、容易出差错的环节，以此来确定培训需求。其次，注重在团建考核中发现培训需求。利用团建工作年终考核和平时督查的时机，发现基层团建工作存在的普遍性问题。同时注重在专题调研中识别培训需求。开展团建业务培训需求专题调研，广泛征集基层团务干部的意见和建议。最后，对培训需求进行分类，整理为发展团员、收缴团费、团员统计、团务公开等类别，为组织培训提供参考依据。坚持因岗制宜，分类确定培训内容。实行因岗制宜，根据不同的岗位要求和职责，分类确定培训对象，设置不同的培训课程，为团支部书记、组织委员、文娱委员、体育委员、纪律委员等基层团务干部开展量身定制的业务培训。

坚持主体负责，分级组织培训活动。在确定培训需求要点的基础上，按照分类负责的原则，分级分批分期组织培训。首先，实行结对帮带制度。由组织部门与乡镇团委组织委员、归口团工委与下属团支部的组织委员进行结对，做好培训期间的结对帮扶，开展线下常态化的业务指导，抓好对新任团务干部的"传帮带"。其次，丰富培训形式。通过理论指导、案例教学、现场示范、小组模拟等形式加强团建业务培训，并建立QQ群，加强对团建业务的线上实时沟通交流。最后，加强培训考核。严格对学员的培训考核，组织结业考试，实现以考促学。

3. 要创新组织生活形式

团的十九大报告提出，通过严格"三会两制一课"、加强团员先进性评价、开展支部对标定级、强化学社衔接等举措，整理整顿软弱涣散团支部超过10万个；建成团组织、团员底数清晰的"智慧团建"系统。提升组织活力，压茬推进县域共青团基层组织改革，部署开展城市基层组织改革试点，积极探索基层组织建设新思路新模式，推动工作力量、工作资源、工作项目向基层倾斜，基层团组织的功能不断强化。

首先，以突出政治性为前提，着力营造浓厚氛围。团组织生活是一项严肃的团内生活，也是团员进行政治锻炼的重要渠道，政治性、纪律性强。增强组织生活活力，严格纪律要求。一是活动场所有"团味"。召开支部会议、组织生活会，开展团员教育评议等基层团组织生活应有固定的场所，布局要庄重、严肃，外观标志、室内团旗、团徽等要规范摆设，营造良好的团内生活氛围，着力将其打造成为团员进行锤炼的熔炉和阵地。二是组织生活不庸俗化、娱乐化。团组织生活是团员的一项重要政治活动，要将其与其他文体活动、学术研讨等活动区分开来。例如，团员在入团宣誓等正式活动时要佩戴团徽，要严格遵守团的纪律和规定。在讲团课的时候要坚持团课姓"党"的原则，授课人必须政治素质过硬，有较强的政治理论水平，授课的内容、发表的观点和言论要遵循党的宗旨，务必要同党中央保持高度一致。三是推动团组织生活制度化、常态化。要按照推进全面从严治党的要求，从严将团组织生活正常化、常态化落到基层、落到实处，使严肃的团内生活由"软任务"变成"硬约束"。要切实加强督促指导，定期开展专项检查，让组织生活成为基层团组织和团员的一种自觉、一种常态。

其次，以提升素质为根本，充分调动团员积极性。团员是组织生活的主体。增强组织生活活力，要充分调动广大团员的积极性，让全体团员都动起来、活起来，共同参与，促进团员素质的相互提升。一是活动内容适合基层团员的需求。结合不同领域基层团组织的实际，深入基层接地气，活用本土资源，活动内容平易近人，符合团员的意愿，切实增强组织生活的吸引力和感染力。

例如，村级团组织通过广泛开展家庭美德、邻里守望等方面的教育和活动，培育团员高尚的道德情操；机关团组织通过举办"道德讲坛"等活动，以身边人学身边事，发挥团员先锋模范作用，推动机关作风建设；新兴领域团组织通过开展"专业技能比武"活动，促进团员青年自身能力的提升；学校团组织通过围绕"立德树人"这个核心开展团组织生活，切实增强团员青年职工的责任感和事业心。二是活动形式创新思路，与时俱进。创新组织生活的方式，增强"三会两制一课"的实效性，从而进一步提升组织生活活力。例如，在开展团课教育时，通过PPT演示、观看微视频团课等方式，图文并茂，激发团员兴趣，增强学习效果。结合新时期团员的特点，将部分组织生活搬出传统的会议室。例如，组织团员到红色教育基地开展学习教育，重温党的光荣历史；结合农村团员实际，在文化广场、新时代文明实践中心等地讲团课。三是活动主体"互动式"参与。只有团员的共同参与，组织生活才有活力，团员的综合素质，尤其是政治素质才能得到全面提升。因此，在开展组织生活的时候，围绕党在不同时期的路线方针政策，引导基层团员结合工作实际，积极参与互动交流，畅谈心得体会，发表个人见解，积极建言献策，尤其是借助微信、微博、网络直播等新媒体，"线上线下"同步推进，全方位传播党的声音，传递"正能量"，全面提升团员认知能力和整体素质。

再次，以服务大局为核心，扎实推进中心工作。严肃团内政治生活，增强组织生活活力，最终目的要落实到推进党的伟大事业中去。具体来说，就是要以"围绕中心，服务大局"作为所有组织生活的出发点和落脚点。一是深入基层，服务青年群众。听取青年群众意见，帮助基层和青年群众解决实际困难。二是围绕中心，助推发展。推动经济社会健康平稳发展，是各级团组织的核心要务，也是检验团建工作成果的重要标志。增强组织生活活力，必须围绕这一核心，致力于将组织生活活力转化为推动发展的强大动力。三是补齐"短板"，提升团建水平。增强组织生活活力是一项系统性工程，补齐基层团建工作短板，这是各级团组织的"主业"。要持续深入整顿软弱涣散团组织，推动团干部深入农村基层讲团课。通过"机关—农村（社区）""机关—新兴领域组织""新兴领域组织—农村（社区）"结对帮扶的方式，加强与不同领域基层团组织和团员之间的学习交流，相互促进、共同提高，全面提升基层团建水平。

最后，夯实基础，切实提高保障水平。严肃团内政治生活，增强组织生活活力，要强化有效保障措施，确保基层团组织生活正常化、规范化、制度化。一是强化团员队伍建设。团员作为组织生活的主导者和参与者，是增强组织生活活力的源头和活水。因此，要坚持德才兼备的原则，选好管好用好基层团组织带头人。严格把好发展团员"入口关"；畅通团员"出口关"，严格按规定程序处置不合格团员，使基层团组织永葆生机和活力。二是强化活动经费保障。实现各级财政对各类基层团组织的团建工作和团员活动经费保障"全覆盖"。三是强化活动阵地建设。整合村级公共服务资源，深化、巩固和提升村级办公活动场所改造升级水平，全面推进村（社区）公共服务平台规范化建设，充分发挥其综合服务功能，优化村级团组织的活动阵地。进一步落实责任，整合资源，切实加强机关、企事业单位、行业协会等基层团组织的团员活动阵地建设。以建设枢纽型新兴领域团组织为抓手，健全组织生活阵地功能，实现资源共享，切实增强组织生活活力。

4. 要着眼顶层设计，加强对基层组织生活工作的考核管理

改进和完善基层团组织组织生活考核工作，积极构建基层团建工作成效评价新体系，增强各级团组织抓团建工作的责任意识，

转变基层团干部的工作作风，促进基层团建工作的规范化、制度化，提升基层团组织的凝聚力和战斗力。改进和完善基层团建考核的侧重点包括以下几方面。

(1) 注重考核内容的导向性

实行基层组织生活考核制度，目的是通过调度基层团组织活动的开展情况，激发基层团组织干事创业和为青年服务的积极性、主动性和创造性。而在实际考核工作中，往往出现重软件资料、轻工作实绩，重年终考核、轻动态考核，重考核、轻使用等问题，从而削减了基层团建考评对各项工作的促进作用，弱化了团建工作考评的目标激励、责任激励、效果激励的导向作用。

(2) 增强考核形式的创新性

当前，团建工作责任制考核多是采用听取汇报、查看资料、组织考评、青年座谈等考核方法，不免存在随意性问题。凭印象打分往往具有主体臆断的色彩，影响了测评的公正性。青年座谈实效不明显，许多座谈对象由于利益及利害关系所致，不愿、不敢、不能吐露真实情况，导致了考评计分的模糊化。

(3) 扩大考核结果适用性

团建工作考核评价运行机制尚不完善，团建工作考核结果合理使用缺乏与之配套的相关制度条件，往往导致为考核而考核的现象，形成考核与考核结果运用"两张皮"，同时，在实行奖惩时，对实际奖惩措施缺乏统一的标准，难免出现搞平衡兼顾的现象，使考核结果运用缺乏针对性。

(二) 通过创新丰富"三会两制一课"内容

健全并执行"三会两制一课"制度，是加强团的思想作风建设，有效实施团内监督，改进作风，增强团结，保证党的路线、方针、政策和决议有效贯彻、执行的重要途径。因此，要不断创新丰富"三会两制一课"内容,主要可以从以下几方面着手。

1. 健全机制,促进"三会两制一课"活动规范化。严格遵守"三会两制一课"制度,遵守支部团员大会每季度召开1次、支部委员会每月至少召开1次、团小组会每月召开1至2次、团员教育评议制度和团员年度团籍注册制度每年进行一次、团员上团课每年至少4次的基本规定。同时,建立健全"三会两制一课"考勤、请销假、定期测验等一系列相关制度,对无故不参加"三会两制一课"的团员及时进行批评教育,强化团员自觉意识。要变"精神层面"为"服务行动"。

2. 创新"三会两制一课"学习方式,要把课堂延伸到基层,变精神层面的学习为团员青年的实际服务行动,实现学用结合。

3. 创新授课方式,改变一贯"照本宣科",利用微团课、"青年大学习",让每位团员干部都成为"讲师"。让团干部结合自身岗位实际,选择有关课题,述阅历、谈体会、说经验、讲做法,在备课中厘清学习思路,在主讲中升华理论高度。要创新载体,丰富"三会两制一课"活动形式。组织有一定条件的团员与困难团员、贫困青年结成帮扶对子,定期开展帮扶和服务活动,密切团青关系。

4. 创新团员学习载体。通过利用微信、QQ等现代化信息网络手段以及各支部自己建立的学习平台,用新颖的学习方式吸引团员,提升学习兴趣和学习效果。强化责任,确保"三会两制一课"活动见成效。针对抓好"三会两制一课"制度落实,将团支部书记作为落实"三会两制一课"制度第一责任人。建立完善督导、检查机制,要定期对各基层团组织进行常规检查,对"三会两制一课"制度执行不规范、活动质量不高的团支部,下发"限期整改通知单",指出存在问题,责令限期整改,对未完成整改的团支部在一定范围内进行通报。注重"三会两制一课"的活动与实际工作相互融合。强化团员意识，擦亮团员身份，引导团员在各自的工作中发挥先锋模范作用，充分发挥"三会两制一课"的实效。

5. 理顺组织关系，强化政治修养。落实"三会两制一课"制度，严格按要求落实团内生活制度，组织政治理论学习，强化团员政治修养，鼓励引导团员发挥模范作用，为当地经济发展献计献策，团员政治意识不断加强。

（三）通过信息化手段提高"三会两制一课"质量

在互联网越发便捷的时代，团员的教育不能只停留在固定的时间和固定的地点进行集中学习或讨论交流。因此，创新"三会两制一课"学习教育的载体，通过组建团员学习交流QQ群、微信群，改变"三会两制一课"固有的传统学习教育模式，利用网络进行线上线下集中讨论、自主学习，让团员不受时间、不受空间的限制，随时随地都能接受团的教育，感受到团组织的关怀。因此，充分用好各种有形、有效载体，为推动团员真学实做、知行合一搭建实践平台，促进团员将政治性和先进性内化于心、外化于行。具体来说，应从以下几方面破题。

一是开展团员线上学习。将学习内容制作成几分钟的微视频、微动漫、微语音或者浓缩成几十个字的关键词、微文字，上传到"支部学习"群，团员通过电脑、iPad、手机，自主参加网上学习。其对于流动团员用时短、易接受，有效地解决了学习与生产生活的冲突，保证了学习效果。

二是实施团员动态管理。把"三会两制一课"等组织生活放到网上进行，团员不论在什么时间、什么地点，只要是有网络的地方，就可以通过网上会议室参加"三会两制一课"，打破了传统组织生活"限时、限地、限人"的局限，上级团组织通过"键对键""面对面"的方式，对基层支部活动进行实时检查指导，提高基层组织生活自觉性和实效性。建立团员电子档案，实现信息查询、统计分析、关系转接、流动团员管理等功能，为团员动态高效管理插上信息化翅膀。

三是树立正确舆论导向。依托网站、QQ、微博、微信，形成一个共享互通的信息网络，链接、辐射团员和青年的信息终端，及时传递党的温暖和关怀，讲述好人好事，抵制违法违规信息传播，打造晴朗网络空间，传播正能量，树立正面形象。

（四）通过组织生活会提高"三会两制一课"质量

组织生活会是推动全面从严治团向纵深发展、落实到支部、增强支部建设质量的重要手段，同时也是提高"三会两制一课"质量的重要手段。因此，要开好组织生活会。

聚焦主题科学化。组织生活会的良好开展要在内容上贴近青年，每次会前通过发布公告、走访座谈等形式，告知团员、青年会议的主题内容，广泛征求团员、青年的意见和建议，弄清楚团员、青年想什么、盼什么、缺什么，使会议主题紧贴工作实际、紧跟青年期盼。在方式上灵活多样，采取集中教育与讨论交流、"请进来"与"走出去"、理论教育与现场观摩相结合，邀请专家讲团课、观看电教片、参观实践基地、学习先进典型等方式，运用"院坝会""地头会"等，把会议搬到团员身边，增强团内生活的吸引力和号召力。

强化基本素质，着力解决"不会"的问题。一是加大培训力度。重点抓好团支部书记素质提升，通过举办培训班等形式，加强对《中国共产主义青年团章程》《中国共产主义青年团基层组织"三会两制一课"实施细则（试行）》等内容学习，提升团务工作人员落实组织生活会制度能力。二是组织观摩点评。综合考虑支部书记的能力特征、支部工作特点等实际，选取基础较好、条件成熟的支部，开展现场观摩，提高开会质量。

规范会议流程，着力解决"不实"的问题。一是规范会议执行。由支部书记提前向支委会成员预告会议主题和研究事项等情况，支委会前充分酝酿，会上逐人发表意见，形成统一意见或决议，为组织生活会开展做好前期准备。二是做好流程控制，引导团员联系思想实际，认真检查自己的工作、学习情况，检查执行党的路线、方针、政策及支部决议的情况，检查发挥团员先锋模范作用的情况。注意不要把组织生活会开成不联系思想实际而泛泛谈工作的"工作汇报会"。

（五）通过主题团日活动提高"三会两制一课"质量

主题团日活动是落实"三会两制一课"制度的有效载体。团日是指团组织和团员进行团的活动的法定时间。团日是团的生活在时间上的保证。团的组织生活的各项制度绝大多数要在团日中落实。团日活动是适应新形势而涌现出来的一件新事物，是便于团员过好团的组织生活，发挥团员先锋模范作用的一种好形式。团日活动一般每月固定一天时间，开展活动。团支部要从本学校、本单位、本部门的实际情况出发，规定团日活动的时间。落实主题团日活动要做到科学计划、注重实效、抓好落实。团支部应针对本支部的工作性质和特点，总结经验探索在不同情况下坚持团日活动的方法。

1. 主题团日活动的内容

一是传达同级党组织和上级团组织的决议、报告、指示、决定等文件；研究团支部建设的重要问题；结合实际，讨论贯彻执行的计划和措施；汇报工作；等等。

二是组织团员学习政治理论，对团员进行党的基本路线和基本知识教育、党的方针政策教育、团规团纪教育，向青年群众进行党的路线、方针、政策和形势任务的宣传、教育等。

三是开展组织生活，组织评议团员，听取团员的思想汇报，开展批评与自我批评，检查团员工作、学习及完成任务的情况等。

四是讨论发展团员工作计划，制定培养、教育、考察要求入团的积极分子的措施，履行新团员的入团手续，讨论发展对象的转正，选举支委会委员和选举出席上级团的代表大会的代表，开展团员年度团籍注册，研究表彰、处分团员及团员团籍问题。

五是组织团员开展志愿服务、参政议事、献计献策、岗位竞赛等有益的社会活动，发挥团支部的战斗堡垒作用和团员的先锋模范作用。

2. 搞好主题团日活动的基本做法

（1）抓好落实

一是时间要落实。团日一定要用于团的活动，不能随意占用，如挪用团日时间，事后要补上。二是内容要落实。团日活动内容要稳定，一般不要随意变动。三是制度要落实。即要建立健全必要的考勤制度，对于无故不参加团日活动的，要进行帮助教育；连续六个月不参加团日活动的，要按团章规定严肃处理。四是组织领导要落实。支委会委员特别是团支部书记要以身作则，带头参加团日活动；还要帮助团员解决学习、工作、生活中的实际困难，为团员按时参加活动创造条件。

（2）注重实效

团支部应根据同级党组织和上级团组织的要求，结合本学校、本单位、本部门的实际情况，对团日活动进行科学安排，做好积极的准备，要通过团日活动，使团员各方面的素质得到全面提高；要注意团员层次性特点，使团日活动的内容满足不同类型、不同层次团员的需要。

（3）采取多种形式

一要坚持集中与分散相结合，有时召开支部大会，有时以团小组为单位开展学习讨论或开展公益活动。二要坚持着眼于实际，灵活安排，既可根据本学校、本单位、本部门的实际和团员思想状况讲团课，又可有针对性地开好民主生活会；既可走出去参观学习，又可请先进人物做报告；既可看电影、录像，又可开展演讲、知识竞赛等活动，使团日活动内容丰富、形式多样。团日是基层团组织进行团的活动的专门时间。组织好团日活动，对坚持团的组织生活制度，增强团员的政治意识，充分发挥团支部的战斗堡垒作用和团员的先锋模范作用，有着十分重要的意义。"三会两制一课"是团日的主要内容和团的组织生活制度的重点，团日活动是落实"三会两制一课"制度的有效载体。

（六）通过改进团员管理提高"三会两制一课"质量

"三会两制一课"的开展主体是广大团员，所有组织活动都要依靠团员来开展。因此，团员的素质、能力、活动情况影响着整个"三会两制一课"的活动效果。因此，要通过改进团员管理提高"三会两制一课"质量。推动团员教育管理提升要从以下几个角度入手：

一是创新组织设置。既要扩大组织的覆盖面，使每个团员都有温暖的家，又要适时调整组织设置方式，将支部建在业务线上、建在社会化组织中，将团小组设置功能化、特长化。

二是创新管理机制。引导团员按照团章要求，发挥团员主体作用，实行自我管理。探索流动团员管理制度。要把团组织对团员的管理与团员对团员、青年对团员的民主评议和监督结合起来，充分征求、听取青年群众的意见，让团员自始至终处于民主监督之下。

三是创新教育机制。要重视更新教育内容，及时汲取现代科学发展的成果，不断增加团员教育的科技含量，突出现代科学文化知识的教育，增强能力，提高素质，永葆先进性。同时要改变教育方式，建立灵活、开放的团员教育体系，加大经费投入，利用现有广播电视、报纸杂志、互联网络等媒体拓展团员教育的主阵地。让团员不受时间、不受空间、不受个体素质差异的限制，时时都能接受到团组织的教育，处处都能感受到组织的关怀。

四是创新活动平台。要改变"三会两制一课"的固有模式，把"三会两制一课"的优势与中心工作巧妙结合，通过形式多样的活动平台，既推进中心工作上水平，又促进"三会两制一课"质量上台阶。在改进团员管理过程中，要树立"抓在基层、严在支部"的导向，促使"三会两制一课"严起来、实起来。一是时限有要求。严格基层团组织"三会两制一课"的时间规定。二是会前有沟通。研究制订基层团支部组织生活实施方案，认真落实"三会两制一课"请示报备制度，定期收集团小组及青年群众的意见和建议。涉及青年群众切身利益的决策性会议必须搞好会前沟通，提高团内民主质量，不断增强团员的存在感和归属感。三是过程有指导。发挥上级团组织的领导和把关作用，每季度对所属基层团组织"三会两制一课"等支部组织生活执行情况进行检查指导，掌握情况、做好预判，把住关口、严密流程。四是考评有依据。建立基层团组织"三会两制一课"的工作标准和考核测评指标体系，全方位、立体式评估"三会两制一课"的质量和成效。

五是奖惩有依据。把"三会两制一课"落实情况纳入基层团组织领导班子年度目标责任制和基层团建述职评议考核范畴，考评结果与调配班子、使用干部、评先选优等工作挂钩。

六是落实有问责。压紧责任链条，做到有纪必执、有违必查、执纪必严。

(七) 完善"三会两制一课"制度的基础保障机制

"三会两制一课"制度是健全团内组织生活、严格团员管理,加强团员教育的重要制度,是推动全面从严治团向基层延伸的有力抓手。要完善"三会两制一课"制度的基础保障机制,着力提升"三会两制一课"规范化、实效化、常态化水平。

第一,要让"三会两制一课"程序化。坚持把有序管理作为落实"三会两制一课"制度的有力抓手,从严从细严格要求,实现"三会两制一课"程序化。一是抓备课。"三会两制一课"之前,主讲人广泛征求团员和青年代表意见,做好深入细致的调查研究工作,并结合自身思想和工作实际,形成较为完整的发言提纲,切实在思想和业务上"备足课"。二是抓备查。上级团组织定期不定期对各团支部"三会两制一课"开展情况进行督查,检查学习资料、考勤记录、学习记录、学习内容、影像资料等是否完善,确保工作有迹可循,落到实处。

第二,要制订"三会两制一课"年度计划。确定支部团员大会、支部委员会、团小组会、团员教育评议制度、团员年度团籍注册制度及上团课的开展频率,确定每月、每季度、每年开展"三会两制一课"的次数,并做好会议记录。要定期开展思想交流和批评与自我批评,检验"三会两制一课"的效果;要对落实"三会两制一课"制度进行督查,发挥好考核、通报的"指挥棒"和"晴雨表"作用,时时过问,常常提及;要结合"三会两制一课"半年或年度总结、述职、评议等工作进行考评,将结果作为评判团组织和团组织书记履行工作职责情况的重要依据;要严格落实问责机制,对工作落实不力、搞形式、走过场的团组织及其主要负责人,要严肃批评,并进行追责问责。

第三,注重细化措施,让"三会两制一课"规范化。坚持把提高质量作为落实"三会两制一课"制度的关键抓手，不断细化工作措施，做到会前准备充分、会中内容集中、会后认真总结，实现"三会两制一课"规范化，确保不走过场。在主题上，聚焦全面从严治团，重点加强团员干部理想信念、作风建设、履职能力等方面的教育，使团员干部始终同同级党组织和上级团组织保持高度一致。在评价上，不仅依靠查阅记录，还注重与工作实绩相结合，督促各级团组织把组织生活与工作实践结合起来，达到指导实践、促进工作的效果。

第四，坚持在抓常、抓细、抓长上下功夫，督促各级团组织把功夫下在平时，注重过程质量。加大"三会两制一课"在团建考核中的比重，列入团组织书记述职评议考核重要内容，对"三会两制一课"不正常、组织生活流于形式、开展效果不好的团组织，对团组织书记进行约谈，对后进团组织进行整顿提高。严肃组织处理，畅通团员"出口"，对没有正当理由，连续半年以上不参加团的组织生活，或不交纳团费，不做团组织分配的工作的团员，按自行脱团处置，予以除名，维护团内制度严肃性。

第五，完善考核监督制度。各级团组织要加强对所辖团支部"三会两制一课"制度开展情况进行监督检查，指导基层团支部开展"三会两制一课"活动，考核"三会两制一课"落实情况。一是要发挥好督查的作用，对落实"三会两制一课"制度要时时过问、常常提及，推动监督常态化。二是要强化考核的作用，把落实"三会两制一课"制度情况纳入各级团组织工作考核之中，作为团建工作述职的必要内容，作为评判团组织和团组织书记履行工作职责情况的重要依据。三是要严格执行问责机制，对工作落实不力、搞形式、走过场的，要严肃批评，并做好追责问责，切实让"三会两制一课"在基层动起来、严起来、实起来、活起来。

（八）发挥团支部书记、团小组组长的具体领导责任

团支部书记和团小组组长的领导水平和政治修养决定着"三会两制一课"的质量，因此要不断提升团支部书记、团小组组长的领导责任和工作能力。

一方面，要切实做好团支部书记、团小组组长的选拔任用工作，真正把那些素质好、觉悟高、业务精、懂管理、有奉献精神的党员团员选拔到支部书记、团小组组长的岗位上来。另一方面，要下大力气抓好支部书记、团小组组长素质的提高，坚持逐级负责，分层培训。要坚持全覆盖培训基层团组织书记，全覆盖推进团支部书记团建述职评议，教育引导团支部书记既从严要求自我，又主动思考谋划、优化内容设计、创新方式方法、抓好督促检查，承担起催生团支部合力、发挥引领作用等职责使命，决不当甩手掌柜。实施团支部委员（团小组组长）分领域分批次集中轮训，增强责任意识和业务能力。同时，要求团支部委员（团小组组长）随时掌握团员的思想动态，做好团结、动员团员工作，为"三会两制一课"的有效开展提供智慧、汇聚合力。加强对培训工作指导、检查和督促的同时，加强日常管理，进一步建立和完善支部书记和团小组组长工作档案等管理制度。要定期对团支部书记、团小组组长的情况进行分析，在适时调整充实的同时，要注意保持队伍的稳定，并及时解决他们思想、工作、生活上存在的困难和问题，为他们开展工作创造有利条件。通过严格培训，严格管理，使支部书记、团小组组长队伍的整体素质有一个较大的提高。

第二章 支部团员大会

一、支部团员大会的性质和职权

支部团员大会是指由团的支部委员会召集的支部全体团员参加的会议。支部团员大会又称支部大会,是团支部的最高领导机构,在团支部中享有最高决策权、选举权和监督权。在支部团员大会闭会期间,由大会选举的支部委员会负责日常工作。

支部团员大会的职权是:听取和讨论团支部委员会的工作报告,对团支部委员会的工作进行审议和监督;选举新的团支部委员会和出席上级团代会的代表,增补和罢免团支部委员;讨论接收新团员;开展团员教育评议工作;研究决定对团员的奖励,开展"推优"入党工作;讨论通过对团员的组织处置和纪律处分;开好团支部组织生活会;研究决定本支部其他重要事项。

支部团员大会议题提交表决前,应当经过充分讨论。表决须有半数以上有表决权的团员到会方可进行,赞成人数超过应到会有表决权团员的半数为通过。

二、支部团员大会的会期及其形式

支部团员大会一般每季度召开一次,由支部委员会召集,团支部书记主持。根据工作需要，支部团员大会可提前召开，无特殊情况一般不宜推迟举行。按期召开支部团员大会是贯彻团的民主集中制原则的具体体现，对于发扬团内民主，维护团员的民主权利，监督团支部的工作，完成团支部所担负的任务都具有重要的意义。支部团员大会主要有两种形式，一种是有选举任务的支部团员大会，一种是正常组织活动的支部团员大会。

三、支部团员大会选举的任务

支部团员大会选举的任务主要有三项：一是按期改选本级团支部委员会；二是补选本级团支部委员；三是选举出席上级团代表大会或代表会议的代表。

（1）按期改选本级团支部委员会

团章规定，支部委员会、总支部委员会由团员大会选举产生，其中大、中学校学生支部委员会每届任期一年，其他每届任期三年。团支部委员会任期届满后，必须按期进行换届选举，这是健全团内民主的一项重要内容。没有正当理由随意拖延换届选举时间，甚至长期不进行换届选举，是一种违背团的民主集中制原则，践踏团员民主权利的行为。对此，团员有权提出批评和意见，同级党组织和上级团组织应严肃对待和处理。

当然，如果有特殊情况和正当理由，提前或延期进行换届选举也是允许的，但必须写出报告，报同级党组织和上级团组织批准。同级党组织和上级团组织批复后，团支部委员会要将提前或延期的决定通知所属团员。未经同级党组织和上级团组织批准，擅自拖延换届选举时间的，同级党组织和上级团组织应给予严肃批评，责令限期进行换届选举。对于情节严重的，要对团支部主要负责人给予团纪处分。

团支部委员会提前改选有几种情况：一是委员缺额较多，使团支部工作受到严重影响的；二是团支部委员会存在严重问题，团员强烈要求改选的；三是由于其他原因，同级党组织和上级团组织决定提前改选的。团支部委员会延期改选有以下几种情况：一是多数委员被派遣临时外出工作，无法按期改选的；二是任期届满时，正值集中一段时间完成某项紧迫任务难以改选的；三是遇到某些突发性事件或自然灾害等，需要团支部全力以赴去处理的；四是团支部存在问题正在进行整顿，改选条件不具备的；五是团员外出较多，到会达不到规定人数的；六是新建立的单位，选举条件不成熟的，以及由于其他原因由同级党组织和上级团组织决定延期改选的。如需延期或者提前进行换届选举，应当报同级党组织和上级团组织批准。其中，团的支部委员会延长或者提前期限一般不超过六个月，其他一般不超过一年。

（2）补选本级团支部委员

补选团支部委员，一般是换届改选后的支部委员会，由于支部成员工作变动或其他原因出现缺额，影响团支部工作的正常开展时，要召开支部团员大会进行补选。补选团支部委员是在原团支部成员的基础上进行补选。有下列情况之一者，均应视为缺额，应予补选：团支部委员因故调离，或本人辞职，团支部委员患严重疾病不能履行职务的；团支部委员受到撤销团内职务以上处分的。团支部书记或副书记因故调离，而本届团支部委员会任期未满，在这种情况下，同级党组织和上级团组织可以根据工作需要，任命新的书记或副书记。

团支部委员会成立以后，如果出现缺额情况，应及时向同级党组织和上级团组织报告，并提出补选意见，在同级党组织和上级团组织同意后，才能召开支部团员大会进行补选。补选团支部委员也要充分发扬民主，酝酿好候选人，经支部团员大会以无记名投票方式选举产生，然后报同级党组织和上级团组织批准。其他团支部的委员调入本支部的，不能成为本支部的当然委员，也不作为团支部委员会缺额时的当然补缺对象。同级党组织和上级团组织推荐作为本支部委员的，也必须进行补选。团支部书记或委员调到另一单位，并转去了团的正式组织关系，他在原单位的团内职务就自然免除。如果返回原单位，也不能自然恢复其团内职务。无论是指派的团支部书记、副书记，还是补选的团支部委员，其任职均至本届团支部委员会届满为止。

（3）选举出席上级团代表大会的代表或代表会议的代表。

团支部选举出席上级团代表大会代表的条件和名额，必须按照同级党组织和上级团组织的要求办理。

出席上级团代表大会的代表必须是在团员中有威信和受到信赖的正式团员。团员代表大会的代表，应能反映本选举单位的意见，代表团员的意志。选举出席上级团代表大会的代表时，候选人不限于本支部范围的团员，只要是团代表大会所属团组织范围内的团员，都可以被选为代表。任何人都不能不经选举而作为团代表大会的代表。

出席上级团代表大会的代表，一般应由团支部团员大会直接选举产生。在选举前，可根据同级党组织和上级团组织规定的代表条件的名额，由团支部委员会组织全体团员酝酿、提名候选人，然后团支部委员会根据多数人的意见确定候选人，候选人数应多于应选人数的20%，最后提交团支部团员大会直接投票选举。

四、支部团员大会选举的原则

支部团员大会选举的原则是在进行选举时必须遵循的根本标准或法则，基本原则如下：

一是与《中国共产主义青年团章程》保持一致原则，各级团组织要严格按照《中国共产主义青年团章程》规定，按期召开团员大会或代表大会，改选团的各级委员会。

二是普遍选举原则。下列人员在团内有表决权、选举权和被选举权：中国共产主义青年团团员（受留团察看处分尚未恢复团员权利的除外）；在团内担任领导职务或者直接从事团的业务工作的中国共产党党员（受留党察看处分尚未恢复党员权利的除外）。团员、党员被依法留置、逮捕的，应当中止其在团内的表决权、选举权和被选举权；党组织、团组织提名为团的委员会委员、候补委员候选人或者团的代表大会代表候选人的中国共产党党员在团内有被选举权。

三是自由选举原则。团内选举应当尊重和保障选举人的民主权利，充分发扬民主，体现选举人的意志。任何组织和个人不得以任何方式强迫选举人选举或者不选举某个人。

四是差额选举原则。在选举过程中为体现竞争性，候选人的名额应多于应选人的名额，确保优中选优。团的地方各级代表大会的代表、委员会委员、候补委员、常务委员会委员实行差额选举。团的基层组织设立的委员会书记、副书记采用等额选举办法选举产生。

五是秘密投票原则。秘密投票是相对于举手表决和公开投票而言的，是指团员根据自己的意愿完全自主地秘密填写选票和投票，选举意愿对所有人保密。

六是直接选举与间接选举相结合原则。由于中国特殊的国情，团内选举的各个层次不能普遍采用直接选举，只能暂时采用直接选举与间接选举相结合的方式。

七是公开透明原则。团内选举程序设计要公正，程序操作要公开，不允许"暗箱操作"。

八是多数决定原则。团内选举要遵循民主集中制,体现多数选举人的意志,采用无记名投票的方式,由参与投票的选举人多数表决通过。

五、进行换届选举的支部团员大会的主要流程

(一) 准备工作

团的支部委员会到期便应召开团员大会进行改选,选举前应充分做好准备工作。一般来说,有以下几项:

1. 向上级团委请示

团支部在改选前,应将选举的工作方案向上级团委做出书面请示,并取得批准。请示的内容包括:团支部组织及工作情况,召开团员大会的时间、地点,会议的主要任务及议程,代表的名额、构成意向及产生办法,下届委员会设置人数及选举方案,需要报请同意的有关候选人建议名单,筹备召开会议的其他重要事项等。上级团委应及时批复团支部的请示,并对其选举工作给予指导和帮助。

团支部在向上级团委请示的同时,还应将支部改选工作意见向同级党组织汇报,以便取得指导和支持。

2. 认真挑选和酝酿委员书记候选人

团支部改选的核心是要选出一个好的支部委员会和支部书记。候选人名单可采取自荐、他荐和组织推荐相结合的方法,经过团员充分酝酿、讨论后产生。要引导团员正确把握候选人的条件,真正把那些思想好、作风正、能力强、热爱团的工作、敢于负责、在团员青年中有一定威信的优秀团员和青年党员推选到团的支部委员会中来。

团的支部委员会一般由三至五人组成,设书记一人,必要时可设副书记一人。提出候选人数应多于应选人数,以便实行差额选举。团员人数较少的支部,也可以不提候选人,直接由团员大会选举。

3. 拟定选举办法和准备选票

选举办法拟定后,应提交团员大会通过。选票要求字迹清楚,规格一致,候选人名单按姓氏笔画为序排列。

4. 认真做好支部工作总结

《中国共产主义青年团章程》规定:"团的各级委员会向同级代表大会负责并报告工作。"团支部改选时,上一届委员会应在同级党组织和上级团组织的领导下,认真进行工作总结,并向团员大会报告工作。这样,有利于团员大会检查并监督支部委员会的工作,加强支委会与团员的联系。

团支部工作总结的内容,一般应包括四方面:

(1) 工作的主要情况和成绩;

(2) 工作的主要经验和教训;

(3) 存在的主要问题;

(4) 对今后工作的设想和意见。

(二) 选举程序

支部团员大会选举支部委员会和书记,一般分两段,即先选出支部委员会,然后再由团员大会从新当选的委员会成员中选举书记、副书记。选举程序一般是:

1. 大会主持人报告团员人数。

说明本支部共有多少团员,受留团查看处分尚未恢复选举权、被选举权的团员有多少,实际到会的团员有多少。按照团的基层组织选举规则规定,有选举权的到会人数超过应到会人数的2/3,

会议方为有效。如果出席到会有选举权的团员超过本支部团员的 2/3，即可宣布选举开始；不足 2/3，选举应改期进行。

2. 通过选举办法（选举办法应经团员酝酿、讨论）。

3. 宣布下届支部委员会应选人数和候选人初步名单（经过团员酝酿讨论），提交大会表决通过，产生正式候选人名单。

4. 推举监票人和选举工作人员，负责监票、计票工作。候选人不能做监票人。

5. 监票人检验票箱。

6. 发选票。

按出席大会有选举权的人数发选票，核对无误后，报告实到会有选举权的人数和实发选票数是否相符。

7. 划票。

划票方法和填写选票的注意事项。说明怎样的选票是有效或无效的，同时说明本次选举规定的划票符号，然后开始划票。

8. 投票。

先由监票人和选举工作人员投票，然后由团员依次投票。

9. 验票。

投票完毕，由监票人和选举工作人员开始开箱验票。如果收回选票等于或少于实发票数，选举有效；如果收回选票多于实发票数，则选举无效，需要重新进行选举。

10. 计票。

只计算有效票情况，废票去除。被选举人得票超过实到会有选举权人数的半数为当选。

11. 宣布计票结果和选举结果。

计票结果是指一次选举的有效票、废票张数和每一被选举人的得票情况。选举结果是指根据选举办法规定的当选原则，确认哪些人当选。计票结束后，先宣布计票结果，然后宣布选举结果。

团支部的选举工作要严格遵守《中国共产主义青年团章程》和《中国共产主义青年团基层组织选举工作条例》中的相关规定。团员数量较少的支部，会议程序可适当从简。由于团员之间彼此了解，情况比较熟悉，在进行选举时也可以不提候选人，经全体团员充分酝酿后，直接投票选举产生；但不得由任何一级组织或个人指定。

团支部书记应按照德才兼备、以德为先的原则，由团员大会从新当选的委员会委员中选举产生，候选人可由新选出的支委会提名，也可由团员大会酝酿提名选举产生；团支部书记选举产生后，应及时报告上级团组织批准，由上级团组织发文公布。

六、没有选举任务的支部团员大会程序

支部团员大会一般应由团支部书记主持，根据需要也可以由支部书记委托支部副书记或其他委员主持。

1. 主持者要报告本支部团员的应到数、实到数、缺席数，说明个别团员缺席的原因，宣布会议是否有效。

2. 围绕会议的中心议题，按预定议事程序进行。每个团员要充分发表意见，认真展开讨论。需要贯彻落实会议精神的，应提出具体的要求；需要做出决议的议题，按少数服从多数的原则进行表决。

3. 要做好会议记录。记录的内容为：会议时间、地点、团员出席和缺席情况，大会的中心议题，团员发言的要点，讨论中的不同意见，支部团员大会做出的决议等。会议结束后，记录要归档保存。

七、支部团员大会选举办法

支部团员大会的选举办法,一般由支部委员会负责起草,提交支部团员大会讨论并表决通过。支部委员会第一次全体会议的选举办法,一般由支部委员会负责起草,由会议主持人提交全体委员讨论并表决通过。

选举办法一般应包括以下内容:

(1) 制定选举办法的依据;

(2) 选举的任务;

(3) 提名确定候选人的办法;

(4) 确定当选人的原则;

(5) 候选人、当选人名单排列顺序的规定;

(6) 填写选票的注意事项;

(7) 监票人、计票人产生办法;

(8) 选举的方式、程序;

(9) 选举的有效性和有效票的规定;

(10) 选举的纪律;等等。

制定选举办法应注意的问题是:

(1) 必须符合《团章》和团内选举工作条例等有关规定;

(2) 内容要具体、明确、全面,对选举中可能出现的各种情况都要有明确的处理方法;

(3) 选举程序步骤要清晰,便于操作;

(4) 文字准确,简明易懂,不用可能产生歧义的表述。

八、支部团员大会讨论接收新团员的主要程序

(一) 发展对象汇报对团的认识、入团动机、个人简历和家

庭情况，以及须向团组织说明的问题；

（二）入团介绍人介绍发展对象有关情况，并对其能否入团表明意见；

（三）支部委员会报告对发展对象的审议意见；

（四）与会团员对发展对象能否入团进行充分讨论，并采取无记名投票方式进行表决。赞成人数超过应到会有表决权团员的半数，才能通过接收新团员的决议。因故不能到会的有表决权的团员，在支部大会召开前正式向团支部提出书面意见的，应当统计在票数内。

支部团员大会讨论两名以上的发展对象入团时，必须逐个讨论和表决。

团支部应当及时将支部团员大会决议写入入团志愿书，连同本人入团申请书，一并报上级团（工）委审批。支部团员大会决议主要包括：发展对象的主要表现；应到会和实际到会有表决权的团员人数；表决结果；通过决议的日期；支部书记签名。

九、支部团员大会相关热点问答

1. 会议有效性与不能参加选举的适用情形有哪些？

支部团员大会进行选举时，有选举权的到会人数超过应到会人数的2/3（含达到2/3），会议有效。为了保证团支部的选举工作能够顺利进行，团员因下列情况不能参加选举的，经报同级党组织和上级团组织同意，并经支部团员大会通过，可以不计算在应到会人数之内：

（1）患有精神病或其他疾病导致不能表达本人意志的；

（2）自费出国半年以上的；

（3）虽未受到留团察看团纪处分，但正在服刑的；

（4）因健康原因长期生病生活不能自理的；

（5）工作调动，下派锻炼、蹲点，外出学习或工作半年以上等，按规定应转走正式组织关系而没有及时转走的。

有的团员虽不能参加团员大会的选举，但又不属于上述情况的，仍然要计算在应到会人数之列。

在选举之前，应该先进行团员登记，摸清本组织内有选举权和被选举权的团员人数。团员登记工作结束后，要公布有选举权和被选举权的团员名单。对名单有不同意见的相关人员可以向选举工作领导小组提出申诉。对团员的申诉意见，选举工作领导小组应当在三日内做出处理决定。申诉人如果对处理决定不服，可以在选举日的五日以前向同级党组织和上级团组织申诉。上级团组织应在选举日以前会同该团支部的同级党组织做出处理决定，并将处理决定送达该团支部和申诉人，同时通知有关人员，此决定为最终决定。

2. 临时组织关系转到外单位的团员的选举权和被选举权是如何规定的？

团员临时外出学习、工作以及其他原因离开所在地方或单位时间较短（6个月以内），凭团员证参加所去单位团组织的活动。持团员证的团员，其组织关系没有转移，只能在所去单位团组织参加活动，仍在原单位参加团的组织生活、交纳团费和享有表决权、选举权和被选举权。

没有转移团组织关系的团员，在新工作单位团组织内不享有选举权、被选举权和表决权，当然也就不能担任新工作单位团组织的职务。

持团员证的团员，在临时团组织内，可以享有选举权、被选举权和表决权，可以担任临时团组织的职务。

3. 选举前如何介绍候选人？

《团章》规定，选举人有了解候选人情况的权利。选举前实事求是地向选举人介绍候选人的情况，是选举单位的团组织或团代表大会主席团的重要职责，也是切实保障选举人能充分行使民主权利，搞好团内选举的重要环节。候选人的简历、工作实绩和主要优缺点等，是选举人在选举中进行选举的基本依据。只有在选举前认真负责地向选举人介绍候选人的各方面情况，使选举人真正了解候选人，选举人才能在投票时择优选举，避免盲目投票；才能有效地防止选举走形式，真正体现选举人的意志。

4. 换届选举如何保障选举人的权利？

选举权和被选举权是团员享有的基本权利，是团员参与团内事务的具体形式，是团的民主集中制的重要标志。保障团员的选举权和被选举权，一是要建立健全团员大会或团代表大会制度，按期换届选举。二是要实事求是地向选举人介绍候选人的基本情况，对选举人提出的询问要做出负责的答复。三是不得搞"保证"选举。选举人有权对候选人投赞成票或不赞成票，也可以弃权。选举人不选已确定的候选人，另选他人或选自己，任何人不得干涉。四是每一个团员或团代表，应该正确对待自己的选举权和被选举权，也应该尊重别人的选举权和被选举权，尊重多数选举人的意志。五是有关团组织对于侵犯选举人与被选举人权利的行为，应严肃处理。

5. 什么是直接选举和间接选举？

直接选举：有选举权的人直接参加选举行使选举权利的选举方式。团内的直接选举，一般是在团的基层组织进行，即召开支部团员大会，由团员直接投票选举团的支部委员会、团的总支部委员会、团的基层委员会或出席上级团的代表大会的代表。

间接选举：有选举权的人通过选出的代表进一步行使选举权利的选举方式。团内的间接选举，一般是在团的中央组织、团的地方组织和部分基层组织进行，即召开团代表大会，由同级团代表大会代表选举团的委员会或出席上级团代表大会的代表。

6. 什么是等额选举和差额选举？

团内选举有两种形式，一是等额选举，二是差额选举。

等额选举是指候选人数与应选人数相等的选举。等额选举，选举人可按照候选人名单投票，也可以另选他人，但所选举的人数必须与应选人数相等。

差额选举指的是候选人名额多于应选人名额的选举。差额有两种办法，一种是直接采用候选人对于应选人的差额选举办法进行选举；另一种是先采用差额的办法进行预选并产生正式的候选人名单，再采用等额的办法进行正式选举。团的基层组织设立的委员会书记、副书记采用等额选举办法选举产生。实行差额选举，一方面有助于团员选出自己满意的领导人或代表，另一方面也使候选人有压力，促使其积极工作，密切联系群众。

7. 如何确定预选、正式选举和当选？

预选，即在正式选举之前为确定正式候选人进行的预备性选举。团代表大会或团员大会选举产生团的委员会委员，一般可先采用差额预选方式，选举产生正式候选人，然后进行正式选举。实践证明，在团内选举中实行差额预选，有利于选举工作的组织实施。

经差额预选产生正式的选举候选人后，在正式选举时一般可不再实行差额选举。预选的主要目的是产生与应选名额相等的候选人，使正式选举易于成功。如在预选中，得赞成票超过实到会有选举权人数半数的被选举人多于应选名额时，一般应按照得票多少顺序确定出与应选名额相等的候选人名单，正式选举时不再实行差额选举。必要时经支部团员大会决定，也可以将得赞成票超过半数者都作为候选人，正式选举时再实行差额选举。预选的结果应向主持选举的团组织报告。

预选的目的是确定正式候选人。预选后，被选举人得票情况应由监票人向主持选举的领导机关报告，由主持选举的领导机构根据大会通过的选举办法确定正式候选人名单并通告选举人，然后提交大会进行正式选举。

实行差额预选时，赞成票超过实到会有选举权的人数半数的，方可列为候选人。

在选举有效的前提下，被选举人获得的赞成票超过应到会（基层团组织选举为实到会）人数半数的，始得当选。获得赞成票超过半数的被选举人数多于应选名额时，以得票多的当选。如遇票数相等不能确定当选人时，应就票数相等的被选举人重新投票，得票多的当选。当选人少于应选名额时，对不足的名额另行选举，如果接近应选名额，也可以减少名额，不再进行选举。

8. 监票人和计票人的职责是什么？

监票人的产生程序是：团员大会选举的监票人，由全体团员从不是候选人的团员中推荐，经支部团员大会表决通过；团支部委员会第一次全体会议选举的监票人由会议主持人从不是候选人的委员中提名，经选举人表决通过。

监票人的主要职责是：

a. 投票前检查票箱，监督发放选票。

b. 投票时监督投票。

c. 投票结束后，当众打开票箱，监督计票人清点选票，核实收回的选票数是否与发出来的选票数相等，并将核实情况如实报告会议主持人。

d. 在会议主持人宣布选举有效后，监督计票人计票。

e. 计票结束后，审核计票结果并签字。

团员大会或团员代表大会选举，团的基层委员会、总支部委员会、支部委员会选举，都要设选举计票人。计票人在监票人监督下进行工作。

计票人的主要职责是：

a. 在监票人监督下分发、清点和计算选票。

b. 在计票结果报告单上签字。

投票结束后，监票人、计票人将投票人数和收回的选票数加以核对，如实记录，由监票人签字并公布候选人的得票数，由会议主持人宣布当选人名单。

9. 如何界定有效票和无效票？

每一张选票所选人数等于或少于规定应选人数的为有效票，多于规定应选人数的为无效票。选票的票面除规定的项目外，不得编号或做任何记号，否则应视为废票。

10. 无效票有哪几种形式？

从无效票的现象划分，有四种形式：一是多于规定的应选人数填票划票；二是不按规定的符号划票；三是选票内容无法辨认；四是胡写乱画。从选票的失效程度划分，对三种职务用同一张选票的有两种形式：一是整体作废，即选票的书记、副书记、委员三种职务栏，均未按照规定填票，造成整张选票作废；二是局部作废，即在三种职务栏中，有一栏或两栏按规定填票，但有两栏或一栏未按规定填票、划票，造成部分有效，部分作废。从选举人主体意识划分，有无意填错、划错的无效票和故意填错、划错的无效票两种。无效票的认定规则由选举委员会确定，并于事前公布。

11. 如何确定选举有效和选举无效？

确定支部团员大会选举有效，须有支部全体团员（有选举权的团员）2/3 以上出席并参加选举，收回的选票等于或少于发出的选票，选举有效；收回的选票多于发出的选票，选举无效，应重新进行选举。

12. 召开接收新团员的支部团员大会有哪些注意事项？

发展对象入团，必须提交支部大会讨论。召开讨论接收新团员的支部大会，有表决权的到会人数必须超过应到会有表决权人数的半数。

在校学生不得由其所在学校以外的团组织接收入团。

13. 团的基层组织是如何设置的？

经中国共产主义青年团第十九次全国代表大会部分修改，于 2023 年 6 月 22 日通过的《中国共产主义青年团章程》规定："企业、农村、机关、学校、医院、科研院所、街道社区、社会组织、人民解放军连队、人民武装警察部队中队和其他基层单位，凡是有团员三人以上的，都应当建立团的基层组织。团的基层组织，根据工作需要和团员人数，经上级团的委员会批准，分别设立团的基层委员会、总支部委员会、支部委员会。在基层委员会、总支部下建立支部。工作需要的，在基层委员会下也可以建立总支部。在一个支部内可以分若干个小组。支部委员会、总支部委员会由团员大会选举产生，其中大、中学校学生支部委员会每届任期一年，其他每届任期三年。基层委员会由团员大会或代表大会选举产生，每届任期三年至五年，一般与同级党的委员会任期保持一致。"

14. 如何做好支部团员大会的会议记录？

做支部团员大会的会议记录，不是随便记录就可以了，而是要写很多材料，且文笔还要流畅。具体来说有"四要"：一要研究过去的会议记录，明确要求。我们常常会遇到很多不懂的问题，在这种情况下，可以从过去记录的细节、要求、篇幅中学习。二要确定主持人、与会人员、主题等问题。正式开会前，一般都会提前通知大家关于会议的主题、时间、地点等。在会议正式开始以前，要赶紧记录主持人、与会人员、主题等详细信息，以防会议结束以后忘记了。三要体现主题的要点，要全且精。在开会过程中，注意听主持人讲话，将会议的要点写下来，然后进行完善。假如在会上没记录清楚，可以在会后问问主持人，或者拿到会议讲话的文稿，据此完善会议记录。四要适当增加一些对问答环节的记录。很多时候，团员们在大会上要交流沟通一些问题，虽然有一些可能与会议主题相关性不大，但是也应该如实记录，这样的会议记录才是有血有肉的，而不是抄材料拼凑的。如此，一篇优质的支部团员大会记录就能出炉了。

15. 村（社区）团组织换届选举工作如何实抓实干出实效？

（1）强化组织领导，严格责任落实

一是成立工作小组。以村（社区）党支部书记为主要负责人、本届团组织干部为主要成员，成立团组织换届选举工作小组，明确责任分工，领导和统筹村（社区）团组织换届工作。

二是做好摸底调查。工作小组以团员的组织关系为依据，对本村（社区）及常驻本村（社区）团员青年状况进行登记备案，做到内容准确，避免漏登、错登、重登。

三是开展宣传动员。利用村级广播、微信平台、横幅标语、板报公告等方式宣传团组织换届的重要意义和政策程序，动员广大团员青年积极参与，为换届选举作好思想动员和组织准备。

（2）突出规范运行，夯实工作基础

一是坚持民主公开。由村级党、团组织推荐新一届村（社区）团组织班子候选人初步人选，通过召开团员会议推荐，或者个人自荐，再由换届工作小组召开会议确定。候选人的推荐，着重考虑大学生村官、现任"两委"成员、回乡大中专毕业生、返乡务工青年、退伍军人、青年致富能手、优秀创业青年、青年志愿者骨干等优秀团员青年。

二是规范换届程序。由工作小组向村（社区）党组织和上级团组织请示团员大会召开的时间、地点、主要任务、委员会构成、选举方式和会议议程等主要内容。正式候选人公示期满无异议后，组织召开团员大会，选举委员和书记。按照差额选举的方式从委员正式候选人中选举产生委员会委员，再从委员会委员中选举产生书记、副书记。

（3）做好后续工作，巩固换届成果

一是及时总结汇报。选举结束后，及时报批选举结果，街道团工委发文公布。做好总结工作，对好的做法加大宣传力度，形成良好正面的舆论氛围。

二是做好班子交接。耐心做好落选和离任人员思想工作，引导他们积极支持新当选的村（社区）支部委员开展工作。

三是完成资料汇编。对换届过程中的各种请示报告、选票、上级团组织的批复以及照片、录音、视频等原始资料进行整理归档。

四是开展专题培训。完善团的组织生活、团员教育培训，建立健全规章制度，组织村（社区）团组织书记进行业务培训和理论学习，着力提高村（社区）团组织的服务能力。

十、支部团员大会换届选举文书范本

(一) ××(单位)团员基本情况登记表

××(单位)团员基本情况登记表

姓名	民族	性别	身份证号码	文化程度	所在部门及职务	入团年月	手机号码
……	……	……	……	……	……	……	……

(二) 关于筹备召开团员大会的函

关于筹备召开共青团〈单位全称〉第×次团员大会的函

〈上级团组织〉：

〈单位情况简介；团员、青年的人数及分布情况；青年工作开展情况；党组织关系隶属情况等〉

为加强青年群众工作，根据团章等有关规定，拟建立共青团〈单位全称〉支部（总支部）委员会。

为做好建立团支部（团总支）的各项筹备工作，成立共青团〈单位全称〉支部（总支部）委员会筹备组，筹备组由×××、×××等×位同志（按姓氏笔画为序）（女性、少数民族须注明）组成；其中，×××同志为筹备组组长，×××、×××等×位同志为副组长。

根据团章、《中国共产主义青年团基层组织选举工作条例》等有关规定，拟于××××年××月×旬召开共青团〈单位全称〉第×次团员大会，建立共青团〈单位全称〉支部（总支部）委员会，现就有关事项请示如下：

一、大会的主要任务

1. 确定团支部（团总支）工作努力方向、奋斗目标。

2. 选举产生共青团〈单位全称〉第×届支部（总支部）委员会。

二、大会的议程

（略）

三、委员会的规模及组成

共青团〈单位全称〉第×届支部（总支部）委员会拟设委员×名，其中，拟设书记×名，副书记×名。

四、选举办法

共青团〈单位全称〉支部（总支部）委员会委员，由筹备组根据多数团员的意见按照委员候选人名额多于应选名额20%的规定，确定候选人推荐人选××名，经党委（党总支、党支部）和你委同意后，提交团员大会采用无记名投票差额选举方式选举产生。书记、副书记，由团员大会从新当选的委员会委员中采用无记名投票等额选举方式选举产生。

五、委员、书记、副书记候选人推荐人选

在团员民主推荐、充分酝酿的基础上，经党委（总支、支部）讨论，建议：

提名×××、×××、×××等×位同志（按姓氏笔画为序）（女性、少数民族须注明）为共青团〈单位全称〉第×届支部（总支部）委员会委员候选人推荐人选；

提名×××同志为共青团〈单位全称〉第×届支部（总支部）

委员会书记候选人推荐人选；

提名×××、×××等×位同志为共青团〈单位全称〉第×届支部（总支部）委员会副书记候选人推荐人选。

当否，请复函。

附件：委员候选人推荐人选基本情况

〈单位党组织全称或单位全称〉（印章）

年 月 日

（三）委员候选人推荐人选登记表

共青团〈单位全称〉第×届支部（总支部）委员会委员候选人推荐人选登记表

姓名		性别		出生年月 （ 岁）		照片
民族		政治面貌		参加工作时间		
入党时间		籍贯		出生地		
入团时间		专业技术职务		健康状况		
工作单位及团内外职务				身份证号		
学历学位	全日制教育			毕业院校系及专业		
	在职教育			毕业院校系及专业		
微信号				手机号		
简历						

第二章 支部团员大会

主要表现	
奖惩情况	
把关和推荐意见	推荐单位意见 （盖章） 年 月 日
	推荐单位纪检部门意见 （盖章） 年 月 日	辖区公安部门意见 （或无违法犯罪记录证明） （盖章） 年 月 日
备注	

— 57 —

（四）关于同意召开团员大会的复函

关于同意召开共青团〈单位全称〉第×次团员大会的复函

〈单位党组织全称〉（或〈单位全称〉）：

你委（或你单位）《关于召开共青团〈单位全称〉第×次团员大会的函》（〈文号〉）收悉。

经研究，同意成立共青团〈单位全称〉支部（总支部）委员会筹备组，筹备组由×××、×××等×位同志（按姓氏笔画为序）（女性、少数民族须注明）组成；同意×××同志为共青团×××委员会筹备组组长，×××、×××等×位同志为副组长。

同意于××××年××月召开共青团〈单位全称〉第×次团员大会，并原则同意有关请示事项。

同意×××、×××、×××等×位同志（按姓氏笔画为序）（女性、少数民族须注明）为共青团〈单位全称〉第×届支部（总支部）委员会委员候选人推荐人选；同意×××同志为共青团〈单位全称〉第×届支部（总支部）委员会书记候选人推荐人选，×××、×××等×位同志为副书记候选人推荐人选。

此复。

〈上级团组织〉（印章）

年　月　日

（五）关于成立团员大会选举工作筹备组的通知

关于成立共青团〈单位全称〉第×次团员大会选举工作筹备组的通知

各位团员：

为筹备共青团〈单位全称〉第×次团员大会选举工作，加强我单位团支部（总支部）成立工作的组织领导，确保选举工作健康有序开展，经上级团委研究确定，特成立〈单位全称〉第×次团员大会选举工作筹备组。现将组成人员名单通知如下：

组　　长：××××××职务

副组长：××××××职务

成　　员：××××××职务

　　　　　××××××职务

　　　　　××××××职务

　　　　　××××××职务

　　　　　××××××职务

领导小组下设办公室，×××同志兼任办公室主任。

〈单位党组织全称或单位全称〉（印章）

年　月　日

（六）团员大会团员名册

共青团〈单位全称〉第×次团员大会团员名册

姓名	职务	出生年月（　岁）	籍贯	学历	参加工作时间	政治面貌	备注

（七）关于召开团员大会的通知

关于召开共青团〈单位全称〉第×次团员大会的通知

各位团员：

按照《中国共产主义青年团章程》的规定，结合我单位实际，经党委和上级团委批准，共青团〈单位全称〉第×次团员大会预定于××××年××月××日召开，现将有关事宜通知如下：

一、时间安排

共青团〈单位全称〉第×次团员报到时间：××××年××月××日上午8：30。

地点：×××。

二、会议议程

1. 听取和审议筹备工作报告；

2. 选举产生共青团〈单位全称〉第×届支部（总支部）委员会。

三、注意事项

1. 参加会议的代表、列席人员和工作人员要自觉遵守大会的各项规定，会议期间不请假、不迟到、不会客。

2. 凭代表证、列席证、工作证出入会场。

3. 会议期间，会场要保持肃静，不要大声喧哗，关闭一切通信工具，不经允许不得随意离开会场。

〈单位党组织全称或单位全称〉（印章）

年　月　日

(八) 团员大会须知

大会须知

一、与会人员着正装,要严格会议纪律,服从大会各项安排,准时到会,不迟到、不早退、不缺席。

二、与会人员在大会期间要佩戴团徽。

三、与会人员进行签到,全体团员要按照指定位置就座。

四、大会所发各类文件、证件要妥善保管。需收回的文件,由各组负责人统一收齐,及时交大会秘书组。

五、会议期间手机全部关闭或调至振动状态,不得接打电话或随意走动。

(九) 团员大会议程

共青团〈单位全称〉第×次团员大会
议程

一、奏唱国歌和团歌;

二、××(党委或单位领导)讲话;

三、××(上级团委领导)讲话;

四、××团委筹备工作情况汇报;

五、大会选举;

六、当选的共青团〈单位全称〉第×届支部(总支部)委员会书记发言;

七、奏唱国际歌,大会闭幕。

（十）团员大会主持词

共青团〈单位全称〉第×次团员大会主持词

各位团员、同志们：

大家好！今天，我们在这里隆重召开中国共产主义青年团〈单位全称〉第×次团员大会。今天的会议应到团员×名，因事、因病请假×名，实到团员×名。符合规定人数，可以开会。

各位团员，共青团〈单位全称〉第×次团员大会在筹备过程中得到了上级团委及社会各界的大力支持和悉心指导。下面，我向大家介绍一下今天到会的各位领导，他们是：

……

让我们用热烈的掌声对各位领导和嘉宾的到来表示欢迎！

今天大会共有七项议程，下面逐项进行。

现在进行第一项：请全体起立，奏唱国歌、团歌。

……

请坐下。

大会进行第二项：请××（党委或单位领导）同志讲话，大家欢迎。

……

大会进行第三项：请××（上级团委）同志讲话，大家欢迎。

……

大会进行第四项：请×××做筹备工作情况汇报，大家欢迎。

……

现在大会进行第五项：大会选举。

大会选举有五项内容：

1. 通过共青团〈单位全称〉第×届支部（总支部）委员会委

员候选人建议名单；

2. 通过共青团〈单位全称〉第×次团员大会选举办法（草案）；

3. 通过监票人、计票人建议名单（草案）；

4. 选举共青团〈单位全称〉第×届支部（总支部）委员会委员；

5. 宣布选举结果。

首先，通过共青团〈单位全称〉第×届支部（总支部）委员会委员名单。

请工作人员宣读委员候选人建议名单。

……

大家有什么意见，请发表。

如果没有，现在进行表决。

同意的请举手，请放下。

不同意的请举手，没有（或请放下）。

弃权的请举手，没有（或请放下）。

一致通过（或通过）。

下面，通过大会选举办法。

请工作人员宣读选举办法（草案）。

……

大家有什么意见，请发表。

如果没有，现在进行表决。

同意的请举手，请放下。

不同意的请举手，没有（或请放下）。

弃权的请举手，没有（或请放下）。

一致通过（或通过）。

下面，通过监票、计票人员名单。

请工作人员宣读监票、计票人建议名单。

……

大家有什么意见请发表。

如果没有意见，现在进行表决。

同意的请举手，请放下。

不同意的请举手，没有（或请放下）。

弃权的请举手，没有（或请放下）。

一致通过（或通过）。

下面，选举共青团〈单位全称〉第×届支部（总支部）委员会委员。

报单位党委和上级团委批准，共青团〈单位全称〉第×届支部（总支部）委员会委员名额为×名，候选人×名，差额×名。

共青团〈单位全称〉第×届支部（总支部）委员会委员候选人名单如下：

按姓氏笔画为序，依次是：×××、×××、×××、×××、×××、×××。

现在提请大会正式选举。

现在请工作人员清点到会代表人数。

（工作人员将清点结果书面报告主持人）

今天大会应到人数×人，因病、因事请假×人，实际到会参加选举的代表×人，符合规定人数，可以选举。

请监票人到位。

请当众检查票箱（稍候），（检查完毕查封）。

（稍停）请大家领到选票后，不要急于填写，待说明后再填写。

各位代表都收到选票没有？有没有多领的？如有，请举手。（稍停）没有。

现在我把画写选票的要求强调一下：请先看选票，选票上共有团支部（总支部）委员会委员候选人×名，从中选×名，多选无效。

对选票上的候选人，赞成的画"〇"符号；不赞成的画"×"符号；弃权的不做任何记号。如另选他人，在"另选人姓名"栏内写上另选人的姓名，并在其右侧空格内画"〇"符号。

各位代表听清楚了没有？不清楚的请举手。（稍停），没有。

下面，请各位代表认真划票。

（等待划票）

各位代表请注意：投票的顺序是先监票人投票，其次是筹备组成员投，然后各位团员顺序投票。

现在开始投票，首先请监票人员投票（投票后），请监票人员到位监督，下面请筹备组成员投票（投票后）；请各位团员依次投票，请工作人员引导好。

（投票完毕）

下面请监、计票人员开箱清点选票（先清点收回票数，清点结束后，填写"清点选票报告单"，送给主持人）。

各位代表，经过清点，今天大会实到会代表____人。发出选票____张，收回选票____张，收回票数与发出票数相符（或少于发出票数）。本次选举有效。

下面请监、计票人员到计票室计票。

请代表稍事休息，等候计票结果，不要离开会场。

最后，宣布选举结果。

请工作人员报告共青团〈单位全称〉第×届支部（总支部）委员会委员选举计票情况。

……

请工作人员宣读共青团〈单位全称〉第×届支部（总支部）委员会委员名单。

……

同志们，让我们以热烈的掌声向当选的共青团〈单位全称〉第×届支部（总支部）委员会委员表示祝贺！

同志们，大会第五项议程已进行完毕，现在请团员们原地休息。请团支部（总支部）委员会委员到小会议室召开委员会第×次会议，选举书记、副书记。

……

（委员会第×次会议结束，返回主会场）

同志们，现在宣布共青团〈单位全称〉第×届支部（总支部）委员会第×次全委会选举结果，根据选举结果，×××当选为共青团〈单位全称〉第×届支部（总支部）委员会书记，×××、×××当选为副书记，让我们对他们的当选表示衷心的祝贺。（鼓掌）

下面进行大会第六项：请新当选的团支部（总支部）书记×××同志发言，大家欢迎。

……

同志们，共青团〈单位全称〉第×次团员大会在单位党委的直接领导下，在上级团委的指导下，经过全体团员的共同努力，在紧张、热烈、民主、友好的气氛中，圆满完成了各项预定任务。

下面进行大会第七项：请全体起立，奏《国际歌》。

今天大会的各项议程进行完毕，现在我宣布，大会胜利闭幕，谢谢大家！

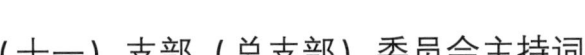

（十一）支部（总支部）委员会主持词

共青团〈单位全称〉第×届支部（总支部）委员会主持词

同志们：

下面我们召开共青团〈单位全称〉第×届支部（总支部）委员会第×次会议，会议内容有五项：

1. 通过共青团〈单位全称〉第×届支部（总支部）委员会书记、副书记候选人建议名单；

2. 通过共青团〈单位全称〉第×届支部（总支部）委员会第×次全体会议选举办法（草案）；

3. 通过监票人、计票人建议名单（草案）；

4. 选举共青团〈单位全称〉第×届支部（总支部）委员会书记、副书记；

5. 宣布选举结果。

下面进行第一项：通过共青团〈单位全称〉第×届支部（总支部）委员会书记、副书记候选人建议名单。

请工作人员宣读书记、副书记候选人建议名单。

……

大家有什么意见，请发表。

如果没有，现在进行表决。

同意的请举手，请放下。

不同意的请举手，没有（或请放下）。

弃权的请举手，没有（或请放下）。

一致通过（或通过）。

会议进行第二项：通过共青团〈单位全称〉第×届支部（总支部）委员会第×次全体会议选举办法（草案）。

请工作人员宣读选举办法（草案）。

……

大家有什么意见，请发表。

如果没有，现在进行表决。

同意的请举手，请放下。

不同意的请举手，没有（或请放下）。

弃权的请举手，没有（或请放下）。

一致通过（或通过）。

会议进行第三项：通过监票、计票人员名单。

请工作人员宣读监票、计票人建议名单。

……

大家有什么意见，请发表。

如果没有意见，现在进行表决。

同意的请举手，请放下。

不同意的请举手，没有（或请放下）。

弃权的请举手，没有（或请放下）。

一致通过（或通过）。

会议进行第四项：选举共青团〈单位全称〉第×届支部（总支部）委员会书记、副书记。

报单位党委和上级团委批准，共青团〈单位全称〉第×届支部（总支部）委员会书记候选人名单如下：×××，副书记候选人：×××、×××。

现在提请会议正式选举。

今天大会应到委员数×人，因病、因事请假×人，实际到会参加选举的代表×人，符合规定人数，可以选举。

请监票人到位。

请当众检查票箱（稍候），（检查完毕查封）。

请大家领到选票后，对选票上的候选人，赞成的画"○"符号；不赞成的画"×"符号；弃权的不做任何记号。如另选他人，在"另选人"栏内写上另选人的姓名，并在其右侧空格内画"○"符号。

下面，请各位代表认真划票。

……

现在开始投票。

（投票完毕）

下面请监、计票人员开箱清点选票（先清点收回票数，清点结束后，填写"清点选票报告单"，送给主持人）。

各位代表，经过清点，今天大会实到会委员＿＿＿人。发出选票＿＿＿张，收回选票＿＿＿张，收回票数与发出票数相符（或少于发出票数）。本次选举有效。

下面请监、计票人员到计票室计票。

请代表稍事休息，等候计票结果，不要离开会场。

会议进行第五项：宣布选举结果。

请工作人员报告共青团〈单位全称〉第×届支部（总支部）委员会书记、副书记选举计票情况。

现在宣布选举结果：×××同志当选为共青团〈单位全称〉第×届支部（总支部）委员会书记；×××同志和×××同志当选为共青团〈单位全称〉第×届支部（总支部）委员会副书记，让我们以热烈的掌声向当选书记、副书记表示祝贺！

（委员会第×次会议结束，返回主会场）

(十二) 团员大会筹备工作报告

共青团〈单位全称〉第×次团员大会筹备工作报告

各位领导、朋友们、各位团员：

自×月份以来，经过认真准备，今天，共青团〈单位全称〉第×次团员大会在此召开。根据会议安排，我谨代表筹备组，就此次大会筹备情况报告如下：

根据《中国共产主义青年团章程》规定，企业、农村、机关、学校、医院、科研院所、街道社区、社会组织、人民解放军连队、人民武装警察部队中队和其他基层单位，凡是有团员三人以上的，都应当建立团的基层组织。

为深入贯彻习近平新时代中国特色社会主义思想和党的二十大精神，为更好地团结凝聚青年，促进单位健康发展，从20××年年初开始，在市、区团委的指导下，园区党组织开始了科技园团委组织的筹备工作。

经调查摸底，目前，我单位青年团员××人。经单位党委和上级团委批准，本次大会将选举产生委员×名，副书记×名、书记×名，组成共青团〈单位全称〉第×届支部（总支部）委员会。

到目前为止，共青团〈单位全称〉第×次团员大会的各项筹备工作进展顺利，经共青团××委员会（上级团委）批准，决定召开共青团〈单位全称〉第×次团员大会。

共青团〈单位全称〉第×次团员大会筹备组
年　月　日

(十三) 团员大会选举办法（草案）

共青团〈单位全称〉第×次团员大会选举办法（草案）

一、根据《中国共产主义青年团章程》和《中国共产主义青年团基层组织选举工作条例》制定本选举办法。

二、共青团〈单位全称〉第×届支部（总支部）委员会由本次团员大会选举产生。大会选举工作，由筹备组负责。

三、大会选举采用无记名投票方式进行。候选人按照姓名笔画为序排列。经上级团委批复同意，共青团〈单位全称〉第×届支部（总支部）委员会拟由委员×名组成。

四、共青团〈单位全称〉第×届支部（总支部）委员会委员候选人建议名单是在民主推荐、广泛征求意见基础上，由大会筹备组确定，提交大会进行选举。

五、共青团〈单位全称〉第×届支部（总支部）委员会委员的选举直接采用候选人多于应选人数的差额选举办法进行，差额比例为20%。

六、选举时，参加选举的代表人数必须超过应到会代表人数的2/3，方可进行选举。每张选票所选的人数等于或少于应选人数为有效票，多于应选人数为无效票。收回的选票等于或少于发出的选票，选举有效；收回的选票多于发出的选票，选举无效，应重新进行选举。选举时，因故未出席会议的代表不得委托他人投票。

七、选举时，被选举人得到的赞成票超过实到会代表的半数方能当选。获得赞成票超过半数的被选举人多于应选名额时，以得票多者当选。如遇被选举人得票数相等不能确定当选人时，应就票数相等的被选举人重新投票，以得票多者当选。

八、如当选人少于应选名额时，应对不足名额再进行选举。仍少于应选名额时，可相应减少应选名额，不再进行选举。当选人接近应选名额时，也可以直接减少应选名额不再进行选举。

九、出席选举大会的团员，对所列候选人，赞成的在其姓名对应的方格内画"○"，不赞成的画"×"，弃权的画"△"。投不赞成票的可以另选他人，在"另选人姓名"栏空格内写上自己所要选的人的姓名,并在姓名对应的方格内画"〇"。每张选票所选人数等于或少于应选人数的为有效票,多于应选人数的为无效票。填写选票用钢笔或圆珠笔,字迹、符号要清楚。如选票填写不清楚,无法辨认的部分视为无效。

十、大会宣布计票结果时,报告全部被选举人所得赞成票数。当选的委员按姓氏笔画为序排列。

十一、大会选举设监票人×名;监票人由大会筹备组提名,经大会表决确定;已提名作为委员候选人的不得担任监票人;监票人在大会筹备组领导下,对选举全过程进行监督。

十二、会场设1个投票箱。投票顺序是:先由监票人投票,接着大会筹备组成员,再接着参会人员依次投票。

十三、本选举办法,经大会全体会议通过后施行。选举时,如出现超出本选举办法规定的情况,由大会筹备组决定。

共青团〈单位全称〉第×届支部(总支部)委员会委员候选人建议名单

(×人,按姓名笔画排列)

×××　　×××　　×××　　×××　　×××　　×××

共青团〈单位全称〉第×次团员大会监票人、计票人名单

(草　案)

监票人:×××　　×××

计票人:×××　　×××

(十四) 支部（总支部）委员会委员选票

共青团〈单位全称〉第×届支部（总支部）委员会委员选票

委员候选人姓名	符号	委员候选人姓名	符号
另选人姓名	符号	另选人姓名	符号
说明	1. 候选人姓名按姓氏笔画为序排列。 2. 应选委员×名。每张选票所选人数等于或少于应选人数有效，多于应选人数无效。 3. 对选票上的候选人，赞成的画"〇"符号；不赞成的画"×"符号；弃权的画"△"。如另选他人，在"另选人"栏内写上另选人的姓名，并在其姓名右侧空格内画"〇"符号。		

年　月　日

(十五) 团员大会选举收回选票报告单

共青团〈单位全称〉第×次团员大会选举收回选票报告单

今天实到会参加选举的代表×名，发出选票×张，收回选票×张，收回选票数与发出选票数相符，本次选举有效。

监票人（签名）：
年　月　日

（十六）团员大会选举计票单

共青团〈单位全称〉第×次团员大会选举计票单

候选人姓名	赞成票	不赞成票	弃权票
另选人姓名			

监票人（签名）：

计票人（签名）：

年　月　日

（十七）团员大会候选人得赞成票报告单

共青团〈单位全称〉第×次团员大会候选人得赞成票报告单

候选人姓名	得赞成票数	候选人姓名	得赞成票数

监票人（签名）：

年　月　日

(十八) 全体会议选举办法 (草案)

共青团〈单位全称〉第×届支部（总支部）委员会第×次全体会议选举办法（草案）

一、根据《中国共产主义青年团章程》及《中国共产主义青年团基层组织选举工作条例》制定本选举办法。

二、共青团〈单位全称〉第×届支部（总支部）委员会第×次全体会议，由大会筹备组托新当选的 1 名委员主持，选举共青团〈单位全称〉第×届支部（总支部）委员会书记、副书记。

三、选举采用无记名投票方式进行。书记、副书记选举采取等额选举办法。

四、书记、副书记候选人建议名单经同级党组织和上级团组织同意后，由全体委员酝酿讨论确定，提交全会选举。

五、选举时，参加选举的委员人数必须超过应到委员的 4/5，方可进行选举。因故未出席会议的不能委托他人投票。

六、画票时，对选票上的候选人，赞成的画"○"符号；不赞成的，在其姓名右侧空格画个"×"；弃权的画"△"。如另选他人，在"另选人姓名"栏内写上另选人的姓名。

填写选票用钢笔或圆珠笔，字迹、符号要清楚。如选票填写不清楚，无法辨认的部分视为无效。

七、投票结束后，收回的选票等于或少于发出的选票，选举有效；收回的选票多于发出的选票，选举无效，应重新进行选举。

八、选举时，被选举人得到的赞成票超过到会委员的半数为当选。获赞成票超过到会委员半数的被选举人多于应选名额时，以得票多者为当选。

九、宣布选举结果时，由监票人向全会报告全部被选举人所得票数，并由全会主持人宣布选举结果。

十、选举设监票人×名，监票人人选由会议主持人提出，经全会表决确定。已提名作为书记、副书记候选人的不得担任监票人。监票人对选举全过程实行监督。

十一、本选举办法，经全会通过后生效。选举时，如遇到本办法没有作出规定的事项，则由主持人依照有关规定组织有关人员研究后做出决定。必要时，可请示党委或上级团委，由党委或上级团委做出决定。

（十九）全体会议监票人、计票人名单（草案）

共青团〈单位全称〉第×届支部（总支部）委员会第×次全体会议监票人、计票人名单

（草　案）

监　票　人：×××、×××

计　票　人：×××、×××

（二十）书记、副书记候选人名单

共青团〈单位全称〉第×届支部（总支部）委员会书记、副书记候选人名单

书　　记：×××

副书记：×××、×××

（二十一）书记、副书记选票

共青团〈单位全称〉第×届支部（总支部）委员会书记、副书记选票

书记候选人姓名	符号	另选人姓名	符号
×××			
副书记候选人姓名	符号	另选人姓名	符号
×××			
×××			

注：1. 书记应选名额为1名、副书记2名，等于或少于应选名额为有效票，多于应选名额为无效票。

2. 选举人对候选人可以表示赞成、不赞成或弃权。对选票上的候选人，赞成的画"○"符号；不赞成的，在其姓名右侧空格画个"×"；弃权的画"△"。如另选他人，在"另选人"栏内写上另选人的姓名。如选票填写不清楚，无法辨认的部分视为无效。

（二十二）选举计票单

共青团〈单位全称〉第×届支部（总支部）委员会选举计票单

候选人姓名	赞成票	不赞成票	弃权票
另选人姓名	赞成票	不赞成票	弃权票

监票人（签名）：

计票人（签名）：

年　月　日

（二十三）书记、副书记候选人得赞成票报告单

共青团〈单位全称〉第×届支部（总支部）委员会书记、副书记
候选人得赞成票报告单

候选人姓名	得赞成票数	候选人姓名	得赞成票数

监票人（签名）：

年　月　日

（二十四）关于组成支部（总支部）委员会的请示

关于组成共青团〈单位全称〉第×届支部（总支部）委员会的请示

〈上级团组织〉：

　　共青团〈单位全称〉第×次团员大会于××××年××月××日召开，大会应到团员××名，实到团员××名。

　　经到会全体团员充分酝酿讨论，确定共青团〈单位全称〉第×届支部（总支部）委员会委员候选人××名，名单如下：

　　×××、×××……×××（按姓氏笔画为序）（女性、少数民族须注明）。

　　大会共发出选票××张，收回选票××张，收回选票数等于（或少于）发出选票数，选举有效。收回选票中，有效票××张，废票××张。

　　委员候选人得赞成票情况如下（按姓氏笔画为序）：

　　×××得××票、×××得××票……×××得××票。

　　共青团〈单位全称〉第×届支部（总支部）委员会第×次全体会议，书记候选人×××得××票。

副书记候选人×××得××票、×××得××票。

根据大会选举办法的规定，×××、×××、×××（按姓氏笔画为序）（女性、少数民族须注明）等××位同志当选为共青团〈单位全称〉第×届支部（总支部）委员会委员，×××同志当选为共青团〈单位全称〉第×届支部（总支部）委员会书记，×××、×××等×位同志当选为共青团〈单位全称〉第×届支部（总支部）委员会副书记。

当否，请批示。

共青团〈单位全称〉支部（总支部）委员会（印章）
年　月　日

(二十五) 关于同意组成支部（总支部）委员会的批复

关于同意组成共青团〈单位全称〉第×届支部（总支部）委员会的批复

共青团〈单位全称〉支部（总支部）委员会：

你委《关于组成共青团××××第×届支部（总支部）委员会的请示》（文号）收悉。

经研究，同意由×××、×××、×××（按姓氏笔画为序）（女性、少数民族须注明）等××位同志组成共青团〈单位全称〉第×届支部（总支部）委员会。

同意×××同志任共青团〈单位全称〉第×届支部（总支部）委员会书记，×××、×××等×位同志任副书记。

此复。

〈上级团组织〉（印章）
年　月　日

第三章 支部委员会

一、支部委员会的主要职责

支部委员会是按照支部团员大会的决议来处理支部的日常工作的会议制度。定期召开支部委员会是支部团员大会闭会期间贯彻执行民主集中制的主要形式和主要制度。支部委员会主要研究贯彻执行同级党组织和上级团组织及支部团员大会的决议、指示和意见,研究团的建设和团员管理教育方面的问题;研究培养发展新团员方面的问题;制订支部工作计划,检查、总结工作进展情况。

二、支部委员会的基本任务

1. 学习党的理论,学习习近平总书记系列重要讲话精神;宣传和执行党的路线、方针、政策,学习团的政策和重要会议精神,执行同级党组织、上级团组织的决议、指示等。

2. 贯彻落实支部大会的决议和工作安排;充分发挥团员先锋模范作用,团结组织青年,努力完成本地区、本部门、本单位所担负的任务。

3. 研究制订团支部工作计划，起草工作报告。

4. 研究确定提交支部团员大会审议的议题。

5. 研究确定入团积极分子和团员发展对象。

6. 研究讨论支部团员教育评议意见，决定对团员奖励，研究提出团员处分意见。

7. 讨论检查支部自身建设工作，研究制定支部相关制度。

8. 研究解决支部、团员的问题和困难。

9. 开好支部委员会组织生活会。

10. 对团员进行教育、管理、监督和服务。突出政治教育，提高团员素质，坚定理想信念，严格团的组织生活，开展批评和自我批评，维护和执行团的纪律，监督团员切实履行义务，保障团员的权利不受侵犯。加强和改进流动团员管理。关怀帮扶生活困难团员。做好团费收缴、使用和管理工作。依规稳妥处置不合格团员。

11. 密切联系青年，向青年宣传党的政策，经常了解青年对团员、团的工作的批评和意见，了解青年诉求，维护青年的正当权利和利益，做好青年的思想政治工作，凝聚广大青年的智慧和力量。

12. 对要求入团的积极分子进行教育和培养，做好经常性的发展团员工作，把政治标准放在首位。发展团员工作应当按照坚持标准、调控规模、优化结构、提高质量、发挥作用的总要求，有领导、有计划、有步骤地进行。

13. 监督团员干部和其他任何工作人员严格遵守国家法律法规，严格遵守国家的财政经济法规和人事制度，不得侵占国家、集体和群众的利益。

14. 实事求是对团的建设、团的工作提出意见和建议，及时向同级党组织和上级团组织报告重要情况，教育团员、青年自觉抵制不良倾向,坚决同各种违纪违法行为做斗争。

15. 按照规定向团员、青年通报团的工作情况,公开团内有关事务。

16. 研究其他需要支部委员会讨论决定和贯彻执行的事项。

不同领域团支部结合实际,分别承担各自不同的重点任务。

1. 学校中的团支部,学习宣传贯彻党的教育方针,落实立德树人根本任务,筑牢青年师生的理想信念根基;突出实践育人,教育和帮助学生做到爱国、励志、求真、力行,加强班级团支部与班委会一体化运行,做好团员团组织关系转接工作;反映青年师生合理诉求,服务青年师生成才发展,协助做好维护校园稳定工作。

普通高等学校中的团支部,巩固马克思主义在高校意识形态领域的指导地位,落实"第二课堂成绩单"制度,做好"推优"入党工作;普通中等学校中的团支部,做好政治引领和仪式教育,把好入团关口,做好"团队衔接"工作;职业院校中的团支部,弘扬和践行工匠精神,促进学生就业创业、成长成才。

2. 村团支部,围绕实施乡村振兴战略,组织带领团员和青年发挥作用;大力培养农村青年致富带头人;开展关爱留守儿童、扶贫助困等活动。贫困村团支部应当动员和带领团员和青年,积极投身脱贫攻坚战。

3. 社区团支部,围绕建设文明和谐社区,积极参与基层社会治理;通过开展区域化团建等方式,整体推进社区团的建设和工作;加强对流动团员的管理和服务;培育、引导社区青年社会组织建设。

4. 国有企业和集体企业中的团支部,围绕服务企业发展和青年发展开展工作,组织带领团员和青年积极投身生产经营、弘扬职业文明、创造一流业绩;围绕青年成长发展、身心健康、志愿服务等需求开展有针对性的活动。

5. 机关事业单位中的团支部，围绕中心工作，促进事业发展，帮助青年提高理论修养、政策水平和业务素质；推动团员、团干部大兴调查研究之风，坚持深入基层、改进工作。

6. 非公有制经济组织和社会组织中的团支部，发挥团员的带头作用，团结凝聚青年，促进单位健康发展；教育引导青年增强政治认同，帮助青年提升职业素养，推荐青年人才；开展人文关怀和心理疏导，反映青年合理诉求，维护青年合法权益。

7. 流动团员团支部，组织流动团员开展政治理论学习，引导团员履行团员义务，行使团员权利，有效发挥作用；对组织关系不在本团支部的流动团员教育评议等情况，应当通报其组织关系所在团支部。

8. 网络、产业链等新型团支部，以有效覆盖、联系服务团员和青年为重点开展工作，宣传党的路线方针政策，根据团员实际情况，组织参加学习，开展组织生活，推动团员和青年承担社会责任、弘扬正能量。

三、支部委员会的主要制度

根据团的十九大修订的《中国共产主义青年团章程》和团内有关规定，团支部委员会的基本内容包括：

1. 团支部委员会设置制度。团支部委员会的设置，应当根据工作需要和团员人数确定，并经同级党组织和上级团组织批准。团支部委员会一般设委员3至5人，最多不超过7人，团支部委员会设书记，可以设副书记和组织委员、宣传委员等若干委员。团员人数不足7人的团支部，设1名书记，必要时可以设副书记。

2. 团支部委员会选举制度。团支部召开团员大会选举，应当事先向同级党组织和上级团组织请示，并取得批准；没有同级党组织的团支部，应当事先向上级团组织请示，并取得批准。团支部委员会由团支部团员大会选举产生。团支部书记、副书记一般由团员大会从新当选的委员会委员中选举产生，人数较多的支部也可由团支部委员会选举产生，不设委员会的团支部书记、副书记由团员大会选举产生。团支部委员会的选举结果须报同级党组织和上级团组织批准。团支部书记、副书记、委员出现空缺，应当及时进行补选。确有必要时，经同级党组织和上级团组织共同研究，可以指派团支部负责人。团支部委员会向支部团员大会负责并报告工作。

3. 团支部委员会任期制度。按照《团章》和团内有关规定，团支部委员会和不设支部委员会的支部书记、副书记，由团员大会选举产生，其中大、中学校学生支部委员会每届任期一年，其他每届任期三年。

4. 团支部委员会领导制度。团支部委员会实行集体领导和个人分工负责相结合的制度。实行团支部委员会集体领导，就是凡属重大问题，都要由委员会集体讨论决定，任何个人无权自作主张。委员会成员要坚决执行集体做出的决定，要按照分工，切实履行自己的职责，认真负责地开展工作，不允许各行其是。规定团支部委员个人分工负责，就是要明确团支部委员会每个成员所承担的具体责任，做到事事有人管、人人有专责。团支部书记要提高运用民主方法形成共识、开展工作的本领，注意听取不同意见，防止个人说了算。

5. 团支部委员会会议制度。团支部委员会会议一般每月召开一次，凡属重大问题，都要按照集体领导、民主集中、个别酝酿、会议决定的原则，由团支部委员会集体讨论，做出决定；团支部委员会成员要根据集体的决定和分工，切实履行自己的职责。根据工作需要，团支部委员会会议也可随时召开，也可召开支委扩大会议，吸收团员和优秀青年代表列席听取意见。团支部委员会会议由团支部书记主持。

6. 团支部委员会请示报告工作制度。

（1）团支部委员会定期向支部团员大会报告工作，听取团员的意见，接受团员的评议和监督。

（2）团支部委员会定期向同级党组织和上级团组织报告工作，对政策上把握不准的问题随时请示报告，对同级党组织和上级团组织布置的工作，要及时汇报完成情况，主动接受同级党组织和上级团组织的领导和监督。

（3）每个团员都要按时参加团支部组织的活动，认真负责地向团支部（团小组）汇报自己的思想和工作情况。团员外出时间较长，应以书面形式向团支部（团小组）汇报思想和工作情况，自觉接受团组织的教育和监督，遇有重大事项，应当随时向团支部（团小组）汇报和反映。

（4）入团积极分子联系人、入团介绍人应当定期向团支部（团小组）汇报被介绍人的思想、工作、学习等情况。

四、支部委员会议事规则和决策程序

1. 团支部议事原则是：在民主集中制下，按照集体领导、民主集中、个别酝酿、会议决定的原则。

2. 团支部委员会必须坚持民主集中制原则，实行集体领导与个人分工负责相结合的制度。

3. 按照集体领导、民主集中、个别酝酿、会议决定的原则，讨论决定重大问题。凡属团支部委员会职责范围内的重大问题，都必须按照少数服从多数的原则，由团支部委员会集体讨论决定。

团支部委员会任何成员都不能个人决定重大问题。

4. 按照议事规则，应当由团支部委员会集体讨论决定的事项，必须列入会议议程。应当由团支部委员会集体讨论决定的事项是：讨论研究贯彻落实党的路线、方针、政策和同级党组织及上级团组织指示精神的具体意见和措施；讨论研究团支部工作计划及其落实措施；讨论检查团支部自身建设工作；讨论研究向同级党组织和上级团组织的请示报告；讨论研究提交支部团员大会决定的事宜；讨论研究应当由团支部委员会决定的其他重要问题。

五、支部委员会会议流程

团支部委员会会议一般每月召开一次。根据基层团组织的任务，支部委员会要经常研究和讨论如何贯彻执行同级党组织和上级团组织的决议。支部委员会会议的参加人员一般为支部委员，如有特殊情况，可扩大范围。

（一）认真准备

1. 团支部委员会会议要定期召开。会前，支部书记应根据同级党组织和上级团组织的指示精神和本支部的实际情况，提出会议要讨论的议题，并且事前通知所有支部委员。对于列入会议的议题，有关支部委员应认真准备。

2. 对于团支部建设的重大问题，事前要进行广泛的调查讨论。支部书记要在收集群众意见的基础上通气，确定中心预案，为科学决策奠定基础。

（二）广泛讨论

1. 会议开始后，主持人应对会议的中心议题和进行方式提出意见，征得与会人员的同意，然后逐个议题进行讨论。

2. 讨论时要发扬民主，使大家在没有思想顾虑的情况下研究和讨论。

3. 会议主持人要掌握好重点，注意引导大家围绕中心议题展开讨论，并善于把意见加以集中。

4. 发言要严肃认真，简明扼要，具有鲜明的态度和主见，并尊重别人的发言。

5. 团支部书记在组织讨论时，要给支部委员以充分发言的机会，要虚心听取不同意见，善于发挥集体的智慧。

6. 团支部委员参与讨论决定重大问题时，既要认真听取书记的意见，又要坚持原则，尊重事实，独立思考。

（三）适时表决

1. 团支部书记在充分酝酿讨论的基础上，把握住时机，适时地进行归纳，正确集中大家的意见，按照少数服从多数的原则，对所研究的问题进行表决，做出决议。

2. 表决时可采取票决或其他方式进行。

3. 表决结果由主持人当场公布，如对所讨论问题的正确性无把握，不要草率表决。

（四）遇到分歧情况的处理

1. 当支委会会议进行过程中对重大问题的讨论发生争论时，除了在紧急情况下必须按照多数人意见执行外，应当暂缓做出决定。可以在会后进一步酝酿，通过理论学习、调查研究、交换意见等方式，下次会议再议，力求在统一认识的基础上做出决定。

2. 在特殊情况下，也可将争论情况如实向同级党组织和上级团组织报告，请求裁决。

3. 支委会决定的问题再交支部团员大会讨论时，不仅原来支持不同意见的支部委员可以继续发表自己的意见，而且原来表示同意的支部委员如果认识有了改变，也可以提出新的意见。

4. 经过支部团员大会讨论，按照少数服从多数的原则通过决议。

（五）详细记录

团支部委员会会议要做好记录，内容包括会议的时间、地点、主要议题、主持人、出席情况、缺席情况、讨论的情况及最后表决的结果。

（六）参加会议的人数

1. 团支部委员会会议必须有半数以上的支部委员参加，所做决定方为有效。

2. 对于由 3 名委员组成的团支部委员会，如果仅有 2 名成员可参加，一般不应召开支部委员会会议，情况紧急下可召开支部团员大会。

六、如何召开支部委员会扩大会议

团支部有时因工作需要，如传达布置某项工作，动员完成某项紧急任务时，为了争取时间，减少层次，更好地统一骨干的思想，可以召开支委会扩大会议，吸收团小组组长和有关优秀青年代表以及有关行政干部列席，听取他们的意见。支委会扩大会议应注意的问题如下：

一是召开支委会扩大会议也必须有半数以上的支委会委员参加，否则不应成为支委会扩大会议。

二是支委会扩大会议要扩大到多大范围，应根据所研究问题的内容来定，研究团内问题与研究其他问题所吸收的对象应有所不同。

三是列席参加支委会扩大会议的同志在会上可以充分发表意见，但没有表决权。

四是这种会议不宜开得过多，更不能以支委会扩大会议来代替支部委员会，否则容易削弱支部委员会的领导作用。

七、支部委员会委员增补程序

（一）增补条件

在本届团组织委员会任期内，书记、副书记、其他委员有下列情况之一的，均视为缺额，应及时增补：

1. 因工作变动、辞职等原因调离本单位，团组织关系转出的。
2. 因患严重疾病不能履行职务的。
3. 受到撤销团内职务以上处分的。
4. 其他不能履行职务的情况。

（二）增补程序

增补程序分为书记、副书记和除书记、副书记以外的委员增补选举程序。

书记、副书记增补程序如下：

1. 在团组织内部讨论增补事宜，由委员会酝酿提出新任书记、副书记人选。
2. 向同级党委和上级团委报送书面请示，提出增补意见。请示中注明本届委员会基本情况、增补理由、增补候选人名单以及候选人酝酿产生方式等，同时填写团的基层组织委员会候选人登记表。

3. 同级党组织和上级团组织经研究后任命新增补的团组织书记、副书记。

除书记、副书记以外的委员增补选举程序如下：

1. 在团组织内部讨论增补选举事宜，按照不低于20%的差额比例酝酿提出新任委员候选人预备人选。

2. 向同级党组织和上级团组织报送书面请示，提出增补选举意见。请示中注明本届委员会基本情况、增补理由、本次增补选举时间、增补委员候选人名单、候选人酝酿产生方式以及增补选举办法等，同时填写团的基层组织委员会候选人登记表。

八、支部委员会和支部团员大会之间的关系

支部团员大会和由它选举产生的支部委员会是团支部的领导机关。支部委员会在支部团员大会闭会期间负责支部的日常工作。支部委员会要对支部团员大会和同级党组织及上级团组织负责，定期向支部团员大会报告工作，接受它的审查和监督。支部的重大问题，如研究贯彻同级党组织和上级团组织的决议、指示，选举新的支部委员会，接收新团员，决定对犯错误团员的处分等，都应由支部团员大会讨论决定。支部团员大会做出的决定，支部委员会要认真贯彻执行，不能修改或推翻。为了便于支部团员大会对问题进行讨论和做出决定，支部委员会可以提出初步意见和方案，但不能把它强加给支部团员大会，更不允许把支部委员会置于支部团员大会之上。支部委员会做出的决议和决定，支部团员大会有权修改或否定。如果发现支部团员大会的决议不符合党

的路线、方针、政策和同级党委及上级团委的决议时，支部委员会请示同级党组织及上级团组织裁决或重新召开支部团员大会讨论决定。

九、正确处理支部委员与团支部书记的关系

支部委员会实行集体领导，按照民主集中制原则进行工作。在支部委员会内部，书记和委员的关系不是上级与下级、领导与被领导的关系，而是平等的、少数服从多数的关系。不管是书记还是委员，在团内表决时，一人只有一票，每个支部委员都必须执行通过的决议。

支部书记在实行集体领导中，负有主持支部全面工作和处理日常工作的重要责任，不应借口集体领导而降低或否定支部书记在支部活动中的作用。团支部书记要当好"班长"，善于听取和正确集中各方面意见，主动团结好其他委员，发挥他们应有的作用，绝不能把自己凌驾于支部委员之上，个人决定重大问题。其他支部委员要认真履行自己的职责，努力完成所分管的工作，积极参与集体领导，支持支部书记的工作，共同做好支部工作。

在团内，团员之间有分工和职务的不同，但没有高低贵贱之分。所有团员都是团的普通一员，都要履行团员的义务，也享有规定的各项权利。团员之间的关系是平等的同志关系，团只有上下级组织之间，团员个人与团组织之间是领导与被领导的关系，团支部委员和团员之间不存在领导与被领导的关系，而是平等的同志关系。只有支部委员会和团员之间才存在领导与被领导的关系。当然，支部委员在支部委员会的集体领导下，负责团支部的某一方面工作，是代表支部委员会行使职权的，团员应当尊重和服从，但这不是委员个人与团员之间的领导与被领导关系，而是

支部委员会和团员之间的领导与被领导关系。

十、怎样当一名合格的团支部委员

作为党的助手、后备军，共青团在新形势下要肩负起自己的历史使命，必须打造一支优秀的基层团干、团员队伍，加强团组织的自身建设，充分调动团支部的主动性和积极性，增强团组织的凝聚力和战斗力。

（一）提高团支部委员素质

团支部是团组织联系广大团员青年的桥梁和纽带，是团组织发挥战斗作用的前沿，选配一支优良的团支部干部队伍，对团支部发挥战斗前沿作用有着特别重要的意义。提高团支部委员的素质，是提高团支部工作水平的重要保证。因此，团支部委员要按照习近平总书记提出的要求，刻苦学习，勤奋工作，勇于创造，自觉奉献，不断提高自身的素质，为团队事业做出更大的贡献。团支部委员要做团员和青年的表率，模范地履行团员的各项义务，努力做到：

1. 认真学习马列主义、毛泽东思想、邓小平理论、"三个代表"重要思想、科学发展观、习近平新时代中国特色社会主义思想，提高思想理论水平，保证政治上的坚定和清醒。团支部委员必须将提高理论修养和思想政治素质作为自己一项长期而重要的任务，刻苦学习马列主义、毛泽东思想、邓小平理论、"三个代表"重要思想、科学发展观、习近平新时代中国特色社会主义思想的科学体系和精神实质，坚决执行党的各项路线、方针、政策，立志改革开放，献身中国特色社会主义建设事业。团支部委员都应有向党组织递交入党申请书的政治觉悟，有条件的单位，要积极推荐优秀青年党员担任团支部书记。坚持理论联系实际，努力学会用马克思主义观点和方法正确分析形势和指导工作，成长为坚定的、清醒的、有作为的青年马克思主义者。

2. 优化知识结构，努力学习现代科学文化知识。现代科学技术日新月异，社会主义市场经济不断发展，对团干部的科学文化素质提出了新的更高要求。面对许多不懂得不熟悉的东西，团干部必须边实践边学习，把学习作为紧迫的任务，带头学习政治、经济、文化、科学技术和现代管理知识，不断提高思想政治水平和实际工作能力。要学习先进的经营管理，学习现代科技，围绕促进经济体制和经济发展方式的根本转变，开展团的各项工作，开发青年人力资源，在实践中锻炼提高自己。要优化知识结构，学习法律、历史等各方面的知识，适应改革开放和现代化建设的发展，加强知识的积累和储备。

3. 要自觉地投身实践，接受锻炼。党领导人民群众正在进行的中国特色社会主义建设的伟大实践，是广大干部增长才干、施展才华的舞台，同时也是检验干部的考场。团干部要在服务大局、服务社会、服务青年的工作实践中经受锻炼，积累经验，敢想敢干，深入基层调查研究，讲实话、办实事、求实效，不搞形式主义，不沾染官僚习气，热心为青年服务，做青年的知心朋友。

4. 要严于律己，加强党性锻炼。年轻干部的健康成长，不仅需要加强学习，注重实践锻炼，还要自觉增强党性锻炼，牢固树立共产主义的世界观和人生观。顾全大局，公道正派，团结同志，助人为乐，诚实谦虚，清正廉洁，有自我批评精神，自觉接受了团员青年的监督。要自重、自省、自警、自励，在改造客观世界的同时，努力改造自己的主观世界，不断提高自己的精神境界。要自觉地接受党团组织和青年的监督，发扬艰苦奋斗精神，自觉拒腐防变，坚决反对消极腐败现象，做一个有益于党和人民事业的人。

(二) 加强团支部委员先进性建设

1. 主动做好团员教育工作。广泛开展马克思列宁主义、毛泽东思想、邓小平理论、"三个代表"重要思想、科学发展观、习近平新时代中国特色社会主义思想教育；党的基本路线教育；团的基本知识教育；社会主义道德教育以及社会主义民主和法制教育，使团员学习和掌握社会主义民主和法制的基本知识，自觉遵纪守法。使团员树立正确的世界观、人生观、价值观，增强团员的光荣感和责任意识，自觉发挥模范作用，带头遵守社会主义道德规范，在社会主义精神文明建设中发挥带头作用，为建设有中国特色的社会主义贡献力量。

2. 积极做好团员发展的经常性工作。团支部应该提高青年对入团的认识，加强共青团光荣传统的宣传和教育工作，开展有益于青年身心健康的活动，关心青年的切身利益，发挥团员的模范带头作用。团支部应根据团员标准，考察入团积极分子的政治觉悟、思想品质、入团动机、工作、学习情况和社会表现等，结合团员的实际表现，对入团积极分子提出具体的要求，重点帮助团员发展对象，按程序做好发展团员的各项具体工作。

十一、加强支部委员会自身建设

1. 注意加强支委会的政治、业务学习。要建立支部委员会学习制度，使之经常化、系统化。坚持学习马克思列宁主义、毛泽东思想、邓小平理论、"三个代表"重要思想、科学发展观、习近平新时代中国特色社会主义思想，学习党的基本理论、基本路线、基本方针和团的基本知识，学习科学、文化、法律和业务知识，以适应工作的需要。做到自学和集体学习相结合，理论联系实际，持之以恒，常抓不懈。

2. 坚持民主集中制原则，认真执行集体领导和个人分工负责相结合的制度。按照团章的规定，正确处理支部委员会和同级党组织及上级团组织的关系，支部委员会和支部团员大会的关系，团支部书记和支部委员的关系，多数和少数的关系。

3. 建立支部委员会工作岗位责任制。建立责任制要以支部委员会内部分工为基础，明确职责范围、工作标准、考核办法和奖罚条件。考核和检查可以由同级党组织和上级团组织进行，也可以由团支部委员会进行定期自查。实行这项工作制度，有利于增强每个委员的事业心和责任感，有利于加强团组织和群众对每个支部委员的监督。

4. 密切联系青年，自觉接受青年群众的监督。加强团支部委员会自身建设，离不开团员青年的支持和监督。因此，每个支委会成员要发扬党密切联系群众的优良传统和作风，相信青年群众，依靠青年群众，自觉地把自己置于青年群众的监督之下。要建立团员青年评议团支部委员会的制度，使团支部委员会自身建设在团员青年的批评监督中不断得到加强。

5. 严格组织生活制度，认真开展批评和自我批评。团支部委员会成员除了参加所在团支部或团小组的组织生活外，一般应每半年单独召开一次民主生活会，开展批评和自我批评，交流思想，改进作风，不断提高思想政治觉悟。

6. 认真研究新情况，解决新问题，创造性地开展工作。中国特色社会主义进入新时代，给团支部建设提出了许多新的问题。团支部书记必须坚持党的思想路线，认真调查研究，不断掌握变化了的新情况，探索新问题，把上级的指示同本支部的实际紧密结合起来，提出解决问题的新办法，使团支部委员会成为带领广大团员和青年积极开拓进取的坚强集体。

7. 团支部书记要以身作则，当好"班长"。团支部书记在实行集体领导中，负有主持支部全面工作和处理日常工作的责任。因此，团支部书记要带头搞好支部的各项工作，模范地遵守团支部的各项制度，以身作则，积极主动团结支委会其他成员做好工作。团支部委员之间要经常交心通气，互相帮助，团结协作，不断提高团支部的战斗力和凝聚力。

十二、支部委员会成员职责

1. 团支部书记工作职责

团支部是共青团组织系统中最基层的单位，而团支部书记处在团的基层建设的最前沿，是团支部委员会的关键人物，对团支部的工作负有全面责任。团支部书记的主要职责为：

（1）向支部团员大会、同级党组织和上级团组织负责。团支部书记是由团员大会民主选举产生的，其工作权力和荣誉是支部全体团员委托和赋予的。因此，团支部书记的工作必须代表广大团员的意志，必须向支部团员大会负责。

团支部书记还要向同级党组织负责，这是由共青团作为党的助手和后备军及党联系青年的桥梁和纽带的基本性质决定的。

同时，团支部书记还要向上级团组织负责。团支部是共青团的基层组织，按照团的民主集中制的组织原则和团的系统领导的要求，团支部书记必须向团的上级组织负责。

向支部团员大会负责，主要按照团员大会制度规定，定期向支部团员大会报告工作，重大问题由支部团员大会讨论决定。向同级党组织和向上级团组织负责，主要通过请示汇报来体现，涉及支部工作的重大问题要报请同级党组织和上级团组织批准。

（2）主持支部日常工作。团支部书记在支部团员大会召开和支部委员会闭会期间，按照其工作职责权限，根据支部工作的任务，主持支部的日常工作，包括召集支委会和支部团员大会，组织团员学习，组织开展支部活动，和同级党组织、上级团组织保持联系，安排处理团支书的各项经常化工作等。

（3）贯彻落实支部团员大会决议、同级党组织和上级团组织的决定精神。支部团员大会是支部的最高权力机关，其决议必须得到贯彻落实。同时，团支部书记还要执行同级党组织和上级团组织的决定精神，以保证支部工作与党的中心工作与团的整体工作相一致。团支部书记要定期召集支委会，认真研究团员大会、同级党组织和上级团组织的决定精神，制订出贯彻落实的工作方案，要做好分工，将各项工作分配到支委，分头工作，要定期检查、督促并带领支部团员完成支部工作计划和任务。

（4）召集支委会和支部团员大会。团支部书记有权召集支部委员会和支部团员大会，对支部工作问题进行讨论，做出决定。召集支委会和团员大会，一般应按支部工作制度进行，遇到特殊情况和重大问题，也可以临时召集会议。召集团员大会一般应取得支委会成员的同意。

（5）组织实施支部的各项活动。团支部书记是支部活动的指挥者和组织者，主要是按照支部团员大会和支委会制订的活动方案，协调人员分工及其工作关系，及时调整、处理活动过程中的问题，积极调动团员、青年的积极性，指挥活动正常有序开展，以保证支部活动的质量和效果。

（6）抓好支委会自身建设。团支部书记是支委"一班人"的"班长"，抓好支委会自身建设，团结带领支委"一班人"进行有效的工作，是团支部书记的重要职责。首先，要抓思想建设。努力学习马克思列宁主义、毛泽东思想、邓小平理论、"三个代表"重要思想、科学发展观、习近平新时代中国特色社会主义思想，不断提高支委会成员的思想品质，树立为青年服务和做好支部工作的事业心和责任感。其次，要抓作风建设。培养支委会成员勤奋学习、善于思考、朝气蓬勃、奋发进取、踏实肯干的作风。最后，要抓制度建设。实行支委会集体领导和个人分工负责相结合的制度，充分调动和发挥班子成员的工作积极性，提高支委会的战斗力。

2. 团支部副书记工作职责

支部副书记是团支部领导核心的主要成员之一。书记在时，副书记是书记的主要参谋和助手，除了要完成一般委员所承担的工作外，还要对有关委员的工作进行协调和指导。书记不在时，副书记要代理书记抓全面工作，保证团支部工作的正常进行。

副书记要协助书记做好工作，必须做到以下几点：

（1）支持书记的正确意见。支部书记是支委会"一班人"的"班长"，主持全面工作，只要他的意见正确，副书记就应该全力支持；如果书记的意见有欠妥之处，副书记要及时提出自己的意见，帮助书记重新考虑方案，更好地贯彻落实上级的决议。千万不要抱着"明知不对，少说为佳"的态度，任其错下去，或当"事后诸葛亮"。

（2）维护书记的威信。因为副书记对书记的工作持什么态度，在支委会和团员青年中影响较大。书记在布置工作时只要正确，副书记就要带头支持，这样会带动和影响其他人，促使工作顺利地开展起来。如果副书记对书记的意见迟迟不表态，甚至各吹各的号，这不仅会降低书记的威信，而且还会降低支委会的威信，造成支部"说话没人听，指挥没人动"的局面，使工作无法开展。副书记对书记的工作不要"求全责备"。书记在工作中难免出现这样那样的缺点、错误，副书记有责任通过适当的方式指出，使其改正，绝不能当面不说，背后乱说。

（3）带头执行团的决议。团支部的决议一旦形成，团干部就要自觉地带头去执行。作为副书记，带头作用就更重要。如果副书记对决议持有不同意见，允许保留，并且可以向上级团委反映，但绝不允许把不同意见拿到团员青年中去散布，更不允许违背组织决议另搞一套，把个人凌驾于组织之上。

（4）分担日常工作。团支部的工作繁杂而具体，要使各项工作有条不紊地进行，光靠书记一个人是不行的，必须充分发挥支委会"一班人"的作用。副书记要抓支部的日常工作，如负责组织有关会议和活动，与书记轮流代表支委会报告工作，负责处理团员青年中的一些问题等，以保证书记有更多的时间和精力去考虑全面工作。

（5）书记不在时，副书记要代理书记负责全面工作。要管好书记工作职责范围内的一切工作，同时做到：

①要维护和执行书记在时所做的正确决议，对书记离开前没有了结的问题，要代理书记继续办完。

②对书记走前提出的工作设想和建议，以及有关问题的处理意见，要认真考虑研究。

③要大胆主持日常工作和及时处理一般问题。除重大问题，非要书记到场不可时，可以适当推迟。如事关紧急，不宜拖延，而书记又不能短期回来时，就要及时请示党组织或上级团组织帮助解决。

3. 团支部组织委员工作职责

组织委员分管组织方面的工作。在支部委员会的集体领导下，抓好团支部的组织建设和组织管理工作。

（1）协助支部书记提出组织生活、组织活动的方案，并帮助支部书记具体实施。

（2）了解团员的思想、工作情况，对团员进行思想教育和组织纪律教育，掌握团员的模范事迹和遵守团的纪律的情况，向支委会提出表彰奖励优秀团员及推荐优秀团员入党的建议，对违纪团员进行批评教育，并向支委会提出处理意见。

（3）做好团支部组织生活记录，团费收缴，团员数据统计，转接团员组织关系，保管整理好所有支部活动记录、上级文件以及优秀团员、先进青年的典型材料等工作。

（4）了解青年职工积极分子的情况，负责对团外青年职工培养、考察工作，提出发展新团员的意见，具体办理接收新团员的手续，做好新团员编组和颁发团徽、团员证的工作。

（5）了解和掌握团支部的组织状况，根据需要，提出团小组的划分和调整意见，检查和督促团小组过好组织生活。

（6）根据需要，组织全体团员过好民主生活会，要求每一位团员写出年度在思想、学习、工作等方面的自我总结，年底开展团员民主评议活动，做好年度团籍注册工作。

（7）完成支部书记交办的其他工作。

4. 团支部宣传委员工作职责

宣传委员分管团支部宣传教育工作，在支部委员会的集体领导下，对宣传工作负全面责任。

（1）教育团员、青年学生学习马列主义、毛泽东思想、邓小平理论、"三个代表"重要思想、科学发展观和习近平新时代中国特色社会主义思想，学习现代科学文化知识，明确学习目的，热爱所学专业，发奋学习，刻苦钻研，立志成才。

（2）密切配合党的中心工作，结合团员、青年学生的思想实际和不同时期的工作任务，做好思想动员及通讯报道工作。

（3）经常收集和分析团员、青年的思想情况，搞好调查研究，及时反映他们的意见和要求，并向党、团组织汇报。

（4）积极组织开展适合青年团员特点、积极向上的文化活动，寓思想教育于活动之中，以丰富团的生活。

（5）鼓励团员、青年参加各种科技、学术活动，组织好研讨工作。

（6）协助支部书记抓好团章、政治理论和时事政治的学习工作，并做好学习记录。

（7）配合有关部门组织好学习竞赛活动，激发团员、青年的学习热情，活跃团的生活。

5. 团支部文体委员工作职责

在支部委员会中，团支部文体委员主要负责开展适合青年特点的文化体育活动。文体委员的主要职责是：

（1）发动和组织团员青年踊跃参加文化、体育、娱乐活动，组织好青年业余社团活动，办好青年之家、青年活动室等青年文化活动阵地。

（2）发现和培养文体活动积极分子，并把他们组织起来，发挥其在支部文体活动中的骨干作用。

（3）组织开展适合青年特点的各种文体活动，如联欢会、游艺活动、体育比赛、歌咏比赛、棋牌比赛、研学活动等。

（4）在重大节日和纪念日，如"五一"、"五四"、"七一"、国庆、元旦、春节等，组织联欢会，举办晚会和文艺演出等庆祝活动。

十三、高校基层团组织设置的热点问答

1. 高校可以设置哪些类别的基层团组织？

根据团员人数和工作需要，经同级党组织和上级团组织批准，在高校可以设立团的支部委员会、总支部委员会、基层委员会。

2. 高校如何建立学生团支部？

有团员人数3人以上的，应当建立团支部；团员不足3人的，可以跨班级、年级、学科专业或部门机构建立联合团支部。

3. 高校如何建立教职工团支部？

有教职工团员3人以上的，一般应当单独建立教职工团组织。教职工团组织的设置一般应当与教学、科研、管理、服务等机构相对应。根据工作需要，也可以将教职工团员编入学生团支部。

4. 高校一般应当如何设立团（总）支部委员会？由多少人组成？

高校一般应当按照年级、学科、专业、班级或部门机构职能等，设立团的（总）支部委员会。支部委员会团员人数7人以上的团支部，设立团支部委员会，一般由3至5人组成。团员人数50人以上的，可以设立团的总支部委员会。团的总支部委员会一般由5至7人组成。团员人数不足7人的团支部，设书记1人，必要时可以设副书记1人。院（系）级单位的团的总支部委员会书记由教职工党（团）员担任。

5. 高校团（总）支部委员会由哪些人组成？

高校团（总）支部委员会设书记1人，可以设副书记和组织委员、宣传委员、纪律委员等若干委员，也可以根据工作需要设社会实践委员、志愿服务委员、心理健康委员等。

6. 高校团（总）支部委员会如何产生？每届任期多长？

高校团（总）支部委员会一般由团员大会选举产生，每届任期3年，其中学生支部委员会每届任期1年。高校基层团组织应当严格执行任期制，任期届满，应当按照规定进行换届选举。

7. 高校团支部书记、副书记如何产生？

团支部书记、副书记一般由团员大会从新当选的委员会委员中选举产生，人数较多的支部也可以由团支部委员会选举产生。

不设委员会的团支部书记、副书记由团员大会选举产生。

8. 如何巩固"班团一体化"建设，强化组织功能？

班级团支部委员会应当与班委会一体化运行，统筹支部委员、班委职责设置。具备条件的，依照程序由团支部书记兼任班长，或由团员身份的班长担任团支部副书记，有学生党员的学生团支部原则上由学生党员担任团支部书记。

第四章 团小组会

一、团小组的发展历史

中国共产主义青年团是中国共产党领导的先进青年的群团组织，是广大青年在实践中学习中国特色社会主义和共产主义的学校，是中国共产党的助手和后备军。共青团自 1922 年 5 月诞生以来，至今已经走过了一百多年的光辉历程。一百多年来，中国共产主义青年团在中国共产党以及众多老一辈无产阶级革命家的亲切关怀下不断发展壮大，为中华民族伟大复兴事业做出了重大的贡献。

中国共产党正式建立前，各地共产主义者在创建党的早期组织——共产主义小组的过程中，为了广泛团结进步青年，培育党的后备力量，就酝酿建立中国的青年团组织。上海、北京、武汉、长沙、广州等地共产主义小组先后成立后，这些党的早期组织也在当地领导创建了社会主义青年团（简称 S·Y）的团小组。

1921 年 7 月中国共产党正式成立后，立即着手领导正式创建中国社会主义青年团。在中国共产党的直接领导和关怀下，1922 年 5 月 5 日，中国社会主义青年团第一次全国代表大会在广州召开，标志中国青年团组织的正式成立，并对团小组作出了规定：

第四章 团小组会

"在一个支部内可以分若干个小组即团小组，团小组是团支部为了便于团员进行教育和开展活动所划分的相对独立的活动单位，是团支部的组成部分，但不是团的一级组织；团小组的设置在团支部委员会的领导下进行，可以采用团员自愿组合和团支部根据实际情况指定划分两种方式；团支部要明确团小组组长，并将分组情况向全体团员公布；团员人数少的团支部，可以不划分团小组。"从此，团小组作为中国共产党的助手和后备军在党的领导下，团结带领全国各族青年，积极投身到振兴中华、实现中华民族伟大复兴的事业中。

中国社会主义青年团成立时，正值党领导酝酿和发动大革命高潮时期，各地团小组积极团结带领青年投身工人运动和反帝反封建的群众运动中，显示出巨大的活力，发挥了先锋作用。在1925年1月召开的中国社会主义青年团第三次全国代表大会上，为了迎接大革命高潮的到来，为了明确昭示青年团与党有共同的政治主张——在中国实现共产主义，为了明确表示中国青年团是为无产阶级利益而奋斗的革命青年组织，大会决定将中国社会主义青年团改名为中国共产主义青年团。1927年4月12日，在中国大革命运动取得重大胜利的时候，以蒋介石为代表的国民党右翼集团叛变了革命。在白色恐怖中，中国共青团跟共产党走的决心毫不动摇。1927年5月中国共青团四大通过的决议庄严宣告接受中国共产党五大所做出的各项决议，继续领导一切革命青年为中国革命努力奋斗。随即在共产党的领导下，团结带领革命青年投身于武装起义和创建农村革命根据地的斗争中，走上了党领导的十年土地革命的艰苦曲折历程，团小组在这个过程中起到了非常重要的作用。

1931年的九一八事变使中国社会中的民族矛盾上升为主要矛盾，中国共产党审时度势率先倡导建立抗日民族统一战线。中共中央根据建立抗日民族统一战线的需要，为了更广泛地团结各界青年加入抗日救亡斗争的行列，于1936年11月做出决定改造中国共产主义青年团。共青团坚决响应党的召唤，立即行动，把共青团改造成为以中华民族解放先锋队、中国青年救国会为代表的青年抗日救国团体，各团小组带领各族、各界青年参加中华民族解放战争，反击日本帝国主义的侵略，捍卫祖国的领土和主权。

抗日战争胜利后，国民党政府在美帝国主义的支持下，发动了反人民的内战，中国共产党又领导中国人民开始了人民解放战争。在这种新的形势下，中共中央根据人民解放战争的新形势和满足广大青年积极分子的进步要求，于1946年9月提出试建青年团组织。伴随着人民解放战争胜利的发展，试建青年团工作取得很大成功。于是，在新中国成立前夕的1949年1月，中共中央正式发布了《关于建立中国新民主主义青年团的决议》，并在全国领导普遍重建青年团的工作。1949年4月，在中国共产党的领导和关怀下，中国新民主主义青年团第一次全国代表大会在刚刚解放的北平隆重召开，最后完成了建立中国新民主主义青年团的工作。这样，经过改造的中国共青团重新又以先进青年的群众组织的崭新风貌出现在中国大地上，并且走上新中国执政党助手和后备军的新历程。

1949年10月1日，中华人民共和国宣告成立。在中国共产党的领导下，中国新民主主义青年团协助党胜利地完成了从新民主主义向社会主义过渡和建设社会主义时期的各项任务，并且以围绕党的中心工作，开展适合青年特点的独立活动，赢得党和政府及社会各界的普遍赞誉，成为新中国青年运动的坚强核心。1957年5月，在新民主主义青年团召开第三次全国代表大会上，经中共中央批准，大会决定将中国新民主主义青年团改名为中国共产主义青年团。此后，中国共青团走上了跟随党探索中国自己

建设社会主义道路的曲折历程。

党的十一届三中全会以后，中国进入了建设中国特色社会主义新时期。中国共青团紧跟中国共产党，坚决贯彻党确定的新时期的基本路线和各项方针、政策，配合党的工作重心的转移，紧密围绕改革开放和经济建设开展共青团和青年工作，为推进社会主义现代化建设事业做出了重要贡献，促进了青年一代的健康成长。尤其是1992年年初邓小平南方谈话发表和中共十四大召开以后，共青团以党的基本理论和基本路线为指导，紧紧围绕经济建设这个中心，自觉服从全党全国工作大局，牢牢抓住青年成长成才这一根本需求，积极探索服务大局、服务社会、服务青年的有效途径，全面开展团的各项工作，不失时机地实施了跨世纪青年文明工程、跨世纪青年人才工程等活动。其中，青年志愿者行动、青年文明号、希望工程、"手拉手"互助活动、培养青年岗位能手活动、培养青年星火带头人活动等都在社会上引起了较大的反响，共青团工作又迈上了一个新的台阶。

1998年6月，为了全面贯彻和落实中共十五大制定的中国跨世纪发展战略，中国共产主义青年团在北京召开了第十四次全国代表大会。这次大会是中国共青团在20世纪召开的最后一次盛会。大会提出了跨世纪新征途中共青团的光荣任务，即深入贯彻落实党的十五大精神，高举邓小平理论的伟大旗帜，坚持党的基本路线，紧紧围绕经济建设这个中心，自觉服从服务于改革、发展、稳定的大局，继续深化跨世纪青年文明工程、跨世纪青年人才工程和服务万村行动，努力开拓新的工作领域，团结带领广大青年坚定信念、发奋学习、锐意进取、自觉奉献，在建设中国特色社会主义伟大事业中充分发挥生力军作用，为实现跨世纪宏伟目标而奋斗，努力把青年培养成为有理想、有道德、有文化、有纪律的社会主义新人。随后，共青团又制定了《共青团工作跨世纪发展纲要》，进一步推出了中国青年创业行动、中国青年科技创新行动、中国青少年新世纪读书计划、保护母亲河行动等一系列新的活动，走出了共青团迈向21世纪的坚实步伐。

21世纪，共青团在党的坚强领导下，围绕中心、服务大局，带领青年建功立业，促进青年成长发展，着力推动工作思路、工作方式和自身建设的创新，各项工作在继承中发展，在开拓中前进，开创了共青团事业的新局面。一个伟大的时代，总是以崇高的理想、宏伟的目标来凝聚人们奋斗的共识，激发人们奋进的脚步。2012年11月15日，党的十八大选举出新一届中央领导集体。11月29日，习近平总书记带领新一届中央政治局常委参观"复兴之路"展览时，提出了实现中华民族伟大复兴中国梦的重要论述。2013年3月，在十二届全国人大一次会议上，习近平总书记强调，实现中国梦必须走中国道路，弘扬中国精神，凝聚中国力量。党的十八大之后，中国梦很快就成为广大青年关注的"第一热词"。2013年起，团中央启动"我的中国梦"主题教育实践活动，当年就开展了1万余场遍布全国城乡的宣讲交流，覆盖350多万个基层团组织的主题团日，"我的中国梦——青春故事会"讲述分享，各平台网络新媒体宣传等活动，有超过2.4亿人次青年直接参与。在活动中播种梦想、点燃梦想，把个人梦想融入中国梦之中，树立起"敢于有梦、勇于追梦、勤于圆梦"的人生追求。"实现中国梦、青春永担当"成为鼓舞当代青年奋力前行的最强音。共青团围绕重大宣传主题和青年特点，开展了"奋斗的青春最美丽"、"圆梦中国人"、学习宣传贯彻党的十九大精神、"将改革开放进行到底"、"青春心向党·建功新时代"、学习宣传贯彻党的二十大精神、"学习贯彻习近平新时代中国特色社会主义思想主题教育"等活动，形成了五四期间各级团的领导与基层团员共同开展主题团日活动的工作传统，主题宣传教育载体不断丰富，影响不断提升，青少年对中国特色社会主义的道路自信、理论自信、制度自信、文化自信更加坚定。

团小组在共青团的发展中有着积极的促进和推动作用，在引领凝聚青年、组织动员青年、联系服务青年方面起着不可替代的作用。团小组也在各项服务、创建活动中不断提高自身建设和发展，为我国社会主义现代化建设做出了积极的贡献。

二、团小组的设置与划分

（一）团小组的设置

《团章》规定：在一个支部内可以分若干个小组。团小组是团支部为了便于团员进行教育和开展活动所划分的相对独立的活动单位。团小组是团支部的组成部分，但不是团的一级组织。

团小组的设置在团支部委员会的领导下进行。可以采取团员自愿组合和团支部根据实际情况指定划分两种方式。团支部要明确团小组组长，并将分组情况向全体团员公布。团员人数少的团支部，可以不划分团小组。

（二）团小组的划分

团小组是团支部的一个小组。新的支部组建或新的支部委员会选举产生后，由支部组织委员向支部委员会提出划分小组意见。

团小组的划分一般与本单位行政或生产组织结构相一致，根据团员数量多少和分布情况划分；如生产单位可以生产班组为单位划分；机关后勤单位可以科室、岗位或基层站、队为单位划分；学校可以班级、学习小组为单位划分等。这种划分的意义在于团员相对集中，便于团小组开展活动。团小组还可以根据团员特点来划分，如按团员兴趣建立兴趣团小组等。总之，团小组的划分在有利于吸引团员参加活动，便于团小组开展活动的前提下，可以采取多种形式。团员数量少的团支部，可以不划分团小组。

团小组是团支部为便于对团员进行教育、管理和开展活动而划分的相对独立的活动单位。团小组是团支部的组成部分，但不是团的一级组织。团小组在团支部委员会领导下进行工作。《团章》规定："在基层委员会、总支部下建立支部。工作需要的，在基层委员会下也可以建立总支部。在一个支部内可以分若干个小组。"团小组的划分由团的支部委员会决定，不需要报经上级团组织批准。团员人数较少的团支部，可以不划分团小组。划分团小组基本原则是：第一，要利于正常地开展团的各项活动，尽量使团小组与团员生产工作、学习及生活的空间、时间或兴趣爱好、年龄特点相一致；第二，要注意划分团小组的灵活性，做到便于开展团的活动，便于团员发挥模范带头作用，不要追求整齐划一。在体现上述基本原则的前提下，团小组的划分可因地、因人制宜采取以下方法进行：（1）根据团员在生产、工作、学习、生活中所处的空间环境划分；（2）根据团员在工作、学习的时间划分；（3）按照团员年龄阶段的特点划分；（4）按照团员的流动情况划分；（5）按团员的兴趣爱好划分。

三、团小组组长的产生与职责

团小组组长是团小组工作的组织者，是做好团小组工作的关键。由于团小组不是团的一级组织，所以团小组组长的产生，可由团支部指定或由本小组团员推选。团小组组长的任期一般应与团的支部委员会任期相同。团的支部委员会改选换届后，团小组组长也应重新指定或推选。团小组组长如缺额，应随缺随补。团小组组长调动到另一个小组时，团内职务不能保留。到了新的单位，如果工作需要，由所在支部指定或小组成员推选也可继续担任团小组组长。

总的来说，团小组组长不需要经过民主选举产生，其产生可采取以下两种形式：一种是由本小组团员推选产生；另一种若是新组建单位，由于团员之间彼此缺乏了解，难以推选产生团小组组长时，可以由团支部委员会指定。

团小组组长的职责，就是带领、组织本小组团员一道实现支部的决议。具体有以下几方面。

（1）主持小组会议和各项活动；

（2）向支部委员会汇报小组工作情况；

（3）向本小组团员传达团支部的决定；

（4）给每个团员分配工作任务，并检查执行情况；

（5）关心团员青年的学习、生活情况，经常和团员谈心，及时向党、团组织反映团员的要求、意见和实际困难；

（6）向支部推荐发展新团员对象；

（7）收缴团费。

四、团小组的主要任务

团小组是团支部的组成部分，不是团的一级组织。其任务是在团支部的领导下，结合本小组的实际情况，以自己的积极活动来实现支部的决议，保证团支部各项任务的完成。

具体来说，有以下七方面的任务。

1. 按照实际情况，给每个团员分配一定的工作，具体组织团员去实现支部决议。

2. 组织团员学习马列主义、毛泽东思想、邓小平理论、"三个代表"重要思想、科学发展观和习近平新时代中国特色社会主义思想，帮助团员了解团的基础知识和团的优良传统，对团员的权利、义务和团纪进行教育；组织团员学习党的基本知识，党的光荣传统和历史，学习党的路线、方针、政策，学习同级党委和上级团委决议，学习现代科学技术和文化知识，学习与本职工作相关的专业技术知识。

3. 定期组织召开小组生活会，开展批评和自我批评，组织、督促团员按时参加团的各种活动，按时收缴团费。

4. 经常在青年中宣传党的路线、方针、政策，做好青年的思想政治工作，随时向支部委员会反映团员和青年的意见和要求，关心团员和青年群众的健康成长，积极开展各种有益于团员青年身心健康的活动。

5. 协助支部做好团员鉴定，培养团的积极分子，酝酿支部选举，对接收新团员和奖励、处分团员提出初步意见。

6. 定期召开民主生活会。

民主生活会每个月举行一次，以不影响学习、工作为原则。民主生活会以团小组为单位举行，由团小组组长召集。团小组在召开民主生活会的过程中，必须坚持"团结—批评—团结"的方针，从团结的愿望出发，通过批评和自我批评，在新的基础上达到新的团结。团小组成员在民主生活会上要畅所欲言，交流思想，互帮互助，共同提高，不搞人人过关，形式主义。此外，每次民主生活会都要做必要的记录。团小组组长应将民主生活会的情况及时向上级团支部汇报。团员参加民主生活会要做到不迟到，不早退，不无故缺席，有事须请假。

7. 协助团支部做好团员教育民主评议。

定期进行团员教育民主评议，具体办法可按照以下四步进行。

第一，学习教育阶段。采取集中讲授团课和个人自学的方法，也可以邀请党政负责同志宣讲形势，团课应至少安排一次。

第二，个人小结阶段。每位团员都要对自己一年来的思想、学习等方面进行书面总结，找出不足，明确努力方向。

第三，民主评议阶段。各支部以团小组为单位，对每位团员进行评议，充分肯定成绩；对不足的方面开展批评与自我批评。最后根据民主评议意见，对团员做出综合评价（优秀团员，合格团员，基本合格团员，不合格团员）。

第四，表彰处理阶段。对于优秀团员、合格团员、基本合格团员，团支部要为他们办理年度团籍注册手续，对经帮助能够合格的团员应暂缓注册。同时要对优秀的团员进行表彰。对表现突出积极的要求入党的共青团员，团组织应积极地向党组织推荐为发展对象。

五、团小组会的主要任务

团小组会主要是根据团支部的工作要求，结合本小组的实际情况，由团小组组长主持召开的会议。一般每月召开一至两次。

团小组会主要任务有：

（1）学习马克思列宁主义、毛泽东思想、邓小平理论、"三个代表"重要思想、科学发展观、习近平新时代中国特色社会主义思想，学习党的路线、方针、政策，学习党委的决议、指示和号召，学习团的基础知识和团的优良传统，对团员的权利、义务和团纪教育；

（2）开展批评和自我批评，对团员实行监督；

（3）密切掌握团小组成员的思想动态，积极做好思想工作，主动向上级团组织汇报；

（4）酝酿支部选举；

(5) 对处分成员、接收新团员工作提出初步意见。

六、团小组会的主要形式

1. 研究讨论团小组工作的会议,在团小组内充分发扬民主,让每个团员都对团小组工作提出意见或建议,落实团小组的工作,总结前一段团小组的工作经验和教训。同时,为实现团支部的决议,制订本小组的工作计划,进一步做好准备工作。

2. 团小组的学习生活会,即在团小组内,组织团员青年集中学习马克思列宁主义、毛泽东思想、邓小平理论、"三个代表"重要思想、科学发展观、习近平新时代中国特色社会主义思想,学习党的路线、方针、政策,学习同级党委和上级团委的决议和有关精神,学习现代科学文化知识,学习相关的专业技术知识。

在团的学习生活会中,还可以开展批评和自我批评。团小组会前,小组长应与所在支部的支委会取得联系,听取支委会的意见和建议;团小组会后,团小组组长也应该向所在支部的支部委员会汇报会议情况。但是,团小组不是团的一级组织,因此团小组会议没有通过决议的权力。团小组会也可根据需要,开展适合团员、青年身心健康的公益劳动、娱乐等,活跃团小组会议的气氛,增加团小组会议的形式。

七、召开团小组会的内容与基本程序

(一) 明确内容

主要有以下几方面:

1. 组织团员学习中国特色社会主义理论和党的路线、方针、政策，学习时事和团的基本知识。

2. 传达党团组织的决议和文件精神，联系团员思想实际，制定具体的落实措施。

3. 发动团员积极围绕生产工作实际，发挥模范作用，完成好本职和班组工作。

4. 开展教育评议，评选优秀团员，讨论对违纪团员的处理意见和发展团员的有关问题。

(二) 基本程序

(1) 开会前

团小组组长应与支部商定会议的中心议题，并及时将开会的时间、地点、中心内容事先通知每个团员。

(2) 组织讨论

在讨论中，团小组组长要加强组织，注意引导，使大家围绕中心议题，充分发表意见。

(3) 制定措施

团小组组长待大家意见基本统一后，要及时正确地加以归纳总结，制定完成任务的措施，便于会后每个团员贯彻执行和团小组组长的检查验收。

(4) 做好记录

要指定专人将会议的时间、地点、参加人员及会议内容如实记录下来，记录由团小组组长保存。团小组组长应将会议的情况及时向团支部汇报。根据工作需要，团小组可以召集本小组团员大会。团小组会的召集人一般由团小组组长担任。

八、开好团小组会要抓住哪些环节

召开团小组会议，是团小组活动的主要形式之一，也是团员组织生活的重要组成部分。因此，开好团小组会，既是做好团小组工作的重要方面，也是团小组组长的重要职责。通过团小组会，就贯彻执行团支部决议和其他一些重要问题以及相互在思想、工作、生活作风上的问题沟通思想，开展批评与自我批评，是加强团的建设的重要一环。为了保证团小组会的质量，团小组组长在会前要搞好调查研究，做好充分准备，应与支部书记、委员沟通，商定好团小组会的内容及注意的问题，并将议题提前通知小组内的团员，做到有备而来。会上既要创造宽松和谐的环境，又要有庄重严肃的气氛，组织团员围绕中心议题展开讨论，防止"跑题"现象，克服常见的自我批评多，开展批评少；商量工作多，接触个人思想实际少；应付差事多，收到实效少的现象。因此，在开会过程中，一定要认真开展批评和自我批评，团小组组长要以身作则，同时也应强调支部委员要以身作则；鼓励大家畅所欲言、无所顾忌，解决"冷场"和"离题"；不仅要提出问题，还要有解决问题的办法，每次团小组会都要集中解决一两个问题。对出现的不同意见，应通过反复讨论，力求做到思想统一。团小组组长应掌握好时间，准时开会，开短会，要保证团小组会真正解决问题，抓好成效。会后团小组组长必须加强检查、督促工作，做到事事有着落，件件有结果。

九、团小组与团支部的关系

团小组是团的基层组织的最小组成部分。团小组因团员少而且集中，在开展活动的内容、形式、方法、时间上都有较大的灵活性。团小组内团员相互比较了解，思想容易统一，有利于步调一致地开展活动。以团小组为单位开展活动有许多优越性，团的支部委员会要重视和加强对团小组工作的指导，充分发挥团小组的作用。

团支部对团小组的工作指导主要应体现在以下几方面。

（1）在布置工作的同时，要向团小组提出明确的任务和具体要求，并帮助团小组结合实际，制订完成工作任务的计划和方法。同时要尊重团小组的意见，放手让团小组独立活动。

（2）团支部委员应加强与团小组组长的联系，帮助团小组组长领会上级团组织的精神和团支部的工作意图，同时，要主动和团小组商量问题，保持经常性的上下沟通。

（3）要经常对团小组的工作进行检查督促，对团小组的工作进行评价，提出新的要求。

十、团小组组长与所在小组团员的关系

团小组组长与所在小组团员之间不是领导与被领导的关系，而是平等的关系。但是，团小组组长是由本小组团员选举产生的，他对团小组的工作起着召集作用，有责任组织团员参加本小组的活动，也有权利指导、检查本小组团员的工作、学习情况。所以，每个团员都要支持、协助团小组组长工作。团小组组长则要注意不能个人说了算，不能凌驾于团员之上，发号施令，或将自己的意见强加于人。而应发扬民主作风，有事多和团员商量，多征求团员意见，依靠大家共同搞好团小组的工作。

十一、团小组组长与支部委员会的关系

支委会在支部团员大会闭会期间，负责支部的日常工作，是支部的领导机构，团小组是支部的组成部分，团小组应接受支委会的领导。支委会与团小组组长是领导与被领导的关系。团小组

组长的工作与支委会有着密切的联系，团小组组长需要支委会的指导与帮助；小组长的工作做好了，做好支部工作也就有了坚实的基础。因此，支委会要关心和支持团小组组长做好工作，认真倾听他们的意见，了解并帮助解决各种困难。团小组组长要认真执行支委会的决议和决定，完成支委会布置的工作任务，经常汇报小组工作以及团员和群众的情况。

十二、团小组组长与支部书记和支部委员的关系

支部书记和支部委员受支委会的委托，向团小组传达上级指示、支委会决议、布置和检查工作时，他们是代表支委会的，与团小组组长是领导与被领导的关系。支部书记和支部委员如果没有受支委会的委托，而是以普通团员的身份参加所在小组的活动时，他们与团小组组长则是平等的关系，他们在团小组会上的发言只是一个普通团员的意见。在平时的工作中，支部书记和支部委员要与团小组组长密切联系，及时向团小组组长传达上级指示和支部委员会决议，布置检查工作，了解团小组组长工作与学习情况，帮助他们解决实际困难。同时积极参加所在团小组的各项活动，及时向团小组汇报完成工作的情况，虚心听取团小组的批评，主动接受团小组的监督检查，用自己的模范行动去带动全体团员贯彻执行支部的决议。团小组组长应主动接受支部书记和支部委员的指导与帮助，经常地向支部书记和支部委员汇报工作、反映团内外群众的思想和意见。团小组组长在小组的各项活动中，可根据实际情况，给编在本小组的支部书记、支部委员及其他团员领导干部分配一定的工作，并且像检查团小组的其他团员一样，检查他们完成这些工作的情况。

十三、要充分尊重团小组的创造性

共青团工作发展的源头活水在基层,在团员青年。共青团组织许多新的工作项目、工作方法和组织形式都来自基层组织的创造和青年的实践活动。因而,我们要坚持充分尊重基层团小组的创造性。新形势下,共青团事业的发展面临着许多新情况、新问题,解决这些问题最重要的办法就是尊重和鼓励基层的创造性,只有基层活跃了,才有团工作的真正活跃,才能促进团工作的真正发展。

尊重团小组的创造性,就要为团小组提供创新的舞台、资源和机制,充分了解、理解,并积极支持基层团小组的创造实践,给团小组一个宽松的环境和良好的工作氛围。尊重团小组的创造性,就要处理好继承和创新的关系,在继承中发展,在发展中创新。尊重团小组的创造性,就要善于总结并及时肯定其首创经验,发现典型、培植典型、宣传典型,运用典型指导工作;同时,还要加强理论研究,在实践中提炼理论,在运用理论中推动工作实践。

十四、团小组怎样向上级团组织请示、汇报工作

团小组定期向上级团组织请示、汇报工作,是团小组工作的一项重要内容。团十九大新通过的《团章》明确规定:"团的各级领导机关应当经常听取并认真处理下级组织和团员的意见;团的下级组织既要向上级组织请示、报告工作,又要独立负责地解决自己职责范围内的问题。团的各级组织要使团员对团内事务有更多的了解和参与。"

团小组同上级团组织的关系是领导与被领导的关系。因此，作为团小组，首先要自觉地遵守民主集中制的原则，主动争取上级团组织的指导和帮助，经常向上级支部反映情况并及时请示、汇报工作，而不是被动地、消极地等到上级团组织找上门来，才进行汇报。特别是在上级团组织照顾不到的时候，更应该去主动汇报、请示工作。

请示、汇报的形式有两种，一种是口头的；另一种是书面的。按时间来分，也有两种，一种是定期的，如一个月、两个月或一季度汇报一次；另一种是不定期的，如遇紧急情况或有关重大问题时，需要及时请示汇报。

请示、汇报的内容很多，一般应着重汇报以下几方面：汇报上级团支部交给任务的落实和完成的情况；团小组独立开展了哪些活动，做了哪些工作；工作中的主要经验、教训；工作中遇到了哪些新的问题；下一步工作的意见、想法和打算；团员和青年的思想现状、要求；等等。还要征求上级团组织对本小组工作的指示、意见。汇报工作，要实事求是。既讲成绩又讲缺点，既讲工作经验又讲存在的问题，而不要报喜不报忧，只讲成绩和经验，不讲缺点和问题。请示、汇报工作要做好准备。汇报前，团小组要对汇报的内容、请示的问题进行认真的充分的讨论和分析。请示工作时，团小组一般应拿出几种方案来供上级团组织参考。

十五、优秀团小组的评比

为充分发挥团小组的作用，不断加强团小组建设，促进团小组的快速发展，团委可以决定对该单位的团小组进行评比，评选出"优秀团小组"。

一般来说，"优秀团小组"评选办法如下。

"优秀团小组"每年评选一次,由各级团委、直属团总支按照评比条件进行检查、申报,团委成立评选小组对申报的团小组进行情况核实和深入检查。评选小组根据检查情况,在充分调研的基础上,最后确定"优秀团小组"名单。

"优秀团小组"评选的具体条件如下。

1. 团小组成员要坚持学习马列主义、毛泽东思想、邓小平理论、"三个代表"重要思想、科学发展观、习近平新时代中国特色社会主义思想,模范遵守《团章》的各项规定。

2. 定期组织召开小组生活会,开展批评和自我批评,组织、督促团员按时参加团的各种活动,按时收缴团费;经常向团支部委员会请示工作,使自己工作的灵活性与支部工作的整体性相结合。

3. 团小组组长能够充分发挥骨干作用,在团小组成员中有一定的影响力,带领团员青年积极投身到社会的各项建设事业当中去,能够出色完成上级团组织交办的各项任务。随时向支部委员会反映团员青年的意见和要求,关心团员青年的健康成长,积极开展各种有益于团员青年身心健康的活动。

4. 开展活动时,团小组能够按照团支部的要求,选择适合本小组特点的活动,调动每个团员参加活动的积极性。

5. 团员发展、教育、管理、评议、推优入党工作做得好。

6. 团小组成员能够认真学习专业知识或者努力工作。

7. 每次团小组活动要做到事前有计划,过程有记录,事后有总结。

十六、团小组的自身建设

1. 不断适应新情况,改进团小组建设工作。根据本单位生产经营形势变化和人员组成，不断调整团支部、团小组的组织设置，以利于团员青年参加团的活动；积极推进和完善民主选举，把那些优秀的青年团员吸引进共青团组织，增强共青团的战斗力和开拓性，进一步拓宽团的活动经费来源渠道，积极创建和巩固团的活动阵地；建立健全"三会两制一课"制度，以保证团的各项工作走向制度化、规范化。

2. 加强团员队伍建设，发挥团小组在其中的作用。要通过各种行之有效的活动与载体，坚持对团员进行团员意识教育，提高团员的思想政治素质；要对团员提出高于一般青年的要求，发挥广大团员的模范作用，要积极地有计划地做好团员发展工作，认真负责地推荐优秀团员做党的发展对象。团小组还要围绕支部的中心工作，适合青年特点，因地制宜地开展各种思想教育、生产突击、社会公益和文化娱乐活动，团结带领青年做物质文明建设和精神文明建设的突击队和生力军。

3. 加强团小组活动建设。团小组活动接受团支部的领导与监督，独立自主地开展各项活动；根据团支部的要求开展主题团日活动；传达团支部的决议和安排，认真开展理论学习，努力提高青年学生的理论水平和政治素质；积极配合支部委员会的工作；可以结合本小组实际，独立地创造性地开展小组活动。

4. 进一步巩固团小组工作制度建设。团小组工作制度的建立对于进一步推进新时期团的自身建设，把团的基层组织建设成为政治坚定、组织巩固、具有内在活力的坚强集体，切实增强团组织的吸引力、凝聚力和战斗力，不断巩固和扩大党执政的青年群众基础，具有重要意义。

十七、团小组面临的问题及应对的措施

目前，团小组组长多是兼职干部，热情不高，缺乏凝聚力、

战斗力；且工作水平不高，工作进展缓慢、停滞不前；团小组活动经费不够、不被重视；基层团组织对组建团小组支持力度不够，条件成熟的小组不能正常开展各项工作。

因此，团小组要及时了解青年的基本情况，把握新形势下青年的思想脉搏，摸清他们的愿望和需求，努力增强工作的主动性、针对性和预见性，要尊重青年的主体地位和基本权利、尊重青年的思维方式、认识方式和表达方式，尊重青年的个性和差异，尊重青年的首创精神和自我评价，更好地反映青年的意愿和呼声，满足青年的愿望和需求，使团的工作与时代合拍共鸣，与青年呼吸相通，吸引更多的青年了解和参与我们的工作和活动，使他们在共青团这个组织中真正受到教育，在团的工作和活动中切实得到启发；要在团小组里营造良好的学习气氛，发挥团员青年"参与"热情，积极拓宽团小组的工作思路，要积极挖掘人才，提高基层团小组的组织能力，要举办各类活动，扩大基层团小组的影响力。

十八、依靠团小组全体团员开展工作

团小组是团支部的组成部分，团小组在团支部的统一领导下，负责对团员进行教育和管理，直接组织和指导每个团员的日常活动，使之发挥先锋模范作用，保证团的路线方针政策及各项决议得到贯彻落实。做好团小组的工作，是发挥团支部战斗堡垒作用的基础。因此，团小组组长要认真执行团支部的各项决议，组织团员积极完成团支部布置的任务。同时，团小组组长一定要抓住团小组全体团员这个环节开展工作。如定期召开团小组会议，结合团的中心工作和行政任务，向团员布置工作，提出明确具体的要求；经常组织团员交流工作经验，注意团员的意见和要求，帮助他们克服工作中遇到的困难；提高团员的工作责任心和积极性，提高他们的思想水平和工作能力，使团小组活动更加丰富多彩，团小组组长要善于团结每个团员，依靠小组的每一个团员去开展各项工作，充分调动每个团员的积极性，为建设一个优秀的团小组而努力工作。

十九、创建学习型团小组

（1）学习型团小组的创建目标是：创建具有专业特色、一流学习力的微型学习新组织。一是在专业中求精，以学习促工作，突出学以致用，打造"干中学"团体；二是在实践中求实，以求真促学习，突出探究性工作，打造实践型团队；三是在灵活中求变，以演练促创建，突出学习开放度，打造创新型团队；四是融合中求同，以交流促工作，突出多元互补，打造共享式团队；五是优化中求新，以创建促活力，打造向心型团队。

（2）创建学习型团小组应该从以下几方面努力：

①要积极争取党组织的大力支持，要不定期地向上级领导汇报争创动态、争创进度，以获取领导的认同和支持，为活动的顺利推进创造良好的外部环境，形成党建带团建的良性循环。

②构筑合理的组织体系。通过建立学习型团支部、学习型团小组等各类学习型组织，构筑纵横交错、上下结合的学习组织网络。同时，要综合运用团校、研讨班、学习小组、专题讲座等各种学习媒介和载体，不断增强学习兴趣，提高学习的趣味性、吸引力，增强学习的针对性、可操作性和实效性。

③灌输先进的学习理念。首先，不应该把学习与生活、工作孤立起来，而应该把学习与工作、生活结合起来；其次，学习也不应是一种暂时的需要，而是只有开始、没有终结的过程，是伴

随人的一生的需要；最后，学习更不应该被看成一种被动的概念，而是每个人成长与发展中的自觉行动与内在需要。因此，广大团员青年要强化"终身学习""人人学习""处处学习""时时学习"的意识，不仅从书本上学，更要在实践中学。要注重学习的方式和方法。要坚持学以致用，融会贯通，经常进行理论上的思考和提炼，形成正确的学习观，提高学习的深度和成效。

④树立明确的目标。学习只是一种手段而非目的，我们的目的是更好地发挥团组织的生力军、突击队作用，更好地服务于团员青年的成长成才。要确立团组织发展愿景，把团组织的发展前景及实施的措施，包括积极方面、存在的困难与团员青年的利害关系等因素在团员青年中宣传清楚，并形成努力追求美好愿景的思想认识和工作合力。因此无论是组织目标还是个人目标（愿景）都应该结合自身实际设定，目标应该是通过努力能够实现的，并且只有通过努力才能实现的。

⑤要有丰富的学习内容。我们要在学习政治理论坚定理想信念，形成正确的世界观、人生观、价值观的同时，还要充分考虑青年的特点，开设交际、礼仪、演讲课程，增强青年的社会交际能力。着眼于提高青年的工作竞争力，加大业务培训内容，学习现代经济、科技、法律、外语等现代专业知识。要善于向一切学习，但不是学习一切。换言之，要学会放弃。放弃不是说要半途而废，而是说要懂得取舍。什么该学，什么不该学，什么能学，什么不能学，都要有个清醒的认识。有些东西是好的，但可能没有一定的功底根本就学不来。

⑥抓好制度建设。通过制定切实可行的学习制度，考评、考聘制度，奖励制度，淘汰制度和监督制度等，激发团员青年不断学习的自觉性、积极性和紧迫感。要建立一个具有可行性的学习体制。一方面用来激励并保障团员青年的个体学习的自主性；另

一方面通过相关的培训帮助团员青年学习，并改善他们的心智模式。

⑦团干部要发挥带头作用。学习型团组织能否建立，建立是否有效，关键在各级团干部能否发挥表率作用。试想一个不重视学习的团干部，一个不重视学习的团组织领导班子，怎么能组织开展好学习型组织的建立，怎么能取得良好效果？

进入新时代，团务工作必须与时俱进，团组织工作必须注重贴近时代，体现其时效性，注重研究实际，从而不断拓展团建工作的新内涵。

在新的历史条件下，只有不断增强学习能力，团组织才能永葆生机与活力。因此，必须大力创建学习型团组织，并以此为抓手，在团干部和团员青年中树立起"时时学习，处处学习，终身学习"的理念，通过学习，及时更新知识和观念，牢牢把握时代发展的脉搏，与时俱进地展现共青团组织的育人优势。团的领导机关要通过中心组等形式开展经常性学习，团的基层组织要把学习作为组织生活的主要内容。完善教育培训体系，加强团属教育培训阵地建设，注重在岗学习，开展有针对性的脱产培训。弘扬理论联系实际的学风，把学理论、学知识作为推动工作的重要动力。要把共青团组织建设成为"学习型、服务型、创新型、实干型"的团组织。这是进一步提高团组织战斗力、增强为青年服务的能力和水平的现实需要。

二十、团小组的文化建设

文化建设是整个团员教育不可缺少的组成部分，团小组是整个团员教育体系的重要组成，要充分发挥先锋模范作用。文化是青年团员心理发展的载体。它的主要内容有党团的规章制度、学风、文艺娱乐和体育活动等，对于促进团员德、智、体、美、劳的全面发展有着非常重要的作用，其表现在：

文化的导向功能培养团员青年的积极进取意识。青年团员由于心理和生理发展的不平衡，容易导致心理和行为方面的偏执和倾斜，陷入狭隘的思维困境。文化借助青年群体同辈文化的力量和作用，使青年团员充分发挥自己的专长，吸取集体的智慧，产生积极的、向上的从众心理行为，使他们的思想认识和行为按照社会规范的方向发展或前进。这一任务的实现是通过团小组开展各种有效的、富有时代特征和青年团员喜闻乐见的活动来完成的。在活动中，对青年进行人生观、价值观、世界观的积极引导，树立正确的成才意识和竞争意识，促进团员综合素质的提高，为祖国的现代化建设贡献自己的聪明才智。

文化的凝聚功能为青少年的个性发展和能力培养提供了实习的舞台。团员教育的最终目的是培养人，是为党和国家培养社会主义建设者和接班人。这样的时代新人，需要有良好的文化熏陶。团员可以在音乐、舞蹈、绘画、演讲、辩论等文化活动中，开阔视野，表现才能，充分认识自己的价值，锻炼动手实践能力、组织管理能力、社会活动能力、语言表达能力。并在寓教于乐中，实现了团小组的教育作用，塑造了团支部的形象，提高了团组织的凝聚力，把一大批团员青年紧紧地团结在共青团的周围。

文化的美化功能塑造了青年团员健康的心理和健全的人格。文化的美化功能，主要表现在两方面：一是美化人的心理环境；二是美化社会环境。团小组有层次、有计划的文化活动，在一定程度上影响着青年团员的感知、判断能力和情绪发展，对青年团员人生观、价值观的形成产生作用。团小组是团结和教育团员的富有感召力的力量，服从团支部的指导，在文化活动中扮演着党的助手和后备军的角色，对团员的行为方式起导向和示范作用。

文化活动是团小组加强自身建设的重要途径。团组织在积极参与文化建设的过程中，要充分发挥团组织的优势，努力提高思想政治教育的针对性、实效性和吸引力、感染力，发挥团结团员、组织团员、教育团员的职能，以文化为载体，传递先进思想和观念，利用业余时间开展丰富多彩、内容健康、形式多样的文化娱乐活动和体育活动，逐步完善团小组自身建设。

二十一、怎样当一名合格的团小组组长

（一）要有高度的事业心和责任感

团小组工作开展得好坏，效果如何，是否具有生机和活力，直接关系到团组织的凝聚力、吸引力和战斗力。目前，有些基层团组织对团小组工作的地位、作用认识不足，甚至包括团小组组长本人也认为，团小组组长无职无权，工作难以开展，白费力气不讨好，是可设可不设的，这种认识是不对的。每个团小组组长都要增强从事团小组工作的光荣感、责任感和使命感，热爱本职工作，锐意进取，尽职尽责，无私奉献，在平凡的工作岗位上争创一流的工作，做一名合格称职的团小组组长。

（二）要认真学习，不断提高自己的思想水平

全面坚定地贯彻执行党的纲领及各项方针、政策，是夺取建设中国特色社会主义事业胜利的根本保证。同时，它也是我们前进的目标和行动的原则。我们每个团员都有责任从理论和实践的结合上学懂弄通其精神实质，只有这样才能增强贯彻执行的自觉性和坚定性。否则，如果对党的方针、政策和决定一知半解，似懂非懂，或知之甚少，在贯彻执行时就会摇摇摆摆，裹足不前，

甚至怀疑抵触。作为团小组组长，要比一般团员更模范地贯彻执行党的纲领和各项政策，清除错误思想，真正把自己的思想、行动统一到党的纲领及方针政策和上级团组织的决议精神上来，并在实践中加以创造性地贯彻落实。

(三) 要处处严格要求自己，起模范带头作用

团小组组长虽然不是团内领导职务，但毕竟是一组之长。对团小组的工作有一定责任，其言行、举动，对本小组的团员都会产生一定影响。如果团小组组长在生产、工作、学习、生活等方面处处起模范作用，事事做出表率，能够使真抓实干不停留在口头上，而是鼓实劲、做实事、收实效；能够坚决克服软弱涣散、无所作为的不实作风；能够坚决杜绝说大话、说空话、说假话、报喜不报忧、欺上瞒下的虚假作风，树立高度责任感，紧迫感，小组内的团员就会跟着学，对身边的群众也会产生好的影响。如果团小组组长还不如普通团员甚至不如普通群众，对身边的团员群众就不会有吸引力和凝聚力，团小组就会像一盘散沙，失去战斗力。

(四) 要有好的民主作风，善于调动全组团员的积极性

团小组组长同团小组内的其他团员都是平等的同志关系。在开展工作时，绝不能自以为是，甚至以"领导"身份出现，这样做的后果，只能使自己高高在上，脱离团员群众，于己于工作都没有好处。因此，要求团小组组长关心团员、体贴团员，把自己看作是小组的普通一员，做团员的知心朋友，遇到问题摆到桌面上，有事同大家协商，有困难动员大家出主意，想法克服，把团员拧成一股绳，劲往一处使，充分发挥全组团员的积极性和创造性，共同把小组工作做好。

（五）要主动接受团支部的领导，及时请示汇报工作

团支部作为团的最基层的一级组织，是团小组最直接的领导机关。团小组的一切工作，都必须紧紧围绕团支部的中心工作来进行，加强团支部对团小组工作领导，是做好团小组工作的重要组织保证。团小组作为支部工作的骨干和助手，必须自觉地接受团支部的领导，不折不扣地执行支部的决议；也必须及时向团支部请示和汇报团小组工作，反映情况，听取指示，做到下情上达，上情下达。能否做到这一点也是衡量团小组组长团性强弱的重要标准。如果脱离团支部的领导另搞一套或者阳奉阴违，这一方面破坏了团的民主集中制原则；另一方面必然削弱和脱离团支部对团小组的领导，把团小组工作引向歧途，这是团的纪律绝不容许的。

二十二、不断提高团小组组长的自身素质

团小组组长的素质，是指团小组组长在工作中各种能力的综合反映。团小组组长要注重培养自己的综合素质。团小组组长的素质，应从两方面来看，一是做人；二是做事。一个好的团小组组长首先要学会做人，因为做人是团小组组长素质中最基础也是最重要的素质，做人要自强、自立、自尊、自爱。其实不只是团小组组长要具备这些素质，所有人都应该具备这些素质。人品是最重要的，人品好的人才会对国家和社会负责，才会对企业和家庭负责，才会对他人和自己负责，团小组组长必须具有好的人品。其次要学会做事，就是做好团小组工作。在工作中，团小组组长可以从以下几方面来不断提高自身素质。

(一) 在工作中要不断增强三种意识

1. 增强政治意识。团小组组长必须将提高理论修养和思想政治素质作为自己一项长期而重要的任务，刻苦学习并掌握马列主义、毛泽东思想、邓小平理论、"三个代表"重要思想、科学发展观、习近平新时代中国特色社会主义思想的精神实质，坚持正确的政治方向，不断增强政治敏锐性和政治鉴别力，不断提高"政治判断力、政治领悟力、政治执行力"。坚持理论联系实际，努力学会用马克思主义观点和方法正确分析形势和指导工作，成长为坚定的、清醒的、有作为的青年马克思主义者。团小组组长要严于律己，在不断的学习进步中加强实践锻炼，尤其是增强党性锻炼。要自重、自省、自警、自励，在改造客观世界的同时，努力改造自己的主观世界，不断提高自己的精神境界。要自觉地接受党、团组织和青年的监督，发扬艰苦奋斗精神，自觉拒腐防变，坚决反对消极腐败现象，做一个有益于国家、社会和人民事业的人。

2. 增强学习意识。处处留心皆学问，世事洞察皆文章。团小组组长一定要做一个"有心人""细心人"，要勤于学习，敏于求知，不但要刻苦学习书本理论知识，更重要的是在实践中学习，珍惜每一次学习的机会。团小组组长一定要有坚韧不拔的毅力和吃苦耐劳的精神。学习是一个循序渐进的过程，厚积薄发，只有从点滴学起，不断积累，持之以恒，才能达到胸有成竹，下笔如有神的境界。团小组组长一定要广学多收，团的活动是综合性的行为，团小组组长作为活动的总设计人、总负责人，对政治、经济、法律、文化、艺术等都应懂一些，成为"知识杂家"。

团小组组长要坚持多样化的学习和学习的多样化。团小组组长应该充分认识到，在这个终身学习的时代，必须要坚持学习，而且要坚持多方面知识的学习，坚持学习的同时不能像海绵一样只知不停地吸收以致满溢却无法充实，应像筛子一样，在学习中不断地进行筛选，进行思考、分析、比较、鉴别，不断地筛选出和积累出自己思想的金子。同时要学以致用，根据我们自身的具体情况，在认真学习、研究、借鉴的基础上，灵活运用，并敢于进行大胆的改造和创新。学习也要注重形式的多样化，不仅仅是多看几本书而已，还要走出去看看，看看别人的学习心得、学习成果。通过学习、接受新事物，培养自己创新的意识和创新的能力，一味地蜗居只能是井底之蛙。

3. 增强能力意识。团小组组长一定要注重培养自己的能力，加强锻炼自己的指挥能力、预见能力、决断能力、协调能力、应变能力、执行能力等。指挥能力就是能集中各方面的信息、意见，融会贯通，有效组织和合理调遣团小组成员完成任务。预见能力就是能审时度势，掌握事物发展规律，洞察事情发展的内部联系而做出正确的预测。决断能力即决策能力，就是能综合分析各种因素，寻求到科学、合理的实施方案，确定目标，指明方向。协调能力就是在不同的情况下能善于调节各种矛盾，沟通各种关系，借助各种力量，为团工作营造适宜的环境。应变能力就是根据环境的变化，能随机应变及时采取应急措施，灵活巧妙地做出对策，防止和扭转被动局面。执行能力就是善于把上级的决策和本单位的实际相结合，拿出具体措施，能快速、高效、优质地完成各项任务。

（二）在工作中要注重追求三种精神

1. 求实精神。团小组组长要切实转变作风，坚决克服短期行为、浮躁情绪和形式主义，要脚踏实地、埋头苦干，要雷厉风行、敢打敢拼，展示青年人的朝气和锐气，发扬求真务实的作风，扎实工作，力争上游。团小组组长要勇于负责，对党负责，对共青团负责，对青年负责，对自己负责，以身作则，吃苦在前，享乐在后，知难而进，坚韧不拔，艰苦奋斗，以自己的模范行为带领带动青年。

2. 创新精神。团小组组长要积极转变思想观念，带头树立创新意识，发扬创新精神，保持创新锐气，以创新促发展。团干部要勇于创新，敢于放弃，追求卓越，不断进取，让创新成为一种习惯。团干部要善于创新，在继承前人的基础上立足岗位寻求突破，紧密结合岗位职责和岗位期望，力争在干好本职工作的前提下有所创造、有所前进。

3. 奉献精神。团小组组长要胸怀宽广，目标远大，要自觉地把个人理想与全社会的奋斗目标联系起来，服务国家，奉献社会。团小组组长要热爱共青团，拥护共青团，艰苦奋斗，不懈追求，把自己的青春、智慧、力量奉献给共青团事业。团小组组长要始终坚持党的全心全意为人民服务的根本宗旨，积极为青年服务，选准载体，贴近青年、关心青年、了解青年、帮助青年，做青年的知心朋友。

（三）在工作中要处理好以下三种关系

1. 与上级团组织，同级党组织间的关系

首先要摆正位置。下级服从上级是最基本的组织原则之一，团小组组长要坚决执行上级的命令，克服一切困难不折不扣地完成领导布置的任务。其次要坚持原则。对上级有意见要通过组织渠道反映，绝不能到处发牢骚，诋毁领导的威信。再次要多请示、多汇报，加强沟通。要主动向上级汇报自己最近的工作情况、工作思路及心得体会，让领导了解你的工作、了解团组织的工作，从而关心、支持团的工作。要认真领会贯彻上级的指示，摆正工

作方向，明确工作重点，理顺工作思路，开创性地完成自己所负责的工作。

2. 与团小组团员青年间的关系

团小组组长对待团员青年要随和，绝不能摆花架子，自以为是，目空一切。要注重感情投资，俗话说"细微之处见真情"，要从点滴做起，关心团员青年的工作、生活、学习，尽最大努力提供具体的帮助，这样一旦建立了良好的感情关系，便能产生亲切感，拉近与青年的心理距离。同时，对团员青年绝不能一味地放纵，要学习掌握适度治人的艺术，既要有表扬奖励也需要适度的批评和指责，但批评要注意合适的时机和场合，要态度诚恳，方法得当。

3. 与其他团干部间的关系

首先要正确对待自己，严格要求自己，与其他团干部相处和谐。团小组组长一定要豁达、大度，严于律己，宽以待人，"吾日三省吾身"。不可骄傲、清高、看不起别人，抬高自己、炫耀自己。其次要与其他团干部加强交流沟通。团的工作是大家共同的事业，目标的一致性提供了许多大家学习交流的机会，相互间要坦诚相待，增进感情和友谊，加强合作，培养团队精神，营造一个和谐的工作环境。

二十三、团小组组长如何发扬民主

团小组组长要坚持充分发挥团员的主体作用，扩大团员民主参与。坚持走群众路线，实行开门教育，充分发扬民主，虚心听取群众意见，自觉接受群众监督，实现下级评议上级、群众评议团员的团内外干部群众相互教育相结合的新机制。

团内监督是指团组织运用自身力量，依据团规、团法对团员干部进行的督促制约。从广义上讲,团内监督是在团内充分民主基础上的全团监督,团的各级组织和全体团员都是监督主体。团小组在团内监督中也负有重要的职责,团小组组长要协助团支部做好团内监督工作。

  1. 确立监督标准和内容。团内监督的标准和内容,是实施监督的前提和基础。标准和内容不明确、不具体,监督就无的放矢。因此,在组织和实施监督的过程中,团小组应结合自己的实际,从团员的要求出发,使监督标准和内容更加具体化。同时还要通过宣传教育的形式,使团员明确监督标准和内容,真正在团小组内实现团员行动有规范,监督有依据。

  2. 完善和疏通监督形式和渠道。组织团内监督应有具体监督形式,即监督渠道。完备的监督形式,是团内监督得以实施的具体条件。因此,加强团内监督必须注意完善监督形式,疏通监督渠道。团小组范围内的监督主要有三种形式:团组织对团员的监督、团员对干部的监督和团员之间的相互监督。为了有效地发挥这些监督形式的作用,可以在团小组内以团小组组长为核心,挑选团性强、责任心强的团员为骨干,组成监督小组,主抓监督工作;还应健全和完善监督责任制,使每个团员明确自己的责任,真正把各种形式的监督落到实处。

  3. 健全监督制度,保障监督权利。搞好团内监督,还必须建立各项监督制度,保障监督权利,这是增强团内监督严肃性和权威性的重要措施。因此,团小组组长应协助上级团组织和团支部做好健全监督制度工作,并保证各项制度的有效贯彻执行。如为保障团员监督权利,调动团员监督积极性,应建立监督责权制度和奖罚制度;为保证团员干部定期向所在小组的团员汇报思想和工作,应建立报告工作制度;等等。这些制度的建立对于保证团内工作的顺利进行具有重要的作用和意义。

二十四、团小组组长工作的基本要求

团小组工作是团支部工作的基础。团小组组长要有效地开展工作、完成团支部交给的各项任务，一般应做到如下几点。

（1）认真学习马列主义、毛泽东思想、邓小平理论、"三个代表"重要思想、科学发展观、习近平新时代中国特色社会主义思想，学习党和团的基本知识、方针、政策及上级的指示，不断提高自己的思想、政策水平；

（2）要有高度的责任感，对工作认真负责；

（3）要严格要求自己，以身作则，起模范带头作用；

（4）发扬团内民主，遇事多与团员商量，充分调动本组团员的积极性；

（5）密切联系群众，做群众的贴心人；

（6）坚持原则，勇于开展批评和自我批评；

（7）熟悉本职业务，在工作、生产中做表率；

（8）积极争取团支部的领导，注意总结经验，不断改进工作方法。

二十五、团小组组长的领导方法和领导艺术

团小组组长在开展工作和活动时，不但要动脑筋，明确任务，而且要讲究方法和艺术。毛主席说过，路线和政策确定以后，干部就是成败的关键。比如说，我们要"过河"，但是没有"桥"或"船"就不能过。不解决桥和船的问题，过河就是一句空话。也就是说，不解决工作方法的问题，完成任务、干好工作只能是"纸上谈兵"。因此，团小组组长在具体的领导工作和实践之中，

需要具备一定的领导方法和领导艺术。

什么是领导方法？领导方法就是领导者在具体工作中处理解决思想、说话、行动等问题的途径、门路、程序等。什么是领导艺术呢？领导艺术就是领导者在实际工作中处理事务、问题时所表现出来的创造性的方式、方法，或者说是领导者的经验、技能、技巧。

进入新时代，领导者应具备"以人为本""人性化""人情味"的领导素质，因此，团小组组长要关注人文，善于用那些文学大师的人文精华来弥补自身阅历的不足，要广泛涉猎经济学、法学、社会学等多个学科，并能从中提炼出科学的工作方法来提高自身素质和涵养；广大团小组组长要善于博采众长、取长补短，加强团队合作精神，应重视团队中的"综合与个性问题"。同时，团小组组长应注重口头表达、书面表达、人际交往这三方面能力的培养。

总之，团小组组长应该善于学习、勤于实践、敏于思考、乐于合作、甘于奉献、勇于创新，成为出色的基层团组织领导。

二十六、团小组组长开展活动的方法

(一) 座谈讨论的方法

座谈讨论法，是以座谈、商讨的形式进行团员教育的方法。团小组生活会中的交流学习体会，研讨疑难问题，讨论团的决议等，都属于民主讨论方法。这种教育方法的特点是易于造成一种思想活跃，畅所欲言的民主气氛，对于启发思想，开动脑筋，增强团性，调动团员积极性，都有着推动作用。

（1）科学地选择讨论主题。在小组生活会上组织团员讨论，首先需要确定讨论主题。一般来说，讨论主题应具有这样三个特点：一是思想性。讨论是为了达到教育团员，提高团员素质，增强团性的目的。因此，讨论题目应当有明确的思想性，要紧紧围绕团的建设和社会主义现代化建设这个总题目展开。二是现实性。团员讨论的题目应当是团员所关心的现实问题，脱离现实，让团员去抽象论证一些基本理论，是难以调动团员讨论积极性的。三是争辩性。既然是讨论，讨论题目就应当有一定的争辩性。通过热烈的讨论和争辩，就能够启发团员思维，达到较好的教育效果。

（2）合理组织，积极引导。开展民主讨论，进行团员教育。团小组组长应注意合理组织。对于一些团员"热点"问题的讨论，要注意引导，不要使讨论会变成牢骚会。要鼓励团员解放思想，畅所欲言，消除禁忌心理。为了开好生活会，团小组组长应带头谈观点，或表扬敢于实事求是讲真话的团员，以带动其他人谈自己的观点。只有使每个团员解放思想，畅所欲言，才能收到理想的讨论效果。

（3）形式多样，生动活泼。为使民主讨论更深入地开展，团小组组长可以在讨论中辅之以形式多样、生动活泼的教育方法，以增强团员教育的效果，如小组讨论中遇到的难点、争论问题，可印发其他小组，共同讨论解疑。讨论也可采取对话的形式，由团员提出问题，领导干部作答。对讨论中能够提出深刻、新颖观点的团员，可以组织报告会或演讲会，让这些团员在大会上宣讲。总之，只有讨论形式多样，生动活泼，才能对团员有吸引力，达到良好的教育效果。

（二）团员自我评价的方法

为了使团员能够更好地认识自我，以便对自己的思想和行为进行调节，常采用团员自我评价的方法。如每年一次的民主评议团员活动，都由团员对自己进行自我评价。

团员自我评价，就是在学习讨论的基础上，要求团员对照团员标准或团员干部的条件，认真总结一段时期以来自己的思想、工作、学习、纪律、作风等方面的情况，认定自己是否合格或属于哪个等次的团员。并将自我总结写成书面材料上交组织，组织认可后，由团员本人或请人代笔填入（民主评议团员登记表）中的"自我评价"栏内。团小组组织团员自我评价要把握三点。

（1）要教育团员实事求是地自我评价。既写优点、成绩，也写缺点、不足和错误，切实找准自己的问题及产生问题的根源。同时，还要把今后的努力方向和措施写清楚。切忌空话连篇。

（2）要针对每个团员的具体情况，帮助他们搞好自我评价。第一，要求每个团员广泛征求共同工作的同志的意见，从多方面正确认识自己；同时，团小组应把平时掌握的群众对团员的意见反馈给本人；第二，对问题多的不合格团员或基本不合格团员，要作为工作的重点，反复工作，引导他正确认识自己的问题，做出合乎实际的自我评价。

（3）团小组要帮助团员写好自我评价材料。使之切实反映每个团员的真实情况，避免个人总结抓不住重点。对团员中自我评价的态度不够端正、认真的，或问题找得不准、对产生问题的根源认识不深、今后改正的措施不具体的，团小组应向其本人指出，要求其端正态度，认真修改、完善好材料。

通过自我总结，自我评价，再以团小组为单位，通过生活会的形式，使团员面对面地进行评议。在此基础上，团小组综合结果，得出结论。最后把结论反馈给每一个团员，由团员针对自己缺点做出规划，发扬长处，弥补不足，改正错误。实践证明，这种方法对团员思想触动很大，对于激发团员内在积极性有明显的作用。

（三）批评与自我批评的方法

正确进行批评与自我批评是解决团内矛盾以及进行自我教育的有效方法。这是由团内矛盾的性质所决定的。团的生活实践证明，正确地开展批评与自我批评，是解决团内同志间思想认识的分歧，克服个人利益同团的利益矛盾的总方法。团小组组长应当学会运用这一武器，正确、及时地解决团内矛盾。掌握批评与自我批评的方法，应从以下几方面入手。

（1）要从团结的愿望出发，达到"惩前毖后，治病救人"的目的。从这个良好的愿望出发，不允许利用批评进行个人攻击，也不允许凭印象、感觉去主观臆造，去败坏别人的威信。只有从团结的愿望出发，才能做到以事实为依据，分清问题的性质，然后有理有据地去批评别人，做到"晓之以理，动之以情"，使被批评者心悦诚服，愿意在别人的帮助下进行自我批评。

（2）要坚持以自我批评为主。批评与自我批评是相互联系、相互促进的。没有认真的自我批评，也就不能正确地对待批评。因此，每个共青团员都要严于解剖自己，经常想一想自己的弱点、缺点和错误，保持清醒的头脑。团组织要鼓励和保护每个同志严格要求自己、自觉进行自我批评的积极性。同时，也应教育团员要善于听取别人的批评和意见，抱着"有则改之，无则加勉"的态度，尽可能从各种意见中汲取营养。

（3）要勇于开展批评。对原则问题上的是非不能含糊敷衍，要有为真理而斗争的坚定立场。批评一定要注意政治，不要斤斤计较，防止把批评庸俗化；批评要注意场合，一般情况下，凡错误情节较轻、造成影响较小的，应避免在众人面前批评，即使需要在公开场合批评时，也可以只摆问题，不轻易指名道姓，使犯错误或某方面有缺点毛病的同志留有改正的机会，保护被批评者的自尊心；批评要根据事实，不能凭主观印象，不能捕风捉影、道听途说，更不许诬陷同志；批评时，对问题的性质和错误的程度，要进行合乎实际的分析，要注意留有余地，不要把一般问题说成严重问题，把认识问题说成政治问题，把偶然的个别的错误说成一贯的系统的错误；批评一定要当面进行，不负责任地在背后批评不仅无益于解决问题，而且容易造成误解和激化矛盾；要允许被批评的同志保留意见，或者解释、申辩和反批评；如果发现批评错了，应当改正，绝不要将错就错，伤害同志。

（4）坚持严格的组织生活制度，使批评与自我批评制度化、经常化。在团内开展批评与自我批评，不是自由主义地到处乱说，而是在团的会议上或者通过个别谈心来开展的。其主要阵地是团小组组织生活会。因此，团小组要建立健全组织生活会制度，保证定期召开组织生活会，在团的组织生活会上，要充分发扬民主，认真开展批评与自我批评。

（四）谈心的方法

谈心，是团小组工作中最经常使用的一种思想政治工作方法。发展团员要同积极分子谈心；团员思想汇报也要谈心；团员评议的过程中也有交流谈心。因此，掌握谈心的方法非常重要。

谈心乍看起来就是彼此交谈，但交谈不是谈心，谈心是一种思想交流，需要正确的方法和高超的艺术。方法正确，才能达到沟通思想，互相理解，彼此亲近，心灵相通的目的。谈心要有一个宽松的心理环境。在良好的环境中谈心，可以引发对象积极的情感，主动开启心扉，表露思想，使谈心收到更好的效果。谈心的关键在于交心。正确地开展谈心，必须做到推心置腹。在谈心中，团员之间应赤诚相见，掏出心腹之言，使对方感到你的真诚和善意，取得对方信任和好感，引发相应的心理体验，达到交心的目的。谈心要学会倾听他人谈话，谈心是一种双向的思想交流，善于倾听是这种双向的思想交流必不可少的环节。善于倾听，等于告诉对方，"你是值得我去倾听的人"。这样能满足对象的自尊，增强自信，主动吐露心声，表达思想感情。谈心的方法多种多样，大致有以下几种：规劝式谈心，针对对象的不良思想和行为，进行面对面的劝导，指出后果的严重性的一种谈心方法。批评式谈心，是指对同志的不良思想和行为，个别进行批评帮助的谈心方法。讨论式谈心，是与对象做面对面的讨论，以分清是非的一种谈心方法。说理式谈心，是指采取摆事实、讲道理的方式进行谈心的方法。迂回式谈心，指采用借喻、比喻、暗喻等影射办法进行谈心的方法。浪漫式谈心，在说说笑笑、玩玩闹闹中进行谈心，寓理于乐之中。

（五）要善于总结经验教训的方法

团小组的工作虽然不太复杂，但也会有成功的经验与失败的教训，要获得新的进步，就必须吸取教训，发展经验，否则，就只会在原地踏步。总结经验教训的目的，就是发现问题，找出成功与失败的原因，认清前进的方向。对于团小组组长来说，善于总结经验教训，是提高工作水平，做好团小组工作的重要环节。

在总结经验教训时，必须回答三个问题：一是工作实践中有哪些是成功的，哪些是失败的？二是成功和失败的原因是什么？三是怎样巩固成果，弥补损失？作为团小组组长，在总结经验教训过程中，要以改进工作和提高工作效率为目的，要抱着认真负责的态度，按照客观事物的本来面貌进行总结。只有这样，才能做出认真而不是敷衍、深入而不是肤浅的总结，才能提高自己的工作水平，做好团小组工作。

二十七、团小组组长如何写好各种材料

(一) 团员状况调查

在开展专项调查，认真总结的基础上，深入了解掌握团员队伍的基本状况，明确所需解决的主要问题，并形成专门的书面报告，向支部委员会汇报。切忌创新不足冗长有余，体系不成拼凑有余，论据不足编造有余。

(二) 学习心得

撰写学习心得要结合自己的学习实际，认真做好学习总结。要客观如实地反映自己参加学习的基本情况、学习的感受体会，并通过学习发现自己的不足和差距，找到自己今后努力的方向。撰写学习心得时，要用真情实感，切忌照搬照抄，空学空谈。撰写学习心得不以字数取胜，而在于能否真正地谈出问题。

(三) 评议意见

民主评议要坚持正面教育、自我教育为主的原则，定量与定性相结合。对每一名团员的评议结果要综合分析，既要依据其在各项活动中的表现，又要考虑其平常学习和工作情况。评议意见的内容应客观具体地反映每一名团员的优点和成绩，恰如其分地指出缺点和不足，并对每一名团员提出具体希望和要求。评议意见要向团员反馈。

(四) 入团介绍人意见填写

内容一般应包括三层意思：一是对被介绍人的动机、政治态

度、思想觉悟、道德品质、现实表现等方面的情况做出评价。二是指出被介绍人的缺点及今后的努力方向。三是按照团员标准全面衡量，表明对被介绍人能否入团的态度。

填写介绍人的意见，是一件十分严肃的事情。

（1）介绍人要本着对团组织负责、对被介绍人负责的态度，坚持党性原则，把在培养和考察过程中了解的被介绍人的政治思想、工作、学习、作风等方面的一贯表现公正、客观、如实地反映出来。

（2）优点要概括得恰如其分，符合实际；缺点要具体、明确，不要只笼统、抽象地写上几句希望的话，更不能只写"同意入团"。

（3）两名介绍人都要写自己的意见，第二介绍人不能只简单地写同意第一介绍人的意见。

第五章

团员教育评议制度

一、团员教育评议制度的由来与发展

1989年，共青团十二届二中全会做出了《关于加强团员队伍建设、提高团员素质的决定》。该《决定》提出："从1990年开始，各地团组织要从实际出发，集中一段时间，对团员进行一次以团员意识教育为中心的思想整顿，使团员的政治素质和思想素质有一个明显的提高。"为了落实这一任务，团中央借鉴了全党正在进行的民主评议党员的做法及经验，于1990年3月向全团提出了《关于开展教育评议活动的意见》，提出在教育活动中要认真贯彻"热情爱护、严格要求"的方针，按照学习、实践、评议、表彰先进与组织处理的步骤进行，教育评议不另搞团员登记，采取对合格团员进行"教育评议活动注册"的方法，即在团员证"团籍注册"栏中注明评议情况。由此可以看出，团员教育评议制度的产生和发展与民主评议党员制度密切相关。

1992年1月6日，共青团中央印发《中国共产主义青年团基层建设纲要（试行）》。该《纲要》指出，团支部是团的最基层组织，是全团工作的基础。合格团支部建设标准的第二条就是"有制度"："三会两制一课"制度（支部大会、支委会、团小组会制度,团员教育评议、年度团籍注册制度,团课制度)健全落实,团员教育、管理工作正常,组织生活注重质量,发展团员坚持标准。《纲要》正式把坚持"三会两制一课"制度作为建设基层合格团支部的标准,进一步明确了组织生活的核心是健全"三会两制一课"制度。

三十多年来,团员教育评议制度的评议内容不断调整和充实,评议方式方法不断创新和改进,评议程序和措施不断细化和完善,团员评议的真实性和准确性不断提高。通过对团员进行经常性民主评议,对于强化团员意识,加强基层团员队伍建设,贯彻"团要管团、从严治团"的方针,保持团组织的先进性和纯洁性具有重要的意义;对于提高团员的政治素质,融团员的教育、管理、监督为一体,正确运用批评与自我批评的武器,依靠自身力量解决团员队伍中存在的问题,把表彰先进、发扬团内积极因素同处置不合格团员、克服消极因素结合起来,使团组织保持生机与活力,发挥了重要作用。

二、团员教育评议制度的作用

团员教育评议制度是团的组织生活的重要组成部分,是加强团员队伍思想建设、严格团的纪律、规范团员管理的重要措施。团员教育评议采用学习教育、自我评价和组织评议相结合的方式,对团员的表现和作用发挥情况做出综合评价,并通过评优和处理等方式,达到激励团员、整顿队伍、纯洁组织的目的。

三、团员教育评议的对象和频次

教育评议的对象为全体团员。保留团籍的共产党员应积极参加党的组织生活,可不参加团员教育评议和年度团籍注册,自愿参加者不限。团员教育评议工作应当与团员年度团籍注册工作相结合,一般每年进行一次。

四、团员教育评议的原则

坚持把政治标准放在首位,坚持入团标准与团员评价相衔接、指标统一性和群体差异性相结合、定性判断与定量评估相结合,充分考虑团员在先进性程度上的分布差异,注重突出可比性、相对性、可操作性。

五、团员教育评议的指导标准

1. 有信仰。胸怀共产主义远大理想和中国特色社会主义共同理想,坚信中国特色社会主义道路前途光明、对实现中华民族伟大复兴的中国梦充满信心,相信通过长期努力能够实现共产主义并愿意为之不懈奋斗。坚持爱国和爱党、爱社会主义相统一,有家国情怀和时代责任感,自觉维护国家安全,带头传承中华优秀传统文化,民族自尊心、自信心、自豪感强。崇尚科学理性,相信无神论,不信仰宗教、不参加宗教活动,自觉抵制封建迷信,反对邪教。

2. 讲政治。带头学习党的科学理论特别是习近平新时代中国特色社会主义思想,学习党史、新中国史、改革开放史、社会主义发展史,积极传播党的主张,感党恩、听党话、跟党走。每年参加团内集中学习培训不少于 4 次(团课学习不少于 8 学时),政治理论学习(思政课)考评优良。坚决拥护党的领导,爱戴党的领袖,带头学习习近平总书记对青少年的希望和要求,汲取成长力量，增强"四个意识"、坚定"四个自信"、做到"两个维护"。对社会舆论和网络言论有政治敏锐性和鉴别力，无反党反社会主义的言行。

3. 重品行。带头学习践行社会主义核心价值观，明辨是非对错、善恶美丑，做人做事诚实守信，言行一致、表里如一。树立集体主义思想，热心集体事务，能正确看待处理个人与他人、集体、社会利益的关系，愿意为他人、集体、社会尽心出力。中华民族共同体意识强，带头维护民族团结，积极与各族青年交往交流交融。有正义感责任感，积极传播青春正能量，勇于和不良言行做斗争。带头参与学雷锋志愿服务等社会公益活动，成为注册志愿者，年度志愿服务时长不少于20小时。

4. 争先锋。矢志艰苦奋斗，热爱劳动，崇尚实干，保持勤勉务实、勤俭节约的作风。练就过硬本领，勤奋学习，努力工作，不断提升业务能力和水平。勇于创新创造，刻苦钻研，勇攀高峰，立足本职创先争优、建功立业。自觉向优秀党团员学习，主动向党组织靠拢、积极申请入党，努力用更高标准要求自己，团结带动身边青年一起奋斗、一起进步。

5. 守纪律。模范遵守团章，学习了解团史，认真履行团员义务，正确行使团员权利。珍惜团员身份和团的荣誉，组织观念强，积极参加团的组织生活和活动，自觉交纳团费，努力完成组织分配的工作。尊崇宪法法律，带头尊法学法守法用法，无违反团章、团纪和单位规章制度的行为，无违法犯罪行为。

六、团员教育评议的指标体系

指标体系根据指导标准分项确定评价指标。针对初中学生团员、高中（中职）学生团员、普通高校学生团员、机关事业单位团员、国有企业团员及其他职业团员群体，分类设置评价细则（见附件），体现不同年龄段、不同职业团员群体的思想认知水平和行为特点，兼顾评价的相对性和不同侧重。指标体系总体保持相对稳定。各级团组织可结合实际丰富评价细则。

附件：
分领域团员先进性评价参考细则（6类）

操作说明：

1. 参考细则共分6个群体领域，即初中学生团员、高中（中职）学生团员、普通高校学生团员、机关事业单位团员、国有企业团员、其他职业团员。教师团员参照机关事业单位团员细则评价。细则条目可补充，一般不做删减，保持相对稳定。

2. 实行百分制赋分评价。各级团组织结合工作实际和团员群体实际，明确各项对应分值。（1）状态评价（是/否）。"是"表示符合要求、该项得满分，"否"表示不符合要求、该项不得分。（2）程度评价（ABCD）。A表示"好"、该项得满分，B表示"较好"、得该项满分的60%，C表示"一般"、得该项满分的40%，D表示"差"、该项不得分。如单项分值满分为5分，则A、B、C、D分别对应5分、3分、2分、0分。团员在某一方面或"急难险重新"任务中表现特别突出、有较强示范引领作用的（如创新创造、抢险救援、见义勇为等），可视情况额外加分。

3. 标注"※"的为"负面清单"项，相关项评价结果为"否"或"D"的，为触发"负面清单"情形。标注"▲"的同时作为入团评价参考细则。

一、初中学生团员

标准	指标	参考细则	状态（程度）	备注

（续表）

标准	指标	参考细则	状态（程度）	备注
有信仰（25分）	树立远大理想	1. 相信共产主义是人类社会发展的必然趋势，通过长期努力能够实现，愿意为之奋斗。	ABCD	※▲
		2. 了解中国梦的内涵，对实现中国梦有信心。	ABCD	
	热爱伟大祖国	3. 爱护和尊重国旗、国歌、国徽，无损害国家形象的言行。	是/否	※▲
		4. 作为中国人感到自豪，能讲述若干个中华文明历史中的杰出人物和美好事物。	ABCD	
	崇尚科学理性	5. 知道党团员必须是无神论者，不信仰宗教、不参加宗教活动，自觉抵制封建迷信，反对邪教。	是/否	※▲
讲政治（25分）	学习党的理论	6. 知道党的宗旨，能讲述若干优秀共产党员的事迹。	ABCD	
		7. 认真学习党的理论和历史，积极参加团内政治学习。	ABCD	
		8. 每年参加团内集中学习培训不少于4次（团课学习不少于8学时）、测试合格（团校结业）。	是/否	※▲
		9. 思想政治类课程考评优良。	是/否	※▲
	拥护党的领导	10. 对党组织有基本了解，认同没有共产党就没有新中国，能列举党领导人民取得的重大胜利和成就。	ABCD	
		11. 爱戴党的领袖，能分享习近平总书记对青少年的寄语。	ABCD	▲
		12. 无反党反社会主义的言行。	是/否	※▲

(续表)

标准	指标	参考细则	状态（程度）	备注
重品行（15分）	明辨善恶美丑	13. 熟知社会主义核心价值观的内容，了解其大体含义。	ABCD	
		14. 诚实守信，言行一致、表里如一。	是/否	※▲
	发扬集体主义	15. 热心集体事务，团队意识和集体荣誉感强，带头参加、组织集体活动。	ABCD	▲
		16. 认同56个民族是一家，带头维护民族团结，与身边其他民族的同学和睦相处，无排斥、歧视的言行。	ABCD	※▲
	乐于奉献社会	17. 践行文明风尚，积极参加社会实践，成为注册志愿者，年度志愿服务时长不少于20小时。	ABCD	※▲
争先锋（20分）	矢志艰苦奋斗	18. 热爱劳动，有一定生活自理能力、主动参与分担家务，尊重普通劳动者，勤俭节约、爱惜粮食，不攀比吃喝穿戴。	ABCD	▲
		19. 相信奋斗创造美好生活，不好高骛远、贪图虚荣。	是/否	
		20. 心态阳光、乐观向上，遇到挫折不自暴自弃，敢于迎难而上。	ABCD	
	勇于创先争优	21. 学习认真刻苦，学业成绩良好。	ABCD	※▲
		22. 尊敬师长、团结同学，示范表率作用好，综合测评满意度较高。	ABCD	▲

（续表）

标准	指标	参考细则	状态（程度）	备注
守纪律（15分）	模范遵守团章	23. 主动学团章、唱团歌、举团旗、戴团徽，履行团员义务、正确行使团员权利。	ABCD	▲
		24. 积极参加组织生活，主动交纳团费，认真完成团组织分配的工作。	ABCD	
	严守法律纪律	25. 带头学习宪法法律知识，有基本的法律意识和规则意识。	ABCD	
		26. 没有因违反团的纪律、校纪校规被处理处罚，无法律规定的严重不良行为和违法犯罪行为。	是/否	※▲

注：标注"※"的为"负面清单"项，标注"▲"的同时作为入团评价参考细则。

二、高中（中职）学生团员

标准	指标	参考细则	状态（程度）	备注
有信仰（25分）	树立远大理想	1. 相信共产主义是人类社会发展的必然趋势，通过长期努力能够实现，愿意为之奋斗。	ABCD	※▲
		2. 了解中国梦的内涵，对实现中国梦有信心。	ABCD	
	热爱伟大祖国	3. 爱护和尊重国旗、国歌、国徽，理解其内涵，无损害国家形象的言行。	是/否	※▲
		4. 关心国家大事，有报效祖国的志向，有国家安全意识。	ABCD	
		5. 作为中国人感到自豪，带头学习中华优秀传统文化，了解杰出历史人物和优秀文化遗产。	ABCD	
	崇尚科学理性	6. 知道党团员必须是无神论者，不信仰宗教、不参加宗教活动，自觉抵制封建迷信，反对邪教。	是/否	※▲

(续表)

标准	指标	参考细则	状态（程度）	备注
讲政治（25分）	学习党的理论	7. 知道、认同党的宗旨，熟悉若干优秀共产党员的事迹并能结合实际分享体会。	ABCD	
		8. 认真学习党的理论和历史，熟悉党史中的若干历史事件和人物，积极参加团内政治学习。	ABCD	
		9. 每年参加团内集中学习培训不少于4次（团课学习不少于8学时）、测试合格（团校结业）。	是/否	※▲
		10. 思想政治类课程考评优良。	是/否	※▲
	拥护党的领导	11. 能列举中国特色社会主义制度的显著优势。	ABCD	
		12. 爱戴党的领袖，能讲述若干习近平总书记对青年的寄语。	ABCD	▲
		13. 无反党反社会主义的言行。	是/否	※▲
重品行（15分）	明辨善恶美丑	14. 学习践行社会主义核心价值观，做到知行合一。	ABCD	
		15. 诚实守信，言行一致、表里如一。	是/否	※▲
		16. 传播正能量，不造谣、不信谣、不传谣。	ABCD	
	发扬集体主义	17. 热心集体事务，团队意识和集体荣誉感强，带头参加、组织集体活动。	ABCD	▲
		18. 认同56个民族是一家，带头维护民族团结，与身边其他民族的同学和睦相处，无排斥、歧视的言行。	ABCD	※▲
	乐于奉献社会	19. 践行文明风尚，带头参与学雷锋志愿服务等社会公益活动，成为注册志愿者，年度志愿服务时长不少于20小时。	ABCD	※▲

(续表)

标准	指标	参考细则	状态（程度）	备注
争先锋（20分）	矢志艰苦奋斗	20. 热爱劳动，积极参加家庭和校内外劳动实践，尊重普通劳动者和劳动成果，勤俭节约、爱惜粮食，不攀比吃喝穿戴。	ABCD	▲
		21. 相信奋斗创造美好生活，不好高骛远、贪图虚荣。	是/否	
		22. 心态阳光、乐观向上，遇到挫折不自暴自弃，敢于迎难而上。	ABCD	
	勇于创先争优	23. 学习认真刻苦，学业成绩良好。（中职学生）积极学习劳模精神、弘扬工匠精神，有学一行、钻一行的干劲，有较强动手实践能力。	ABCD	※▲
		24. 尊敬师长、团结同学，示范表率作用好，综合测评满意度较高。	ABCD	▲
守纪律（15分）	模范遵守团章	25. 主动学团章、唱团歌、举团旗、戴团徽，履行团员义务、正确行使团员权利。	ABCD	▲
		26. 团员意识和组织观念强，积极参加组织生活，主动交纳团费，认真完成团组织分配的工作。	ABCD	
	严守法律纪律	27. 尊崇宪法法律，带头学习宪法和法律知识，有法律意识和法治观念，了解常见的违法犯罪案例和启示。	ABCD	
		28. 没有因违反团的纪律、校纪校规、实习单位规章制度等被处理处罚，无法律规定的严重不良行为和违法犯罪行为。	是/否	※

注：标注"※"的为"负面清单"项，标注"▲"的同时作为入团评价参考细则。

三、普通高校学生团员

标准	指标	参考细则	状态（程度）	备注
有信仰（25分）	树立远大理想	1. 对共产主义有一定理解，相信共产主义是人类社会发展的必然趋势，通过长期努力能够实现、愿意为之不懈奋斗。	ABCD	※▲
		2. 了解中国梦的内涵，对实现中国梦有信心。	ABCD	
		3. 认同中国特色社会主义是中国发展进步的唯一正确道路。	ABCD	※▲
	热爱伟大祖国	4. 爱护和尊重国旗、国歌、国徽，理解其内涵，无损害国家形象的言行。	是/否	※▲
		5. 关心国家大事，有家国情怀和时代责任感，坚持爱国、爱党、爱社会主义相统一，有国家安全意识。	ABCD	▲
		6. 民族自尊心、自信心、自豪感强，带头学习中华优秀传统文化，了解其代表性思想理念，无崇洋媚外思想和表现。	ABCD	
	崇尚科学理性	7. 知道党团员必须是无神论者，不信仰宗教、不参加宗教活动，自觉抵制封建迷信，反对邪教。	是/否	※▲

(续表)

标准	指标	参考细则	状态（程度）	备注
讲政治（25分）	学习党的理论	8. 认真学习党的科学理论，学习党史、新中国史、改革开放史、社会主义发展史，了解党的伟大光荣正确，能结合实际分享体会。	ABCD	
		9. 积极参加团内政治学习活动，每年参加团内集中学习培训不少于4次（团课学习不少于8学时）、测试合格（团校结业）。	是/否	※▲
		10. 思想政治类课程考评优良。	是/否	※▲
	拥护党的领导	11. 能通过历史发展、理论实践和国际比较，讲述中国特色社会主义制度的显著优势。	ABCD	
		12. 爱戴党的领袖，了解习近平总书记治国理政思想，能讲述若干习近平总书记对青年的寄语。	ABCD	▲
		13. 对社会舆论和网络言论有政治敏锐性和鉴别力，对丑化党和国家形象、诋毁党的领导人或英雄模范、歪曲历史等错误言行，敢于发声亮剑、驳斥斗争。	ABCD	
		14. 无反党反社会主义的言行。	是/否	※▲

(续表)

标准	指标	参考细则	状态（程度）	备注
重品行（15分）	明辨善恶美丑	15. 学习践行社会主义核心价值观，做到知行合一。	ABCD	
		16. 诚实守信，言行一致、表里如一。	是/否	※▲
		17. 弘扬主旋律，传播正能量，不造谣、不信谣、不传谣。	ABCD	
	发扬集体主义	18. 热心集体事务，团队意识和集体荣誉感强，带头参加、组织集体活动。	ABCD	▲
		19. 中华民族共同体意识强，与身边其他民族的同学和睦相处，自觉同破坏民族团结的言行做斗争。	ABCD	※▲
	乐于奉献社会	20. 践行文明风尚，带头参与学雷锋志愿服务等社会公益活动，成为注册志愿者，年度志愿服务时长不少于20小时。	ABCD	※▲
争先锋（20分）	矢志艰苦奋斗	21. 劳动能力强，积极参加校内外实践活动，尊重普通劳动者，勤俭节约、爱惜粮食，不攀比物质生活。	ABCD	▲
		22. 对我国基本国情和所处的国际环境有清晰认识，有接续奋斗的意识，有通过脚踏实地奋斗创造美好生活的决心。	ABCD	
		23. 心态阳光、乐观向上，遇到挫折不自暴自弃，敢于迎难而上。	ABCD	
	勇于创先争优	24. 学习认真刻苦，学业成绩良好。	ABCD	※▲
		25. 有较强的创新意识和创新能力，积极参与课题研究、项目科研等。	ABCD	
		26. 尊敬师长、团结同学，示范表率作用好，综合测评满意度较高。	ABCD	▲
		27. 自觉向优秀党团员学习，主动向党组织靠拢、积极申请入党。	ABCD	

(续表)

标准	指标	参考细则	状态（程度）	备注
守纪律（15分）	模范遵守团章	28. 主动学团章、唱团歌、举团旗、戴团徽，履行团员义务、正确行使团员权利。	ABCD	▲
		29. 了解团史，团员意识和组织观念强，积极参加组织生活，主动交纳团费，认真完成团组织分配的工作。	ABCD	
	严守法律纪律	30. 尊崇宪法法律，带头尊法学法守法用法，法律意识和法治观念强，了解常见的违法犯罪案例和启示。	ABCD	
		31. 没有因违反团的纪律、校纪校规、实习单位规章制度等被处理处罚，无法律规定的严重不良行为和违法犯罪行为。	是/否	※▲

注：标注"※"的为"负面清单"项，标注"▲"的同时作为入团评价参考细则。

四、机关事业单位团员

标准	指标	参考细则	状态（程度）	备注
有信仰（25分）	树立远大理想	1. 对共产主义有较深理解，相信共产主义是人类社会发展的必然趋势，通过长期努力能够实现、愿意为之奋斗。	ABCD	※▲
		2. 了解中国梦的内涵，对实现中国梦有信心。	ABCD	
		3. 理解并自觉增强中国特色社会主义道路自信、理论自信、制度自信、文化自信。	ABCD	※▲
	热爱伟大祖国	4. 爱护和尊重国旗、国歌、国徽，理解其内涵，无损害国家利益和形象的言行。	是/否	※▲
		5. 关心国家大事，家国情怀和时代责任感强，坚持爱国、爱党、爱社会主义相统一。	ABCD	▲
		6. 民族自尊心、自信心、自豪感强，带头学习中华优秀传统文化，了解其代表性思想理念，无崇洋媚外思想和表现。	ABCD	
		7. 树立总体国家安全观，勇于捍卫国家主权、安全和发展利益，严守国家秘密和工作秘密。	ABCD	※▲
	崇尚科学理性	8. 知道党团员必须是无神论者，不信仰宗教、不参加宗教活动，自觉抵制封建迷信，反对邪教。	是/否	※▲

(续表)

标准	指标	参考细则	状态（程度）	备注
讲政治（25分）	学习党的理论	9. 认真学习党的科学理论，学习党史、新中国史、改革开放史、社会主义发展史，了解党的伟大光荣正确，能结合实际分享体会。	ABCD	
		10. 积极参加团内政治学习活动，每年参加团内集中学习培训不少于4次（团课学习不少于8学时）、测试合格（团校结业）。	是/否	※▲
	拥护党的领导	11. 爱戴党的领袖，熟悉习近平总书记对青年的寄语、对年轻干部成长和对本系统工作的重要指示要求，了解习近平总书记治国理政思想和实践。	ABCD	▲
		12. 积极向青年传播党和国家大政方针，能结合实际把党的"大道理"转化为青年通俗易懂的"小道理"。	ABCD	
		13. 对社会舆论和网络言论有政治敏锐性和鉴别力，对丑化党和国家形象、诋毁党的领导人或英雄模范、歪曲历史等错误言行，敢于发声亮剑、驳斥斗争。	ABCD	
		14. 无反党反社会主义的言行。	是/否	※▲

(续表)

标准	指标	参考细则	状态（程度）	备注
重品行（15分）	明辨善恶美丑	15. 学习践行社会主义核心价值观，做到知行合一。	ABCD	
		16. 诚实守信，言行一致、表里如一。	是/否	※▲
		17. 弘扬主旋律，传播正能量，不造谣、不信谣、不传谣。	ABCD	
	发扬集体主义	18. 热心集体事务，团队意识和集体荣誉感强，带头参加、组织集体活动。	ABCD	▲
		19. 中华民族共同体意识强，与其他民族群众和睦相处，自觉同破坏民族团结的言行做斗争。	ABCD	※▲
	乐于奉献社会	20. 践行文明风尚，带头参与学雷锋志愿服务等社会公益活动，成为注册志愿者，年度志愿服务时长不少于20小时。	ABCD	※▲
争先锋（20分）	矢志艰苦奋斗	21. 积极参加劳动，尊重普通劳动者，勤俭节约、爱惜粮食，不攀比物质生活。	ABCD	▲
		22. 对我国基本国情和所处的国际环境有清晰认识，有接续奋斗的意识，有通过脚踏实地奋斗创造美好生活的决心。	ABCD	
		23. 心态阳光、乐观向上，遇到挫折不自暴自弃，敢于迎难而上。	ABCD	
	勇于创先争优	24. 勤奋学习、爱岗敬业、作风优良，业务能力强，工作业绩好。	ABCD	▲
		25. 尊敬领导、团结同事，示范表率作用好，综合测评满意度较高。	ABCD	▲
		26. 自觉向优秀党团员学习，主动向党组织靠拢、积极申请入党。	ABCD	

(续表)

标准	指标	参考细则	状态（程度）	备注
守纪律（15分）	模范遵守团章	27. 主动学团章、唱团歌、举团旗、戴团徽，履行团员义务、正确行使团员权利。	ABCD	▲
		28. 了解团史，团员意识和组织观念强，积极参加组织生活，主动交纳团费，认真完成团组织分配的工作。	ABCD	
	严守法律纪律	29. 尊崇宪法法律，带头尊法学法守法用法，法律意识和法治观念强，熟悉本职工作相关法律法规。	ABCD	
		30. 没有因违反团的纪律、单位规章制度等被处理处罚，无法律规定的严重不良行为和违法犯罪行为。	是/否	※▲

注：标注"※"的为"负面清单"项，标注"▲"的同时作为入团评价参考细则。

五、国有企业团员

标准	指标	参考细则	状态（程度）	备注
有信仰（25分）	树立远大理想	1. 对共产主义有一定理解，相信共产主义是人类社会发展的必然趋势，通过长期努力能够实现、愿意为之奋斗。	ABCD	※▲
		2. 了解中国梦的内涵，对实现中国梦有信心。	ABCD	
		3. 有中国特色社会主义道路自信、理论自信、制度自信、文化自信。	ABCD	※▲
	热爱伟大祖国	4. 爱护和尊重国旗、国歌、国徽，理解其内涵，无损害国家利益和形象的言行。	是/否	※▲
		5. 关心国家大事，家国情怀和时代责任感强，坚持爱国、爱党、爱社会主义相统一。	ABCD	▲
		6. 民族自尊心、自信心、自豪感强，带头学习中华优秀传统文化，了解其代表性思想理念，无崇洋媚外思想和表现。	ABCD	
		7. 树立总体国家安全观，严守国家秘密和工作秘密。	ABCD	※▲
	崇尚科学理性	8. 知道党团员必须是无神论者，不信仰宗教、不参加宗教活动，自觉抵制封建迷信，反对邪教。	是/否	※▲

(续表)

标准	指标	参考细则	状态（程度）	备注
讲政治（25分）	学习党的理论	9. 认真学习党的科学理论，学习党史、新中国史、改革开放史、社会主义发展史，了解党的伟大光荣正确，能结合实际分享体会。	ABCD	
		10. 积极参加团内政治学习活动，每年参加团内集中学习培训不少于4次（团课学习不少于8学时）、测试合格（团校结业）。	是/否	※▲
	拥护党的领导	11. 能结合国有企业改革发展实践，认识中国特色社会主义制度的显著优势。	ABCD	
		12. 爱戴党的领袖，了解习近平总书记对青年的寄语、对国有企业改革发展的要求，了解习近平总书记治国理政思想和实践。	ABCD	▲
		13. 对社会舆论和网络言论有政治敏锐性和鉴别力，对丑化党和国家形象、诋毁党的领导人或英雄模范、歪曲历史等错误言行，敢于发声亮剑、驳斥斗争。	ABCD	
		14. 无反党反社会主义的言行。	是/否	※▲

(续表)

标准	指标	参考细则	状态（程度）	备注
重品行（15分）	明辨善恶美丑	15. 学习践行社会主义核心价值观，做到知行合一。	ABCD	
		16. 诚实守信，言行一致、表里如一。	是/否	※▲
		17. 弘扬主旋律，传播正能量，不造谣、不信谣、不传谣。	ABCD	
	发扬集体主义	18. 热心集体事务，团队意识和集体荣誉感强，带头参加、组织集体活动。	ABCD	▲
		19. 中华民族共同体意识强，与其他民族群众和睦相处，自觉同破坏民族团结的言行做斗争。	ABCD	※▲
	乐于奉献社会	20. 践行文明风尚，带头参与学雷锋志愿服务等社会公益活动，成为注册志愿者，年度志愿服务时长不少于20小时。	ABCD	※▲

(续表)

标准	指标	参考细则	状态（程度）	备注
争先锋（20分）	矢志艰苦奋斗	21. 积极参加劳动，尊重普通劳动者，勤俭节约、爱惜粮食，不攀比物质生活。	ABCD	▲
		22. 对我国基本国情和所处的国际环境有清晰认识，有接续奋斗的意识，有通过脚踏实地奋斗创造美好生活的决心。	ABCD	
		23. 心态阳光、乐观向上，遇到挫折不自暴自弃，敢于迎难而上。	ABCD	
	勇于创先争优	24. 勤于学习钻研、爱岗敬业、作风务实，主人翁意识和企业认同感强，业务能力强，在生产经营、创新创造、提高效益、攻坚克难等方面积极发挥作用。	ABCD	▲
		25. 尊敬领导、团结同事，示范表率作用好，综合测评满意度较高。	ABCD	▲
		26. 自觉向优秀党团员学习，主动向党组织靠拢、积极申请入党。	ABCD	

（续表）

标准	指标	参考细则	状态（程度）	备注
守纪律（15分）	模范遵守团章	27. 主动学团章、唱团歌、举团旗、戴团徽，履行团员义务、正确行使团员权利。	ABCD	▲
		28. 了解团史，团员意识和组织观念强，积极参加组织生活，主动交纳团费，认真完成团组织分配的工作。	ABCD	
	严守法律纪律	29. 尊崇宪法法律，带头尊法学法守法用法，法律意识和法治观念强，熟悉本职工作相关法律法规，依法合规开展生产经营。	ABCD	
		30. 没有因违反团的纪律、单位规章制度等被处理处罚，无法律规定的严重不良行为和违法犯罪行为。	是/否	※▲

注：标注"※"的为"负面清单"项，标注"▲"的同时作为入团评价参考细则。

六、其他职业团员

标准	指标	参考细则	状态（程度）	备注
有信仰（25分）	树立远大理想	1. 对共产主义有一定理解，相信共产主义是人类社会发展的必然趋势，通过长期努力能够实现、愿意为之奋斗。	ABCD	※▲
		2. 了解中国梦的内涵，对实现中国梦有信心。	ABCD	
	热爱伟大祖国	3. 爱护和尊重国旗、国歌、国徽，理解其内涵，无损害国家形象的言行。	是/否	※▲
		4. 关心国家大事，有报效祖国的志向，有国家安全意识。	ABCD	
		5. 民族自尊心、自信心、自豪感强，无崇洋媚外思想和表现。	ABCD	
	崇尚科学理性	6. 知道党团员必须是无神论者，不信仰宗教、不参加宗教活动，自觉抵制封建迷信，反对邪教。	是/否	※▲

第五章 团员教育评议制度

(续表)

标准	指标	参考细则	状态（程度）	备注
讲政治（25分）	学习党的理论	7. 认同党的宗旨，了解不同历史时期、不同行业优秀共产党员的事迹，并能结合实际分享体会。	ABCD	
		8. 认真学习党的理论和历史，能讲述党史中的若干历史事件和人物故事。	ABCD	
		9. 每年参加团内集中学习培训不少于4次（团课学习不少于8学时）、测试合格（团校结业）。	是/否	※▲
	拥护党的领导	10. 能结合日常生活，举例讲述中国特色社会主义制度的显著优势。	ABCD	
		11. 爱戴党的领袖，能学习分享习近平总书记对青年的寄语。	ABCD	▲
		12. 对错误言行有一定鉴别能力，敢于发声亮剑、驳斥斗争。	ABCD	
		13. 无反党反社会主义的言行。	是/否	※▲
	"明辨善恶美丑"是"重品行"标准里的一条。	14. 学习践行社会主义核心价值观，做到知行合一。	ABCD	

(续表)

标准	指标	参考细则	状态（程度）	备注
重品行（15分）	学习党的理论	15. 诚实守信，言行一致、表里如一。	是/否	※▲
		16. 弘扬主旋律，传播正能量，不造谣、不信谣、不传谣。	ABCD	
	发扬集体主义	17. 热心集体事务，团队意识和集体荣誉感强，带头参加、组织集体活动。	ABCD	▲
		18. 认同56个民族是一家，与其他民族群众和睦相处，没有排斥、歧视的言行，自觉同破坏民族团结的言行做斗争。	ABCD	※▲
	乐于奉献社会	19. 践行文明风尚，带头参与学雷锋志愿服务等社会公益活动，成为注册志愿者，年度志愿服务时长不少于20小时。	ABCD	※▲

（续表）

标准	指标	参考细则	状态（程度）	备注
争先锋（20分）	矢志艰苦奋斗	20. 尊重普通劳动者，勤俭节约、爱惜粮食，不攀比物质生活。	ABCD	▲
		21. 对我国基本国情和所处的国际环境有清晰认识，有接续奋斗的意识，有通过脚踏实地奋斗创造美好生活的决心。	ABCD	
		22. 心态阳光、乐观向上，遇到挫折不自暴自弃，敢于迎难而上。	ABCD	
	勇于创先争优	23. 熟练掌握与本职工作相关的知识技能技术，在增收致富、产业发展、岗位建功、服务群众、创新创造等方面有示范带动作用。	ABCD	
		24. 与家人、同事、身边人关系融洽，示范表率作用好，综合测评满意度较高。	ABCD	▲
		25. 自觉向优秀党团员学习，主动向党组织靠拢、积极申请入党。	ABCD	

（续表）

标准	指标	参考细则	状态（程度）	备注
守纪律（15分）	模范遵守团章	26. 主动学团章、唱团歌、举团旗、戴团徽，履行团员义务、正确行使团员权利。	ABCD	▲
		27. 团员意识和组织观念强，积极参加组织生活，主动交纳团费，认真完成团组织分配的工作。	ABCD	
	严守法律纪律	28. 尊崇宪法法律，带头尊法学法守法用法，有法律意识和法治观念，遵守公序良俗、乡规民约。	ABCD	
		29. 没有因违反团的纪律、单位规章制度等被处理处罚，无法律规定的严重不良行为和违法犯罪行为。	是/否	※▲

注：标注"※"的为"负面清单"项，标注"▲"的同时作为入团评价参考细则。

七、团员教育评议的流程

1. 团支部组织团员开展学习教育，每名团员围绕在评议年度内的个人表现和发挥团员作用情况等撰写自我评价材料；

2. 召开支部大会或团小组会议，每名团员根据学习教育情况和所准备材料进行自我评价；

3. 其他团员对其进行评议，肯定成绩、指出不足；

4. 以支部为单位对所有团员进行测评投票；

5. 支部委员会综合个人自评、团员互评和测评投票结果，结合团员日常表现，研究提出每名团员的建议评议等次，报上级委员会批准；

6. 做好评议结果的运用。

八、如何做好团员教育评议活动

1. 积极筹备，全面动员，做好准备工作。这一阶段的主要任务，一是明确活动主题，制订活动方案；二是对团支部的建设情况进行摸底调查，并在摸底调查的基础上整顿班子、健全支部，制定和下发团员评议有关材料；三是进行思想动员，提高广大团员对本次活动的认识。团员教育评议活动能否顺利开展，取得良好的效果，关键在于活动是否有一个鲜明的主题，活动方案是否可行，以及评议工作动员是否充分。因此，在开展团员教育评议活动之前，必须明确活动主题，制订出一套可行的活动方案。同时对团员做充分的动员工作，突出强调活动的实际意义，引导广大团员青年从思想上高度重视。

2. 深入学习，对照要求，唱响主旋律。这一阶段的主要任务是学习贯彻习近平新时代中国特色社会主义思想，团员针对要求，认真对照习近平总书记提出的"有理想、敢担当、能吃苦、肯奋斗"新时代好青年的四个标准及《中国共产主义青年团章程》和团员先进性评价的五个方面要求，结合自己在上年度的实际表现进行全面的总结，学习党和国家重大会议的决议和精神，学习时事政治，明确团员的历史使命。各团支部可以组织召开专题生活会，重温入团誓词和团的基本知识，以小组形式讨论当前社会和经济发展的热点问题，结合自身专业背景、学习情况开展系列活动，让每位团员深刻认识到作为一名团员所肩负的社会责任和历史使命,形成一个人人谈理想、人人有目标的良好氛围,唱响争做一名合格团员的主旋律。

3. 主题教育,投身实践,体现先进性。这是整个团员民主评议教育的中心环节。主要任务是全面开展学习贯彻习近平新时代中国特色社会主义思想主题教育活动。各支部组织开展主题团日活动,引导团员投身社会实践,提高实践能力和创新能力,突出体现团员的先进性。主题教育必须认真结合当前形势和团员青年的实际情况,主题鲜明,内容丰富,形式多样,要能够吸引团员青年积极参加,突出教育意义。实践活动要紧密结合团员青年的教育学习工作背景,引导团员通过实践活动长才干、做贡献,突出显示团员青年的先进性。

4. 民主评议、分类评优,增强时效性。这是关键环节,这一阶段的任务是,各团支部和团小组依据团员先进性评价的五个方面要求和团员评议制度,依照"批评与自我批评"的原则,组织召开民主评议活动,并根据评议结果进行团籍注册。各级团组织依照"公平、公开、公正"和"民主投票,突出先进"的原则开展团内评优工作,进行先进事迹学习和表彰活动。评议结果是否能够反映团员的实际情况,评优工作是否民主,将直接影响团员参与活动的积极性和整个活动的实效性。因此,要求评议和评优工作制度完善、程序规范、内容贴切、公开公平。

5. 强化意识,突出主线,贯穿始终。这是活动的后续阶段,这一阶段的主要任务是强化团员教育和日常管理工作,继续开展主题教育和实践活动,突出和加强团员青年的理想信念教育。将理想信念教育作为整个团员青年思想政治工作的核心和主线,围绕理想信念这个核心,加强团员教育,积极引导、鼓励广大团员青年树立远大的理想抱负和人生目标。

九、如何强化团员教育评议活动效果

1. 活动目标上，团员意识教育与团员先进性教育相结合。加强团员的先进性教育，突出团员的模范意识和先进意识，是开展团员民主教育评议活动的目的，同时也是激发团员争做新时期合格团员的内在动力。将两者相结合，在活动过程中形成互动，互相促进。

2. 活动模式上，评议工作与主题教育相结合。团员评议工作只是团员在过团内民主生活会上开展批评和自我批评的一种形式，通过时事政治和重大会议精神的学习，结合团员的中心工作，开展各种形式的主题教育活动，利用理论学习和实践活动两种手段，进一步强化团员意识，体现团员的先进性，使团员民主教育评议活动取得良好的效果。

3. 操作程序上，以点带面，全面推行相结合。由于当前团员队伍庞大，组织结构复杂，要想真正让每一个团支部、每一个团员都很好地按照文件精神去落实教育评议工作，是一件不太容易的事情。因此在程序上应选取几个优秀团支部进行示范，然后全面推广，做到先评议团员干部，后评议团员。先在示范团支部开展主题学习和教育活动，其他团支部书记列席参加，带动其他团支部。以点带面，全面推行，可操作性强，效果明显。

4. 评议内容上，综合评议和重点评议相结合。每位团员所处的学习阶段和工作情况都不尽相同，因此对不同的团员进行民主评议，内容应该有所区别对待。实际操作上可以采取综合评议和重点评议相结合的原则。综合评议是指团委要求考核的团员先进性评价的五个方面要求，而重点评议是指具体的结合个人实际的学习、工作、生活情况，支部可以灵活掌握而确定的个人重点评议内容。

5. 评议指标上，定性评议和量化标准相结合。考虑到各领域各行业团员的具体情况，在评议过程中可以增加定量考核内容。定性评议和定量考核相结合是增强评议效果的最有效措施。

6. 结果处理上，团员团籍注册与"两红两优"评选、推优工作、团员档案相结合。团员评议后，要对不同的评议结果进行相应的处理。除了在团员团籍注册上有所反映外，要将评议结果与团内评优和推优入党紧密结合，同时将结果反映在团员档案上，通过这些方式，能更好地激励广大团员做优秀团员的决心，达到进一步增强团员模范意识和先进意识的目的。

十、增强团员教育评议工作有效性的途径

1. 开展团员教育评议活动，要始终把团员先进性作为根本问题常抓不放。对团员进行先进性教育，既是我们当前在团员中开展教育评议活动的目的，同时又是激发团员争做新时期合格团员，增强教育评议活动有效性的内生动力。在开展团员教育评议活动过程中，各个团支部要始终把思想教育放在首位。要学习贯彻习近平新时代中国特色社会主义思想，并用思想指导自己的实践。要组织团员学习《中国共产主义青年团章程》，明确团员的权利和义务，始终牢记中国共产主义青年团是中国共产党领导的先进青年的群团组织，是广大青年在实践中学习中国特色社会主义和共产主义的学校，是中国共产党的助手和后备军。重温入团誓词，反思入团前的郑重承诺，要经常性地树立典型，组织开展各类先进事迹报告会，引导团员对照先进看反差，认清自身差距，帮助他们明确自己现在应该做些什么。进一步要求广大团员保持先进性和自觉性，增强历史使命感和责任感，让团员充分认识到"组织上入团一生一次，思想上入团一生一世"。只有引导广大团员

从思想认识到团员的先进性，才能让团员自觉重视团员意识教育的重要性，真正自觉地保持团员的先进性。

2. 开展团员教育评议活动，必须严格把关，突出"评"字。团员教育评议的目的是在于调动广大团员当先锋、做模范的积极性。要确保评议的有效性，首先在于制度合理，措施得力。开展评议前，要认真做好摸底准备工作，做好充分的动员工作，让每位团员都能从思想上高度重视评议活动。事先收集团员相关信息，根据实际情况确定好评议内容和评议方案，在评议过程中一定要强调"自评具体实在、互评客观公正、终评准确到位"的原则。评议内容上要有综合评议和重点评议相结合，评议方法上要定性评议和定量标准相结合，尽量使评议结果准确、客观、公正，让广大团员切实拼出差距、拼出干劲、拼出努力方向。其次是对评议结果的处置要恰当。除了按照《中国共产主义青年团章程》要求、按照团员评议结果进行团籍注册的处理外，团支部要特别注意对评议结果比较差的团员进行深入了解和教育，帮助其查找原因，纠正缺点。另外，要将评议结果与团内评议和推荐优秀团员做入党积极分子有效地结合起来。总之，评议工作成效的好坏，直接关系到广大团员对自身先进性的认识，是整个团员意识教育和先进性教育的关键。

3. 开展团员教育评议活动，要坚持定期评议与日常教育管理并重，努力把评议延伸到推动团活动经常性建设上来。每年开展一次团员教育评议活动，实际上是对团员进行一次集中教育，如果"一评了之"，形成"评时受触动，评后不行动"的状况，就失去了教育评议的意义。因而，必须把"平时"与"评时"、集中教育与经常性教育、组织处理与思想工作结合起来，努力在加强基层团支部的经常性建设上见成效。要通过教育评议活动加强团支部的组织建设、制度建设。通过团员意识的教育，带动整个团员的思想政治工作。

十一、团员教育评议的等次和奖惩

开展团员教育评议工作一般应召开支部大会，团员人数较多的支部，可先由各团小组会议开展评议并提出初步评议意见后，提交支部大会研究确定。到会团员超过应到会团员总数的2/3方可进行评议。团员评议等次分为：优秀、合格、基本合格、不合格四个等次，其中优秀等次团员数量应控制在参加评议团员人数的30%以内。

1. 优秀团员的主要条件为：理想信念坚定，拥护党的领导，热爱祖国、热爱人民、热爱社会主义；政治意识、大局意识、核心意识、看齐意识强，自觉维护以习近平同志为核心的党中央权威；积极践行社会主义核心价值观，遵纪守法，品格高尚；自觉遵守团章，模范履行团员义务，积极参加团的组织生活和活动，有强烈的团员意识和荣誉感；学习成绩优秀，工作本领过硬，善于创新创造，具有艰苦奋斗精神，在本职岗位上业绩突出，能够发挥模范带头作用；成为注册志愿者，积极参加公益活动；在团员青年中有较高威信。

2. 合格团员的主要条件为：拥护党的领导，执行党的路线、方针、政策；能够遵守政治纪律和政治规矩，自觉维护以习近平同志为核心的党中央权威；能够践行社会主义核心价值观，遵守国家法律法规和团的纪律；能够执行团的决议，完成团组织交给的任务，参加团的组织生活和活动；能够在学习、生产、工作及其他社会生活中发挥积极作用；关心集体，乐于助人，热心帮助青年进步，积极参加志愿服务活动。

3. 基本合格团员的主要表现为：在评议年度内受过警告、严重警告或撤销团内职务处分，但尚没有不合格团员的各种表现的。

4. 不合格团员的主要表现为：理想信念动摇；严重违反政治纪律、政治规矩和组织纪律；团的组织意识淡漠，不能履行团员义务、不执行团的决议，长期无故不参加团的组织生活和活动；有违法违纪行为；道德水平低下，行为失当，造成不良影响；在评议年度内受过留团察看处分或行政处分且无明显改进。

对评议等次为优秀的团员，可在一定范围内进行公示，团组织应结合实际予以奖励。每年各级团组织评选表彰的优秀团员，一般应从上一年度评议为优秀的团员中产生。对于表现突出并积极要求入党的优秀团员，团支部应按照推荐优秀团员做入党积极分子的有关规定，及时向上级委员会推荐。

对评议等次为基本合格的团员，应由支部书记进行谈话，予以教育帮助。

对评议等次为不合格的团员，团组织要对其进行教育帮助，限期改正。三至六个月后，对能够接受团组织批评教育，反省自身错误，有明显改进的团员，再次进行团员评议；对不接受教育帮助或经教育帮助仍不改进的团员，应当劝其退团，劝而不退的由支部大会决定除名，并报上级委员会批准。

处置不合格团员要严肃慎重、实事求是，做到事实清楚、理由充分，处理恰当、手续完备，不定比例、不下指标。支部大会在讨论决定对不合格团员的处置时，除特殊情况外，应当吸收本人参加，认真听取本人的意见。决定后如果本人不服，可以提出申诉，有关团组织应及时处理或迅速转递，不得扣压。

十二、团员教育评议结果应用

评议结束后，辅导员要指导好各团支部，还要用好民主评议结果，做好以下工作。

（一）做好团员民主评议结果运用

评议结果反馈及公示不少于三个工作日的公示，出现问题及时反馈解答，实现民主监督。对于民主评议结果为优秀的团员，在团员证"团籍注册"栏内注明"优秀"字样，五四评优及各项团内评优中优先。对评议等次为合格的团员，经基层团委审查批准后，在团员证"团籍注册"栏内注明"合格"字样。

（二）做好不合格团员的整改落实工作

1. 支部大会在讨论决定对不合格团员的处置时，除特殊情况外，应当吸收本人参加，认真听取本人的意见，并报上级团组织批准

针对评议中不合格的团员，在辅导员指导下，各团支部要认真研究分析，厘清团员个人要改的问题，罗列问题清单，做到所有需要整改的事项目标明确、责任明确、措施明确、时限明确，并进行公示，接受群众监督，落实到位。三至六个月后，有明显改进的团员，再次进行评议；对屡教不改者，应劝其退团。

2. 整改情况报告

民主评议结束一个月后，各团支部针对本次评议的不合格支部和个人，形成书面报告，汇报其后续整改措施和当前实效。

十三、新时代共青团激励机制

（一）基本思路

聚焦为党育人的根本任务，完善党、团、队一体化育人链条，

适应当代青年思想特点和成长规律，发挥精神激励主导作用，坚持自下而上、分段分类、阶梯晋级，综合运用入团激励、评议激励、荣誉激励、机会激励、发展激励等方式，推动团的激励转化为团员青年的政治认同、组织认同，始终保持创先争优的精神状态和拼搏进取的奋斗姿态，持续增强团员先进性和光荣感。

(二) 激励方式

1. 入团激励。按时代团员先进性指导标准和参考细则，建立和落实推优入团、积分入团、评议入团制度，将加入共青团组织作为对青年尤其是青年学生的重要激励方式。初中发展团员侧重运用少先队荣誉激励和推优成果，将红领巾奖章、优秀少先队员、少先队岗位锻炼经历等纳入评价指标，同等条件下优先考虑获得更高层级荣誉的对象。探索通过荣誉积累、对应、转化等方式，将团前激励成果纳入团的激励。

2. 评议激励。大力推动共青团"两制"落实，以团支部开展年度团员教育评议为主要形式，根据评议结果等次（优秀、合格、基本合格、不合格，优秀率不超过30%）和年度评优次数，进行累计叠加。评优次数与荣誉激励挂钩，作为团员获得团内其他激励的基础性条件，形成持续激励。年度评议优秀的应给予通报表扬。

3. 荣誉激励。面向团员（含保留团籍的团干部、少先队辅导员）通过授予荣誉称号、颁发实体奖章（或电子徽章）等方式给予激励表彰，主要包括优秀共青团员、优秀共青团干部（含少先队辅导员）等政治类荣誉。获得五四红旗团组织等集体荣誉的，可视情况通过荣誉对应、转化等方式对其组织成员给予激励。

面向优秀青年（集体），通过授予各级青年五四奖章（集体）方式给予激励和表彰。

荣誉授予和表彰采取自下而上（基层单位、县、市、省、全国，系统团委参照执行）、阶梯晋级的方式开展，坚持以下原则：（1）参评上一级荣誉，原则上须已获本级或下一级同类荣誉，且获得时间不在同一年度（如参评省级优秀共青团员，须已获评市级或县级优秀共青团员。针对评选周期不一致的地区，职称荣誉可扩大至相应级别的同类型荣誉）；（2）优秀共青团员评定与团支部年度评议结果挂钩，基层团组织、县级团委评选的优秀共青团员须至少累计1年评议等次为优秀，市级须至少累计2年评议等次为优秀，省、全国须至少累计3年评议等次为优秀；（3）扩大地方和基层团组织授予荣誉的数量，原则上与本地区、本单位团员和团组织数量挂钩，并向重点领域倾斜；（4）对表现特别突出、做出重大贡献或牺牲的，经相应层级团的领导机关批准，可破格授予荣誉，破格数量一般不超过每次表彰总数的10%；（5）本地区评选表彰管理机构未批准共青团开展评选表彰项目的，或本级与上级团组织评选表彰频次不一致的，可按层级依据团员年度评议评价结果累积情况参评上级荣誉。

根据荣誉激励层级、类别，探索适时推出电子化星级纪念徽章；全国级荣誉为五星级，依次类推、逐级递减。

4. 机会激励。重点对已获得荣誉激励的优秀团员搭建成长平台，提供担任团内职务，作为团代表（团的委员会成员）提名人选，吸纳为团属社会组织成员，参与团的工作、培训，推荐就业见习等机会；推荐参加团的重大活动、特色实践活动、党和政府重大活动；对符合条件的集体或个人，推荐参评团内外其他荣誉。给予某一层级的机会激励，一般应至少获得下一级的荣誉激励（如获评市级及以优秀共青团员，有机会参加省级团代会、担任省级团委机关兼职干部等）。

5. 发展激励。聚焦为党培养和输送青年政治骨干，重点通过推荐参加青年马克思主义者培养工程、作为村（社区）"两委"人选、优秀青年人才举荐、推优入党等，对优秀团员青年进行激励，畅通党团政治录用衔接。优先向党组织推荐获得更高层级团内荣誉的团员青年，作为党的发展对象或进入党的青年人才库。

（三）组织实施

1. 强化分层激励。深刻把握青少年成长的非线性特点，综合考虑不同年龄段青年的社会化程度，按照初中、高中（中职）、大学、职业青年团员、离团后青年等阶段分层实施，突出不同阶段激励重点（见附件）。

2. 注重科学累进。坚持系统思维，把激励的普遍性和挑战性结合起来，科学设计准入门槛、晋级幅度、获得难度，合理分配各阶段激励成果的累进权重，避免简单机械累加，防止出现大范围"掉队"。

3. 积极探索创新。鼓励各地结合深化改革和已有工作积累，在量化评价指标、扩展奖项资源、丰富激励手段等方面开展探索，努力在高中、大学阶段率先取得突破。

4. 加强支持保障。团的激励所需经费纳入专项工作经费或团费项目支持范围。依托"智慧团建"系统，加强信息技术保障，按照"下级申请、上级认证"和"谁激励、谁记录"的原则开展激励记载认定。整合团内外力量和组织资源，开展团的激励研究、评估工作，推动激励可控、可见、可感。

附件：新时代共青团分层分类激励项目

年龄阶段	主要激励方式	主要激励项目
初中阶段	入团激励	普遍适用红领巾奖章、优秀少先队员激励，推优入团、积分入团等。
初中阶段	评议激励	普遍适用参加团的"两制"，评议优秀次数累加。
初中阶段	荣誉激励	主要适用市、县级和基层优秀共青团员、优秀共青团干部、五四红旗团组织、优秀少先队集体及其他相关荣誉；破格适用全国、省级相关荣誉。
高中（中职）阶段	入团激励	普遍适用积分入团、评议入团等。
高中（中职）阶段	评议激励	普遍适用参加团的"两制"，评议优秀次数累加。
高中（中职）阶段	荣誉激励	主要适用市、县级和基层优秀共青团员、优秀共青团干部、五四红旗团组织及其他相关荣誉，少数适用省级、全国荣誉。
高中（中职）阶段	机会激励	少数适用担任校（年级、班）团组织职务、参加团代会，参加团内培训；普遍适用参加志愿服务、社会实践或其他团的重要活动。
大学阶段	评议激励	普遍适用参加团的"两制"，评议优秀次数累加。
大学阶段	荣誉激励	主要适用各级青年五四奖章、优秀共青团员、优秀共青团干部、五四红旗团组织及其他相关荣誉。
大学阶段	机会激励	主要适用担任校内团组织职务、作为团代表（团的委员会成员）提名人选、吸纳为团属社会组织成员，参加团内培训，推荐就业见习；普遍适用参加志愿服务、社会实践或其他团的重要活动；少数适用推荐参评"青年文明号""青年岗位能手""优秀青年志愿者""母亲河奖"等，推荐参加党和政府重大活动。
大学阶段	发展激励	主要适用推荐参加"青马工程"、推优入党等。
大学阶段	入团激励	尚未入团的，适用积分入团、评议入团等。

(续表)

年龄阶段	主要激励方式	主要激励项目
28周岁以下职业青年阶段	评议激励	普遍适用参加团的"两制",评定优秀次数累加。
	荣誉激励	主要适用各级青年五四奖章、优秀共青团员、优秀共青团干部、五四红旗团组织及其他相关荣誉奖项。
	机会激励	主要适用担任各级团组织职务(含专、挂、兼职)、作为团代表(团的委员会成员)提名人选,吸纳为团属社会组织成员,参加团内培训;普遍适用参加志愿服务、社会实践或其他团的重要活动,推荐参评"青年文明号""青年岗位能手""优秀青年志愿者""母亲河奖""乡村振兴青年先锋奖"等,推荐参加党和政府重大活动。
	发展激励	主要适用推荐参加"青马工程"、推优入党、作为村(社区)"两委"人选、向党组织推荐青年人才等。
	入团激励	尚未入团的,适用积分入团、评议入团等。
离团后青年阶段	荣誉激励	主要适用各级青年五四奖章及其他相关荣誉。
	机会激励	主要适用担任各级团组织职务(含专、挂、兼职)、吸纳为共青团主导的青年社会组织成员,参加团内培训;普遍适用参加志愿服务、社会实践或其他团的重要活动,推荐参评"青年文明号""青年岗位能手""优秀青年志愿者""母亲河奖""乡村振兴青年先锋奖"等,推荐参加党和政府重大活动。保留团籍的团干部适用作为团代表(委员)候选人。
	发展激励	主要适用推荐参加"青马工程"、推优入党、作为村(社区)"两委"人选、向党组织推荐青年人才等。

第六章

团员年度团籍注册制度

一、团员年度团籍注册制度的概念

团员年度团籍注册是对团员团籍的连续认定,是团组织掌握和了解团员履行义务、参加活动情况的重要途径,是团员管理的关键环节。

二、团员年度团籍注册制度的基本内容

年度团籍注册以团支部为单位进行,团支部一般应在每年1月份,为团员办理年度团籍注册手续。学校团组织一般应在秋季开学后的一个月内完成团员注册工作。超过规定注册时间一年未注册的团员证,即为失效。

团员年度团籍注册应结合团员教育评议工作进行,根据团员评议结果,给予注册、暂缓注册或不予注册。对团员评议等次为基本合格以上的团员,由基层团委在其团员证"团籍注册"栏内填写注册时间、评议等次,并加盖注册印章。

年度团籍注册后,团支部应当在一个月内,更新"智慧团

建"系统中团支部、团员的相关信息。

对团员评议等次为不合格的团员，基层团委应当对其暂缓注册三至六个月。暂缓注册期后，对再次评议等次为合格的团员，及时给予注册；评议等次依然为不合格的团员，依照团员教育评议相关规定进行处理，不予注册。

受团内警告、严重警告、撤销团内职务处分的团员，如能正常参加团的活动，按时缴纳团费，一般可予以注册；受留团察看处分的团员，留团察看期间，其团员证由团组织收回，留团察看期满后，恢复了团员权利的，将团员证发还本人并及时注册；受开除团籍处分的团员，不再为其注册，其团员证由团组织收回，并将有关情况书面报上级委员会备案。

三、团员年度团籍注册制度的基本要求

基层团组织要认真做好流动团员团籍管理工作。流动团员外出时间不满六个月的，应在原团组织参加团员教育评议，进行团籍注册；团员外出地或工作单位相对固定，外出时间六个月以上的，一般应将组织关系转入外出地或工作单位相应的团组织，并参加教育评议，进行团籍注册。

团员年满28周岁，没有担任团内职务，应当办理离团手续。团员加入共产党以后仍保留团籍，年满28周岁，没有在团内担任职务，不再保留团籍。办理超龄离团手续，须在团员证上"离团手续"栏内注明该同志的离团时间，并加盖团组织公章，转由其本人保存，作为永久性纪念。

团员年度团籍注册后，团支部要根据注册情况修订团员花名册，并及时将注册情况向上级委员会做出书面报告。

为使注册工作内容更为充实，真正起到教育团员、严格管理团员

的作用，基层团组织应从实际出发，适当增加注册活动内容，并将其列入注册工作程序，如在注册期间安排一次团的组织生活，开展团员教育评议活动；总结支部工作，听取团员批评、建议；改选支部；发展新团员；为超龄团员办理离团手续等。根据团支部团员发展计划，在团籍注册结束时，应及时吸收已具备条件的青年加入团组织。发展新团员应严格履行入团手续，并向新团员颁发团员证。在注册中，对于年满28周岁的团员，团支部应按规定的程序为其办理离团手续。最终，根据团员注册情况，搞好年度团员统计。

四、团员年度团籍注册工作程序图

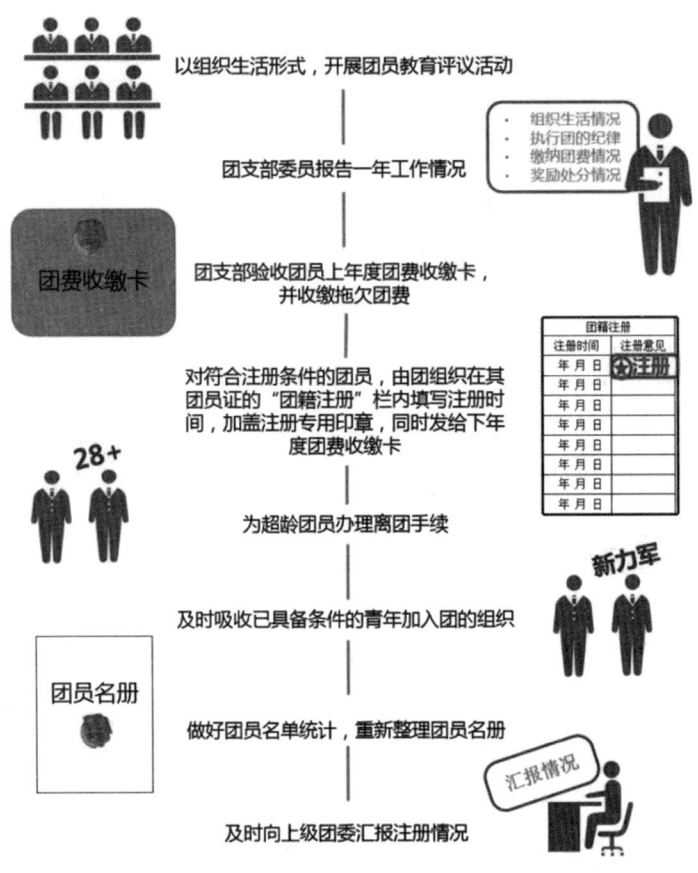

五、转接团员组织关系工作程序图

转出单位团委做好转出登记,在团员证上办理转出手续。

在团员证"组织关系接转"栏内填写团员转出组织关系时间,注明团费收缴情况,并加盖公章。

转入单位团委接收团员团员证办理转入手续。

在团员证"组织关系接转"栏内填写转入组织关系时间,并加盖公章。

及时在团员名册上登记并审查其团费缴纳情况。

六、团籍管理工作

(一) 青年党员的团籍厘定

《中国共产主义青年团章程》规定：团员年满 28 周岁，没有担任团内职务，应该办理离团手续。团员加入共产党以后仍保留团籍，年满 28 周岁，没有在团内担任职务，不再保留团籍。

团员入党后年满 28 周岁以前保留团籍，将有利于党加强对共青团的领导，使共青团更加自觉地按照党的要求开展工作，有利于保留团组织的骨干力量，有利于青年党员密切与团员青年的联系，用自己的模范作用影响和带动广大团员青年共同进步。团员入党后仍保留团籍，是党组织赋予青年党员的光荣责任。保留团籍的青年党员应积极贯彻执行党的基本路线和各项方针政策，认真落实党组织对团的工作要求，正确行使团员权利，模范履行团员义务，自觉遵守团的纪律，密切联系青年群众，在团员青年中发挥表率作用。保留团籍的青年党员应参加团支部的组织生活和活动，遇到党团组织活动时间出现冲突时，一般应参加党的组织生活和活动；也可以在征得党组织同意后，参加团的组织生活和活动。保留团籍的青年党员从取得预备党员资格起，应交纳党费，可不交纳团费，自愿交纳团费者不限。保留团籍的青年党员在工作、学习单位发生变更时，其团员组织关系随党员组织关系自然转接，到新单位团组织办理团员登记手续后生效。年龄在 28 周岁以下、已经办理离团手续的青年党员，自然恢复团籍，参加其所在单位团支部的组织生活和活动。团组织应向党组织汇报保留团籍的青年党员参加团的组织生活和活动的情况，取得党组织的指导和帮助。团组织在进行团的组织情况年度统计时，应将保留团籍的青年党员数计在团员数内。

（二）团员超龄离团工作内容和基本程序

1. 办理超龄团员离团工作内容

共青团是青年政治组织，团员年满 28 周岁时，应由本人向团支部提出离团申请，由团支部召开大会宣布其超龄离团，并在团员证"超龄团员离团纪念"栏内注明。超龄团员离团以后，应报团委备案，团委应该在该团员的入团志愿书及团员登记表上注明该团员何时何地因超龄离团，并将其档案送交人事部门保存。团员在国外学习、工作期间，年满 28 周岁时，由国内原单位团支部对其做出超龄离团处理。

办理超龄团员离团工作内容：

（1）超龄团员写离团申请书；

（2）交团支部组织委员；

（3）召开支委会，讨论通过申请离团名单；

（4）离团申请人填写离团登记表；

（5）签署支部意见后，报上级团委；

（6）团委会审核、讨论、批准；

（7）在本人团员证、入团志愿书及团员花名册上注明离团日期；

（8）通知基层团支部；

（9）组织委员主持超龄离团大会；

（10）支部书记宣布离团人员名单；

（11）将注明该同志超龄离团时间并加盖了公章的团员证发回做纪念；

（12）离团团员或代表讲话；

（13）支部书记讲话；

（14）在团员名册上注明超龄离团。

附：办理超龄团员离团工作程序图

2. 超龄团员离团仪式的基本程序

（1）奏唱团歌。

（2）宣布超龄团员名单。

（3）学习习近平总书记对青年的寄语（如习近平总书记关于青年工作的重要思想的相关论述）。

（4）超龄团员代表发言（如回顾团内经历、畅谈感悟体会、表达进步愿望等）。

（5）上级团组织代表或本级团组织负责人讲话（如肯定超龄团员成绩、表达希望和祝愿等）。

（6）党组织负责人或青年党员代表讲话（如对超龄团员提出希望，对团组织、团员提出要求等）。

（7）超龄团员重温入团誓词。

①宣誓人佩戴团徽徽章，面向团旗立正，右手握拳，举过右肩。

②领誓人逐句领读入团誓词，宣誓人跟读。

③当领誓人念到"宣誓人"时，宣誓人应分别报出自己的姓名。

（8）党组织负责人或青年党员代表、上级团组织代表或本级团组织负责人为超龄团员摘下团徽徽章，赠送《中国共产党章程》。

（9）奏唱国歌。

超龄团员离团后，团员证、团徽徽章由本人保存，留作纪念。有条件的团组织可为超龄团员颁发离团纪念证书。在严格履行基本程序的基础上，可丰富超龄离团仪式的内容和形式。

附：超龄团员离团仪式的有关要求

（1）超龄离团仪式由团的基层委员会、总支部委员会或支部委员会组织。团小组不能组织。应当组织团员代表参加，邀请党组织负责人或青年党员出席并讲话。仪式一般应于团员年满28周岁后6个月内进行。

（2）超龄离团仪式可选择在五四、七一、十一、一二·九等时间节点举行。

（3）举行超龄离团仪式的现场应当悬挂团旗。地点既可以在单位内，也可以在爱国主义教育基地、革命传统教育基地、国防教育基地、志愿服务场地、青年之家、学校等有教育意义的地点或团员青年活动场所举行。

（4）各级团的领导机关要加强对基层团组织超龄离团仪式规定落实情况的指导和检查，注重总结推广基层团组织的好做法、好经验。对已经超龄离团的青年，基层团组织要继续履行好组织、宣传、凝聚、服务的职责。

（三）团员自行脱团的工作程序

1. 自行脱团的认定标准

《中国共产主义青年团章程》规定："团员没有正当理由，连续六个月不交纳团费、不过团的组织生活，或连续六个月不做团组织分配的工作，均被认为是自行脱团。"按期缴纳团费，参加团的组织生活，积极做好团组织分配的工作，是一个共青团员应当具备的基本条件。如果一个团员，没有正当理由，连续六个月不交纳团费、不过团的组织生活，或连续六个月不做团组织分配的工作，说明他的组织观念淡薄，已经丧失团员的基本条件。对于这样的团员，团组织有理由对他的团籍问题做出处理。

附：处分团员工作程序图

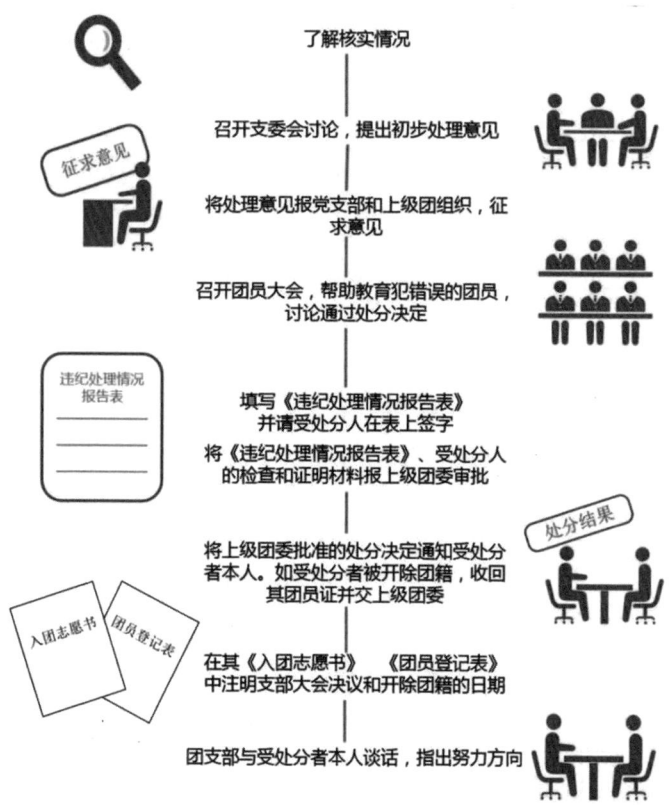

2. 自行脱团的处理

团组织如果发现有的团员不交纳团费，不过团的组织生活，或不做团组织分配的工作，就要根据不同情况，及时做好教育帮助工作，不要等到连续六个月以后再去处理。在处理团员"自行脱团"问题时，一定要持慎重态度，要从实际出发，注意查明是否"没有正当理由"和是否"连续六个月"，绝不可简单草率地处理了事。团支部应在核实情况后，提交支部大会讨论，决定除名，注销其团员证，并报上级团委批准。批准后应口头通知本人。团员"自行脱团"后，团支部应在花名册上注明脱团，并写明脱团日期，上级团委也应及时在团员登记册上注明。

附：团员自行脱团处理工作程序图

（四）团员退团的工作程序

《中国共产主义青年团章程》规定："团员有退团的自由。团员要求退团应向支部委员会递交书面报告，由支部大会决定除名，并报上级委员会备案。"团员提出退团是允许的，但在实际处理过程中，要十分慎重，不能草率从事。团支部对于提出退团要求的团员，要深入了解其提出退团的原因，做耐心细致的思想工作，区别情况，妥善处理。如果是思想认识问题，应耐心地进行教育帮助；如果是有实际困难，应热情地帮助解决。经过教育帮助后，提出退团要求的团员如果愿意继续留在团内，应当允许，并予以鼓励；如果坚持要求退团，则应由本人向所在支部委员会提交书面报告，由支部大会宣布除名，并报上级委员会备案。

团员退团后，团组织应在其入团志愿书和团员登记表备注栏中说明情况，并写明退团日期，团支部可将其团员证收回上交上级团委保存备案。对已经退团的青年，团组织仍负有对他进行帮助教育的责任。

附：团员自行退团处理工作程序图

（五）团员档案管理、遗失和补办工作

1. 团员档案管理

自发展团员工作开始，团组织应建立团员个人档案。团员档案主要包括入团志愿书、入团申请书、入团积极分子培养考察（团校学习结业）材料、团员证、团员登记表、团内奖惩材料等。入团志愿书是首要团员档案。

团员档案应当按国家规定纳入学籍档案或人事档案。学生团员档案一般纳入学籍档案进行管理，原则上随学籍档案转移，由学校团组织管理。已建立人事档案的，由具备人事档案管理权的用人单位，或由县级以上公共就业和人才服务机构、授权管理服务机构人事档案管理服务机构统一管理；未建立人事档案的，一般由县级团委统一管理，有条件的地方也可由乡镇、街道团组织管理。

2. 团员档案遗失和补办工作

团员档案遗失或不完整的，一般由其隶属团组织或入团时所在单位团组织出具证明。团员身份核实无误的，可按程序补办团员登记表、团员证等作为团员身份证明，不补办入团志愿书。补办团员档案及相关证明材料须真实可信，对提供虚假材料和档案的应当追究相关单位和个人的责任。

依托"智慧团建"系统，以新发展团员为重点，建立团员电子档案库。各级团的领导机关应当加强对团员档案管理指导监督，发现问题及时纠正。

（六）其他情况

与团组织失去联系1年以上、通过各种方式查找仍然没有取得联系的团员，因私出国（境）并在国（境）外长期定居的团员，出国（境）超过5年仍未返回的团员，停止团籍。对停止团籍的团员，应当在其团员档案（含电子档案）中予以记录。

停止团籍后，经本人申请、县级以上团的领导机关核实、批准，可以恢复团籍。停止团籍2年后确实无法取得联系的，按照自行脱团予以除名。对受到劝其退团除名、劝而不退除名、自行脱团除名、退团除名等组织处理的个人，不能恢复团籍；退团以后又符合条件的，可以重新入团。受到开除团籍纪律处分的，原则上不能重新入团。

七、团员年度团籍注册操作步骤

团组织完成年度教育评议结果录入后,团员就可以开始进行年度团籍注册。录入步骤如下:

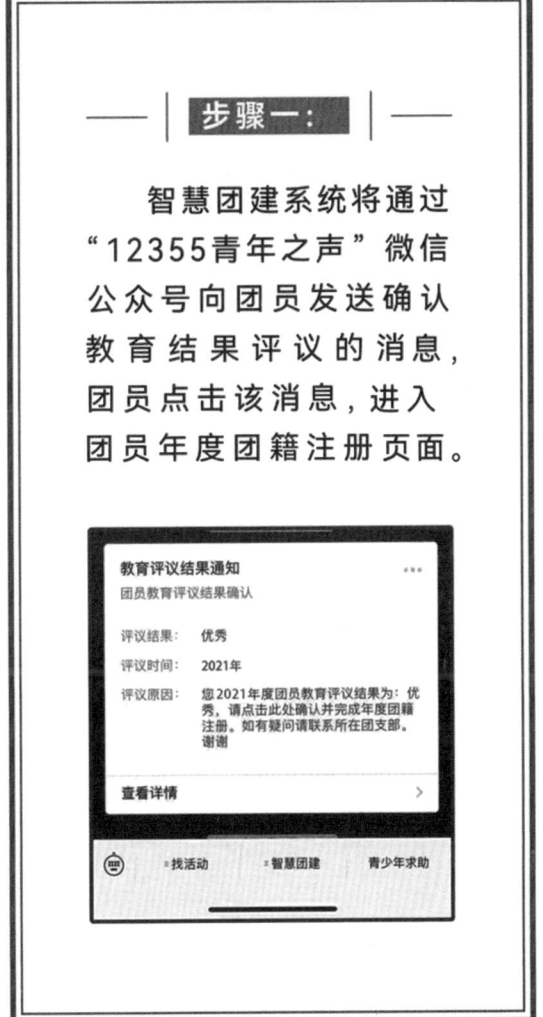

步骤二：

在弹出的年度团籍注册页面，核对个人基本信息（2022年度还针对2019年后入团的团员增加"是否经少先队推优加入共青团组织"字段，供补充完善"推优入团"情况）。

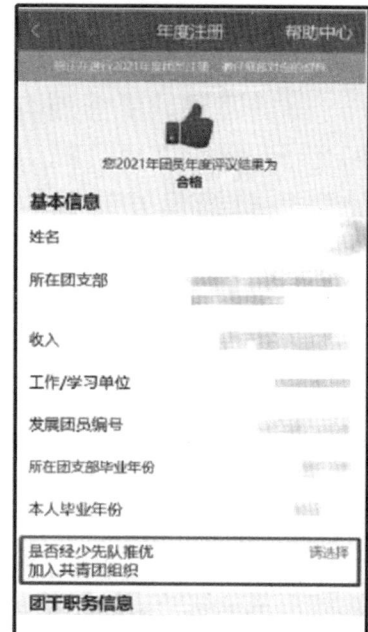

步骤三：

核对教育评议结果、团员基本信息，确认无误后，按页面提示进一步操作，手动输入"本人签名"。

步骤四：

点击"同意并进行年度注册"完成线上年度团籍注册工作。

二、团干篇

步骤一：

智慧团建系统将通过"12355青年之声"微信公众号向团员发送确认教育结果评议的消息，点击该消息，进入年度团籍注册页面。

步骤二：

系统将在年度团籍注册页面同步显示团内职务详情，团员需按要求校验基本信息以及现任团内职务、团干部属性和所在团支部等信息。

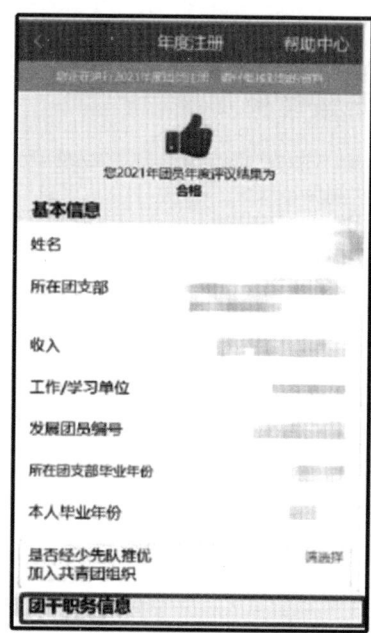

第六章　团员年度团籍注册制度

步骤三：

确认信息无误后,手动输入"本人签名",点击"同意并进行年度注册"按钮完成团员年度团籍注册、团干部年度注册工作。

备注：

1. 保留团籍的党员团干部如不参加团员教育评议,所在团支部应在团员教育评议结果录入页面勾选"党员/预备党员不参加评议",系统将通过"12355青年之声"微信公众号向此类团干部推送年度注册消息,由团干部本人确认注册。

2. 未完成教育评议和团籍年度注册的团员,将无法发起组织关系转接申请。2020年度未完成教育评议和团籍年度注册的团员将无法进行补录，但并不会因为2020年度结果导致无法进行组织关系转接。

3. 发展团员编号2017年后必填；收入为"职业为学生无收入"的，必须填写毕业年份；如果是非学校领域团组织，收入不允许填学生；不符合要求需修改资料的，资料修改审核完再进行步骤三。

4. 全体团干部（含保留团籍的党员团干部）要结合年度团籍注册工作同步开展团干部年度注册工作。

八、团员年度团籍注册制度的热点问答

1. 团籍材料是什么？

答：团籍材料是指成为共青团员的过程产生的所有材料及成为共青团员之后的荣誉/处分材料。团籍材料（团员身份证明材料及团员记录材料）主要有（一定有）：（1）入团申请书；（2）入团志愿书；（3）团员证。此外可能还会有（可以没有）：团组织关系转接介绍信、团员荣誉材料、团费缴交记录、处分记录等。

团籍材料首要作用用于证明团员身份，其次用于记录成为团员之后的情况文件。

2. 团员证需要盖章吗？

答：需要。团员证在首页照片处，应在贴照片后由发证团组织在照片附近加盖骑缝钢印，加盖钢印后的团员证方为有效证件。

除了有效证明章（钢印）外，团员证中还有"团籍注册章""转入单位团组织章""转出单位团组织章"。根据《中国共产主义青年团团员证管理暂行条例》规定，团员应在进行团组织关系转接的时候在团员证进行"转出""转入"团组织盖章审核；团

籍注册章相关内容见问题七所示。

3. 团籍材料丢失怎么办？

答：可以联系原入团单位开具"团员身份证明"或补办团籍材料，或者选择重新入团。由于在 2017 年（含）之后加入中国共产主义青年团的同学，团员信息和入团志愿书扫描件会录入智慧团建系统，团员身份有证可查，建议：联系原入团团组织重新补办即可。在 2017 年之前入团的同学，若智慧团建系统无记录则一定需要联系原入团单位补办团籍材料且录入系统（由入团单位核查团员身份），否则需要重新入团。

4. 什么是电子团籍材料？

答：电子团籍材料通常指智慧团建系统。智慧团建系统是依托互联网技术建立的涵盖"团员管理""团员组织关系转接""团费收缴""团支部活动"等团务工作的电子平台。

5. 没有智慧团建账号还是团员吗？

答：可根据纸质团籍材料进行评判。若有纸质团籍材料（入团申请书、入团志愿书），一般情况则可认定为共青团员；若无纸质团籍材料一般情况不予认定团员身份。

在 2017 年（含）之后加入中国共产主义青年团的由于开始由智慧团建系统分配团员编号，因此一般 2017 年之后的团员，都有智慧团建账号。

6. 团员证的团员编号和入团志愿书上的编号不一样以哪个为准？

答：一般应以纸质入团志愿书或智慧团建账号上的团员编号为准。2017 年（含）之后团员编号的分配一般通过智慧团建系统逐级分配，且此编号将同步于入团志愿书上。团员证的编号由于是手写抄录难免出现漏写、错写的情况，因此应与纸质入团志愿书或智慧团建的团员编号记录为准。

对于2017年之前入团的同学，由于2017年之前对于团籍管理还未规范统一，团员编号一般应以纸质入团志愿书为准。当纸质入团志愿书和团员证上的团员编号位数不一样时，也可以通过团员编号格式确定：

2017年之前入团的共青团员，团员编号格式还未全国统一，因此团员编号格式将有所差别。

2017年（含）之后入团的共青团员，团员编号位数一般为12位，编号组成一般为：入团年份（4位）+8位数字组成。

7. 团员证上的注册章什么时候需要盖？

答：每年需要盖章一次，时间一般在上年度第四季度至本年度第一季度时间内。根据《中国共产主义青年团团员证管理暂行条例》规定，团员每年应在规定时间内向所在团组织申请注册，由所在团组织进行审核，在上年度第四季度至本年度第一季度时间内进行年度注册，并在团员证对应位置盖注册章。

8. 成为党员之后团籍材料怎么处理？

答：入党之后，团员档案一般放到人事档案内。在校期间，一般团员档案会随学籍档案所在地进行存放；工作后一般团员档案会在人事档案中。团员除在进行团组织关系转接过程，团籍材料可能临时在团员自己手中（一般带有封条），进入新组织后，新组织会统一进行存放，其他情况下团员档案一般不由本人保管。

9. 团员证丢了如何补办？

答：若可以证明团员身份，团员本人可向所在团组织提出补办团员证。团组织补办团员证会先对申请补办人的团员身份进行核查，确定其团员身份后，团组织会进行团员证的补办。一般团组织的团员身份核查通过纸质团籍材料及智慧团建系统进行双边核查，确定其团员身份。

10. 转移团组织之后团籍材料要怎么处理？

团员在升学的过程中进行团组织关系转接，原团组织会将团籍材料密封，交由团员本人，由本人将密封的团籍材料带至组织关系转入地。在工作阶段的团籍材料一般随人事档案进行流转。

11. 如果我在外交流学习，我的年度团籍注册应如何处理呢？

根据《中国共产主义青年团基层组织"三会两制一课"实施细则（试行）》第四十三条，流动团员外出时间不满六个月的，应在原团组织参加团员教育评议，进行团籍注册；团员外出地或工作单位相对固定，外出时间六个月以上的，一般应将组织关系转入外出地或工作单位相应的团组织，并参加教育评议，进行团籍注册。

12. 作为团员的我已经年满 28 周岁了，没有担任团内职务，可以保留团员证以做纪念吗？

根据《中国共产主义青年团基层组织"三会两制一课"实施细则（试行）》第四十四条，年满 28 周岁，没有在团内担任职务，不再保留团籍。办理超龄离团手续，须在团员证上"离团手续"栏内注明该同志的离团时间，并加盖团组织公章，转由其本人保存，作为永久性纪念。

第七章

团课

一、团课的主要内容

团课是团组织对团员进行系统教育，提高团员思想理论水平和政治素质的重要途径，是教育引导团员在本职岗位和社会生活中发挥模范带头作用的重要载体，是团组织的一项经常性重要工作。

坚持团课制度，要突出党性立场，突出党性教育，体现团的特点，注意运用马克思主义的立场、观点和方法，帮助团员解决思想问题，特别是理想、信念、宗旨、作风等方面的问题。要注意开展批评和自我批评，引导团员坚持真理，修正错误，互相帮助，共同提高。

自中国共产主义青年团成立至今，随着中国共产党的政治路线和工作重心的变化，在中国新民主主义革命时期、社会主义革命和建设时期、改革开放和社会主义现代化建设新时期不同阶段，对团员的思想教育是不同的，因此团课教育的内容是一个动态发展的过程。

2015年10月实施的《干部教育培训工作条例》第四章"教育培训内容"第十九条规定："干部教育培训坚持以理想信念、

党性修养、政治理论、政策法规、道德品行教育培训为重点，并注重业务知识、科学人文素养等方面教育培训，全面提高干部素质和能力。"2024年1月9日共青团中央发布的《中国共产主义青年团干部教育培训工作条例》第三章"教育培训内容"第十条规定："团干部教育培训以深入学习贯彻习近平新时代中国特色社会主义思想为主题主线，以理论教育、党性教育和履职能力培训为重点，注重知识培训，全面提升团干部政治能力、理论素养、群众工作本领。"

进入中国特色社会主义新时代后，团课的内容也要与时俱进，必须以习近平新时代中国特色社会主义思想和党的二十大精神为主线，使之贯穿于整个团课教育的过程之中。

综上，团课的主要内容为：学习马克思列宁主义、毛泽东思想、中国特色社会主义理论体系，学习习近平总书记系列重要讲话精神；开展中国特色社会主义共同理想和共产主义远大理想教育，加强社会主义核心价值观教育和中国梦教育；学习党的基础知识、党的光荣历史和传统，宣传党的路线、方针、政策，学习团的基本知识、重要会议精神和重点工作部署；学习中华优秀传统文化、革命文化和社会主义先进文化；广泛开展近代史、现代史教育和国情教育，开展好民主和法治教育。

二、团课教育的类型

新时代的团课在以习近平新时代中国特色社会主义思想的指导下，根据党中央的思想政治路线以及《中国共产主义青年团章程》，团课教育主要有如下几种类型。

1. 马克思主义基本理论教育

中国共产主义青年团是中国共产党领导的先进青年的群团组

织，是广大青年在实践中学习中国特色社会主义和共产主义的学校，是中国共产党的助手和后备军。中国共产主义青年团坚决拥护中国共产党的纲领，以马克思列宁主义、毛泽东思想、邓小平理论、"三个代表"重要思想、科学发展观、习近平新时代中国特色社会主义思想为行动指南。马克思主义基本原理由马克思主义哲学、马克思主义政治经济学、科学社会主义三个部分组成。新时代团课的马克思主义基本理论教育，不只包括马克思列宁主义，也包括马克思主义中国化的理论成果——毛泽东思想、邓小平理论、"三个代表"重要思想、科学发展观、习近平新时代中国特色社会主义思想。2010年9月，习近平总书记在浦东干部学院座谈会上的讲话指出："做好新形势下干部教育培训工作，要突出抓好马克思主义理论教育特别是中国特色社会主义理论体系教育和党性教育，着力提高干部思想政治素质和道德品质。"

马克思列宁主义科学揭示了人类社会的历史发展规律，始终具有强大的生命力，是马克思主义基本理论的重要组成部分。中国共产主义青年团成立至今，始终坚持马克思列宁主义，一直为实现共产主义最高理想而奋斗。以毛泽东同志为主要代表的中国共产党人，把马克思列宁主义的基本理论同中国革命的具体实际相结合，创立了毛泽东思想。自党的十一届三中全会以来，以邓小平同志为主要代表的中国共产党人，深刻总结了新中国成立以来正、反两方面的经验，实现了全党的工作重心转移到经济建设上来，实行改革开放，逐步形成了建设中国特色社会主义的路线、方针、政策，开辟了中国特色社会主义发展的新时期，创立了邓小平理论。党的十三届四中全会以来，以江泽民同志为主要代表的中国共产党人，逐步提升了对什么是社会主义、怎样建设社会主义和建设什么样的党、怎样建设党的认识，形成了"三个代表"重要思想。党的十六大以来，以胡锦涛同志为主要代表的中国共产党人，顺应新的时代发展要求，深刻认识和回答了新时期实现什么样的发展、怎样发展等重大问题，逐步形成了以人为本的科学发展观。党的十八大以来，以习近平同志为主要代表的中国共产党人，顺应新时代的发展要求，紧密结合理论与实践，系统回答了新时代坚持和发展什么样的中国特色社会主义、怎样坚持和发展中国特色社会主义这个重大时代课题，创立了习近平新时代中国特色社会主义思想。

马克思主义基本理论教育是团课内容的核心组成部分，处于重中之重的地位。在对广大团员进行团课教育的过程中，要让他们系统地掌握马克思主义基本理论，加强对马克思主义经典原著的学习，更要认真学习马克思主义中国化的最新理论成果，把理论教育同中国具体实践相结合。

理论教育立足于团干部思想理论武装，突出党的创新理论教育，坚持用习近平新时代中国特色社会主义思想统一思想、统一意志、统一行动，讲清楚"两个结合"的历史逻辑、理论逻辑、实践逻辑，教育引导团干部全面系统掌握这一思想的基本观点、科学体系，把握好这一思想的世界观、方法论，坚持好、运用好贯穿其中的立场观点方法，深刻领悟"两个确立"的决定性意义，增强"四个意识"、坚定"四个自信"、做到"两个维护"，不断提高政治判断力、政治领悟力、政治执行力，自觉在思想上、政治上、行动上同以习近平同志为核心的党中央保持高度一致。帮助团干部深入学习领会习近平总书记关于青年工作的重要思想，学习掌握党的青年工作的地位作用、目标任务、职责使命、实践要求，为做好新时代新征程党的青年工作打牢思想基础。

2. 团员的理想信念教育

政治合格是一名团员青年最重要的标准。政治合格首先要求团员青年必须具有崇高远大的理想信念，而理想信念也必然成为团员青年先进性的突出表现。正如习近平总书记指出的那样,新时代的青年,必须"坚定理想信念,站稳人民立场,练就过硬本领,投身强国伟业",而理想信念必然贯穿于青年素质的各个方面,"理想信念是一个人精神上的钙,一旦缺钙,就会得软骨病"。团员青年必须首先具有远大理想和坚定信念,这是其先进性的核心素养。

理想信念是人生价值观的集中体现,反映出一个人在奋斗目标实现过程中的政治立场、价值观念、人生取向,并通过个人基本立场和人生追求逐步内化,从而形成个体的理想信念,并努力加以实现,进而达到理想的彼岸,它具有鲜明的未来性。从应然角度看,理想和信念是有一定区别的两个概念,理想是一个人对未来现实的向往,是指出未来的心理倾向;信念则为理想的实现提供支撑和基础,决定着个体理想实现的发展方向和具体内容。个体在追求和实现理想的过程中,也必然反映和折射出个体的信念内容和行事风格。由此来看,一个人一旦形成个体内化的理想信念,就必然会在未来的实践中成为其不断奋斗的强大精神动力和现实发展力量。

坚定的理想信念是团员青年先进性的必然要求。作为一种社会意识,理想信念是社会存在的必然反映,也是一个人"三观"的集中体现。青年是新时代社会主义事业的重要生力军,是国家的未来和民族的希望,团员青年又是青年群体中的重要骨干力量。习近平总书记强调指出:"中国梦是全国各族人民的共同理想,也是青年一代应该牢固树立的远大理想。""中国特色社会主义是我们党带领人民历经千辛万苦找到的实现中国梦的正确道路,也是广大青年应该牢固确立的人生信念。"进一步加强对团员青年理想信念的先进性教育,带领广大团员青年形成正确的个人发展规划、树立远大的共产主义理想,进而在社会中起到引领社会风尚的模范带头作用，这是团员青年先进性教育的重要方式，也是培养中国特色社会主义事业建设者和接班人的核心要义。团员青年的理想信念教育不应是抽象的说教和简单的走马观花式参观，应结合团员青年理想信念教育的目标要求和青年学习特点，依托全国各地各区域特点、人文环境和历史资源，结合当前工作大局，开展内容丰富、形象立体、多向互动、思想浸润的培训教学形式，把课堂教学、现场体验、社会实践有机结合，并运用启发式、体验式、案例式、情境式、研讨式等灵活多样的教学方式调动学员学习的积极性和主动性，提高学员的参与深度和广度，增强培训的吸引力和感召力。

革命理想高于天。没有坚定的理想信念的共青团员不是合格的共青团员。因此对团员理想信念的教育是新时代团课内容的重要组成部分。共青团员的政治灵魂是对马克思主义的信仰，对社会主义和共产主义的信念。因此团课教育必须坚持以教育引导团员干部坚定理想信念，坚定"四个自信"，增强"四个意识"，深入学习贯彻习近平新时代中国特色社会主义思想和党的二十大精神，不断提高政治站位和政治自觉，做共产主义远大理想和中国特色社会主义共同理想的坚定信仰者、忠实实践者、先锋模范者。

3. 团员的党性教育

1939年7月，刘少奇在《论共产党员的修养》中对党性进行了一定的阐释："党的利益高于一切，这是我们党员的思想和行动的最高原则。根据这个原则，在每个党员的思想和行动中，都要使自己的个人利益和党的利益完全一致。在个人利益和党的利益不一致的时候，能够毫不踌躇、毫不勉强地服从党的利益，牺牲个人利益。为了党的、无产阶级的、民族解放和人类解放的事业，能够毫不犹豫地牺牲个人利益，甚至牺牲自己的生命，这就是我们常说的'党性'或'党的观念''组织观念'的一种表现。这就是共产主义道德的最高表现，就是无产阶级政党原则性的最高表现，就是无产阶级意识纯洁的最高表现。"1945 年 5 月，毛泽东在《在中国共产党第七次全国代表大会上的结论》中对党性进行了深刻分析："马克思讲的独立性和个性，也是有两种，有革命的独立性和个性，有反动的独立性和个性。而一致的行动，一致的意见，集体主义，就是党性。我们要使许多自觉的个性集中起来，对一定的问题、一定的事情采取一致的行动、一致的意见，有统一的意志，这是我们的党性所要求的。"这是老一辈革命家对党性做出的深刻论述。

党的十八大以来，以习近平同志为核心的党中央始终高度重视党性教育，相继提出了"党性教育是共产党人修身养性的必修课""党性是党员干部立身、立业、立言、立德的基石"等重要思想。2013 年 9 月，习近平总书记在指导河北省委常委班子专题民主生活会时讲话强调："党性是党员干部立身、立业、立言、立德的基石，必须在严格的党内生活锻炼中不断增强。要增强党内生活的政治性、原则性、战斗性，使各种方式的党内生活都有实质性内容，都能有针对性地解决问题，坚决反对党内生活中的自由主义、好人主义。"2015 年 12 月，他在全国党校工作会议上的讲话进一步指出："党性教育是共产党人修身养性的必修课。各级党校要把党性教育作为教学的主要内容，深入开展理想信念教育、党的宗旨教育，把党章和党规党纪学习教育作为党性教育的重要内容。"

把党性教育贯穿团干部教育培训全过程。党性教育立足于团干部政治品格锻造，帮助团干部不断提高思想觉悟、精神境界、道德修养，不断提高战略思维、历史思维、辩证思维、系统思维、创新思维、法治思维、底线思维能力，重点开展理想信念、党的宗旨、革命传统、党风廉政教育。突出党章和党规党纪学习教育，强化政治忠诚教育，加强政治纪律和政治规矩教育，加强斗争精神和斗争本领养成，深入开展党史、新中国史、改革开放史、社会主义发展史、中华民族发展史学习教育，坚持用以伟大建党精神为源头的中国共产党人精神谱系教育团干部，坚持用共青团百年来与党同心、跟党奋斗的光荣传统教育团干部，加强铸牢中华民族共同体意识教育，开展社会主义核心价值观教育、中华优秀传统文化教育、中华民族传统美德教育，开展政德教育、警示教育，教育引导团干部树立正确的权力观、政绩观、事业观。

4. 团的基本知识教育和团章教育

团的基本知识教育包括中国共产主义青年团的性质、团的指导思想、团的纲领和路线、团的根本宗旨、团的组织原则、团的纪律、团员的基本条件、团员的权利和义务等。通过团的基本知识教育，团员都掌握了团的基本知识，也明确了自身的权利和义务，可以更好地做一名合格团员。

团章是团的总章程，集中体现党的理论指导和中国特色社会主义群团发展道路要求，规定团的基本制度，对明确团的属性、推进团的工作、加强团的建设、促进团的改革具有重要的宣示、规范和引领作用。全团要以团十九大团章修正案通过为契机，自觉学习团章、遵守团章、贯彻团章、维护团章，切实把团章落实到团的建设和工作各领域各方面各环节。

认真学习团章、严格贯彻团章，必须深刻领悟"两个确立"的决定性意义。"两个确立"是党在新时代取得的重大政治成果，是推动党和国家事业取得历史性成就、发生历史性变革的决定性因素，反映了包括广大团员青年在内的全党全军全国各族人民共同心愿，对新时代党和国家事业发展、对推进中华民族伟大复兴历史进程具有决定性意义。将"两个确立"写入团章，是团十九大团章修正案最重大的一处修改。新时代新征程，全团要坚定不移用习近平新时代中国特色社会主义思想统一思想、统一意志、统一行动，增强"四个意识"、坚定"四个自信"、做到"两个维护"，更加自觉地在思想上、政治上、行动上同以习近平同志为核心的党中央保持高度一致，团结带领广大青年始终沿着党指引的方向奋勇前进。

认真学习团章、严格贯彻团章，必须深入学习掌握团章的基本内容。团章对团的性质、行动指南和奋斗目标、基本任务和基本要求、团员义务和权利、组织制度和组织规范、团干部条件要求、团的纪律等作出了根本规定，为全团确定了共同行为准绳。学习掌握团章是每一名团员应尽的义务。各级团组织要把团章学习教育作为必修课和一项经常性的重要工作，作为入团积极分子和团员日常教育、"三会两制一课"等团的组织生活、团干部教育培训的重要内容。要充分发挥团章在加强团员先进性建设中的重要作用，教育引导全体团员以团章为基本遵循，明白什么能做、什么不能做，划定言行边界，自觉履行团员义务，正确行使团员权利，使团章要求内化于心、外化于行，做新时代合格共青团员。团干部要树立更高标准，紧密联系实际，原原本本学、认认真真悟，知其言更知其义、知其然更知其所以然，做到学而懂、学而信、学而用。

认真学习团章、严格贯彻团章，必须完善团内规章体系、狠抓贯彻执行。依法依章程开展工作是中国特色社会主义群团发展道路的基本要求和基本特征之一。团章是制定其他团内规章的基础和依据，具有最高位阶、最高效力。要坚持党的全面领导，把牢政治方向，提高政治站位，贯彻党章党规，不断完善以团章为根本、以相关主干规章为支柱、以配套制度为支撑的团内规章体系。制度的生命力在于执行。要做到有章必循、有规必依，加强对遵守、执行团章情况的监督检查，坚决纠正违反团章规定的行为，共同维护团章的权威性、严肃性。各级团干部特别是团的领导干部要强化团章意识、规矩意识，建立制度要符合团章原则，加强建设要落实团章规定，开展工作要对标团章要求，做贯彻执行团章及各项规章制度的表率。

团章镌刻着共青团百年跟党奋斗的宝贵经验，昭示着新时代新征程的光荣使命。全团要把学习贯彻团章作为贯彻团十九大精神的重要内容，不断提高依章依规管团治团的能力水平，着力锻造对党忠诚、心系青年、勇于担当、作风过硬的马克思主义青年组织，动员引领广大青年为全面建设社会主义现代化国家而团结奋斗！

5. 党史和党的优良传统教育

2011年，经中央同意，中组部、中宣部、中央文献研究室、中央党史研究室、教育部、共青团中央六部委联合发出《关于在党员、干部、群众和青少年中开展中共党史学习教育的通知》（以下简称《通知》）。《通知》指出：要充分认识开展中共党史学习教育的重要意义。开展党史学习教育，是加强党的思想理论建设、推进社会主义核心价值体系建设的重要任务，是提高党员、干部、群众和青少年思想政治素质的重要方式，是巩固马克思主义在意识形态领域的指导地位、巩固全党全国各族人民团结奋斗的共同思想基础的重要途径。把这项工作抓出成效，对于广大党员、干部加深对党的认识，坚定共产主义理想和中国特色社会主义信念，认真践行全心全意为人民服务宗旨；对于各级领导干部增强继往开来的历史使命感，学习和运用党的历史经验提高治国理政本领，不断推动科学发展、促进社会和谐；对于广大群众尤其是青少年正确认识党的历史，牢固树立坚持中国共产党的领导、坚持中国特色社会主义道路的信心，继承和发扬党的光荣传统和优良作风，都具有十分重要的意义。

2021年2月20日，习近平总书记出席党史学习教育动员大会并发表重要讲话。习近平总书记立足中国共产党百年华诞的重大时刻和"两个一百年"历史交汇的关键节点，站在统筹中华民族伟大复兴战略全局和世界百年未有之大变局的时代高度，深刻阐述开展党史学习教育的重大意义和重点工作要求，对新时代学习党的历史、弘扬党的传统、开启新的征程、创造新的伟业做出重要部署。习近平总书记强调，马克思主义深刻改变了中国，中国也极大地丰富了马克思主义。中国共产党人坚持把马克思列宁主义同中国实际相结合，用马克思主义真理的力量激活了中华民族历经几千年创造的伟大文明，使中华文明再次迸发出强大精神力量。了解历史才能看得远，理解历史才能走得远。只要把握住历史发展规律和大势，抓住历史变革时机，顺势而为，奋发有为，我们就能够更好地前进。

6. 党的基本路线、形势政策教育

党的基本路线、形势政策教育是团课的基本内容，是提升团员能力的基础。《中国共产党章程》规定中国共产党在社会主义初级阶段的基本路线是：领导和团结全国各族人民，以经济建设为中心，坚持四项基本原则，坚持改革开放，自力更生，艰苦创业，为把我国建设成为富强民主文明和谐美丽的社会主义现代化强国而奋斗。中国共产党在领导社会主义事业中，必须坚持以经济建设为中心，其他各项工作都服从和服务于这个中心。坚持社会主义道路，坚持人民民主专政，坚持中国共产党的领导，坚持马克思列宁主义、毛泽东思想这四项基本原则，是我们的立国之本。坚持改革开放，是我们的强国之路。只有改革开放，才能发展中国、发展社会主义、发展马克思主义。除此之外，团课还要加强对团员的形势政策教育，使广大团员坚定"四个自信"，不断增强政治意识、大局意识、核心意识和看齐意识，做到"两个维护"，从而更好地贯彻落实党中央的路线、方针、政策。

三、团课教育的形式

(一)"引领式"团课

"引领式"团课主要表现形式是扩大团课的授课主体，开创领导干部、团组织负责人、专家学者和先进典型分层次讲授团课的模式。第一层次是领导干部和团组织负责人以身作则，结合自身工作实际和实践经验讲好"示范团课"。第二层次是专家学者答疑解惑，围绕理论研究和热点问题讲好"专题团课"。第三层次是广大团员身边的优秀团员、青年模范等先进典型带头领路，结合自身工作体会讲好"典型团课"。

2019年6月5日，共青团中央办公厅发布《团干部上讲台工作实施办法（试行）》。该《实施办法（试行）》要求：

1. 团中央书记处同志。每人每年应到中央团校授课2次以上。除按统一安排为省级团委班子成员培训班授课1次外，可自主选择为其他培训班授课。

2. 团十八届中央委员会专委会成员。以团十八届中央委员会各专门委员会为单位，从团中央书记处同志、团中央机关干部、省级团委书记以外的专委会成员中每年推荐2至3人到中央团校授课2次。

3. 团中央直属机关干部。机关各部门和相关直属单位主要负责同志每人每年应到中央团校授课1次以上；机关各部门其他负责同志每人每年应到中央团校授课1次以上。倡导机关处级干部到中央团校授课。

4. 省级团委书记。每年安排1/3左右省级团委书记到中央团校授课1次。

(二)"互动式"团课

传统团课一般都是"一人讲"或者单向授课的方式居多,而"互动式"团课是鼓励广大团员走上讲台,实现"一人讲"向"大家讲"的方式转变。首先,团组织要确定团课的主题,一般是以团支部为单位,根据同级党组织和上级团组织的学习要求和团员关注的时政热点,可以确定几个小题目。其次,每位团员根据自身实际,结合工作中的经验,选择题目,自行准备,分别为大家讲团课。最后,团员讲完团课后,团组织内部进行互动讨论,促进团员的思想交流认识。

(三)"体验式"团课

传统团课一般采取的是课堂教学,而"体验式"团课是把课堂从室内搬到了革命传统教育基地、党性教育基地、爱国主义教育基地等,在领导干部和团组织负责人的带领下参观学习,并结合本单位的工作实际,开展实地团课教育,进行深刻的交流讨论,使团员更加直观地接受党性教育,增强团课学习的兴趣和积极性。

(四)"电子式"团课

"电子式"团课主要是采用现代化媒介教学技术对团员进行团课教育,改变传统的团课教育形式,比如,"网络远程团课""微信团课""青年大学习"等,充分利用网络、网站、微信、QQ等多媒体形式,改变传统的团课教育形式,让团课变得生动、方便、新颖。比如,利用网络远程讲授团课,让团员在家也能听团课;开发团课微信公众号,实时推送团课内容,让团员随时随地都可以学习团课等,这些"电子式"团课充分调动了团员学习团课的积极性和主动性。

基层团组织开设团课可采用相对灵活的方式，可结合集体学习、专题研讨、团员论坛、集中收看重要会议活动直播和视频资料等方式开展，也可结合主题团日活动组织团员在实践中学习。

四、团课主题的确定

确定团课的主题，是做好团课教育的首要工作，也是提升团课教育效果的基础。一般包括以下三方面。

（1）认真执行上级团组织制订的团课教育计划的安排和部署，完成上级团组织规定的团课教育内容。这是团组织团课教育的基本任务，是完成团课制度的重要保障。

（2）围绕中心、服务大局是共青团的工作主线。所以团课教育要围绕党的中心工作开展，把思想政治教育和党的中心工作紧密结合起来。党的二十大召开以后，党中央提出了一系列重要思想，也进行了一系列重大战略策略的部署安排，因此团课的主题应紧紧围绕这些问题展开，保证广大团员的团课教育在思想上、政治上、行动上同党中央保持高度一致。

（3）把上级团组织的团课教育计划、党的中心工作同本单位的团员思想实际情况结合起来，从团员普遍关心的时政热点、工作难点问题出发，有针对性地确定团课的主题，充分调动团员学习团课的积极性。

五、团课教育的基本要求

（一）必须坚持团课教育的党性原则

坚持团课教育的党性原则，首先就是要做到团课教育的内容和形式都要符合团章的相关规定，突出党性教育和政治性观念，主要目的是引导广大团员坚定理想信念，坚持共产主义远大理想，自觉做到思想上、政治上、行动上同党中央保持高度一致。在实际工作中，能够自觉地用马克思主义的立场、观点和方法武装头脑，指导工作实践，为中国特色社会主义事业不懈奋斗。团课教育的具体内容，应当紧密围绕党的中心任务，认真完成上级团组织的团课教育安排，结合团员的实际思想状况，精心安排课程。

（二）必须坚持理论联系实际

理论联系实际是中国共产党的三大优良作风之一，也是团课教育必须坚持的要求之一。团课教育主要是把党的基本理论情况传输到团员心中，促使广大团员能够在日常工作、生活中运用马克思主义的立场、观点和方法来思考问题、解决问题。这就要求在开展团课教育的过程中，要认真研究团员的实际情况和需求，分析受教育对象的类型及特点，根据受教育对象的不同需要和不同特点，制定团课教育的模式，进行有的放矢的教育，有针对性地帮助广大团员认识和解决问题。同时要注重解决团员的思想问题和现实问题相结合，让广大团员学有所获，提高对团课学习的主动性和积极性。

（三）必须坚持团干部带头

开展团课教育，团干部要发挥模范带头作用，既要带头讲好团课，又要带头认真听团课。2024年1月9日，共青团中央发布《中国共产主义青年团干部教育培训工作条例》。该《条例》第三十条第二款提到"健全团干部上讲台机制，鼓励各级团干部参与培训课程研发"。经实践证明，团干部以身作则，从自身做起，言传身教，发挥模范带头作用，是坚持完善团课制度、巩固教育效果的关键。团干部带头讲团课,既是中国共产主义青年团的一项光荣传统,也是我们团开展好团课教育的必经之路。团干部带头讲团课是在"身教"基础上的"言教"。团干部讲团课不仅仅是在教育广大团员青年,更是一种自我教育和自我完善。作为团干部,要始终保持一种拼搏向上、勇往直前的精神,才能更好地带动整个团组织学习团课。团干部要带头走上讲台,讲好团课,和团员青年面对面交流,才能使团课教育取得更好的效果。

(四) 必须坚持教学相长、学学相长

要创新团课教育的形式,不能一味地"你讲我听",而是要引导广大团员根据自身团课学习的心得体会,来互相交流讨论,对团课内容进行理解和思考,这是提高团课质量的有效途径,也是调动团员学习讨论主动性、积极性的良好方法。围绕团课的主题和内容,团员青年们根据自己不同的理解,结合各自工作实践中的经验,互相讨论交流,使团员意见得以充分表达,达到教学相长、学学相长的效果。

六、团课教育的一般方法

(一) 严密制订团课教育计划

凡事预则立,不预则废,团课教育也是如此。团组织要按照上级团组织的要求和部署,并结合本支部团员的实际情况,来制订团课教育计划。在制订团课教育计划的过程中,要深入调查研究,紧跟时代发展潮流,广泛征求团员的意见,聆听团员的需求,围绕党的中心任务,严密制订团课教育计划,最后确定团课的时间、主题和内容。

（二）严谨准备教材教案

认真准备教材教案是上好一节团课的基础和保证。团课要想吸引团员的学习兴趣，提高团员的积极性和主动性，就要精心准备团课的教材教案。根据团课的主题，结合当前的形势政策和中心任务，并联系团员的思想实际状况，来确定团课的内容，要做到主题明确，观点鲜明，政治导向正确，同党中央的路线、方针、政策保持高度一致。

（三）严格组织实施上课

对于团课的授课对象，主要是本单位的全体团员和入团积极分子，所以要做到保证团课课堂的纪律性和严肃性，不能迟到早退，不能交头接耳。团组织负责人要布置好课堂，组织团员听课，同时维持好课堂纪律，防止形式主义的出现。听团课的主要对象是本单位的全体团员和入团积极分子，也可以根据团课的内容，有选择地吸收入团申请人参加，对没有申请入团，但是政治、工作和思想作风等方面都表现较好的青年，经过基层团组织同意，也可吸收他们听团课。

（四）严肃组织讨论发言

团课结束后，团员交流讨论是团课教育必不可少的一个环节。团员们根据自身团课学习的心得体会，来互相交流讨论，对团课内容进行理解和思考，这是提高团课质量的有效途径，也是调动团员学习讨论主动性和积极性的良好方法。围绕团课的主题和内容，团员青年们根据自己不同的理解，结合各自工作实践中的经验，互相讨论交流，使团员意见得以充分表达。

七、团课的基本程序

遵守和把握好团课教育的基本程序，是上好团课的基础和关键。一般来说，团课教育流程包括课前准备、课堂组织和课后总结三个阶段。

(一) 制定团课计划和实施办法

要根据《中国共产主义青年团章程》和相关的团规团纪规定，依照上级团组织的团课教育计划安排，并结合本支部的具体工作实际情况，来制订团课计划。同时为了确保团课的有效落实，还需要制定团课的实施方法。一方面可以根据上级团组织的安排，对团员进行集中的团课教育；另一方面也可以根据形势任务的需要，相对灵活地安排团员团课教育。

(二) 课前准备

1. 确定团课教育主题

选准团课教育主题，是做好团课教育准备的首要工作，也是增强团课教育针对性和实效性的基础。

2. 认真备课

确定教学内容后，要根据团课主题选择合适的授课人，授课人既可以是党团干部和支部成员，也可以请相关专业人士。

3. 提前通知

团课计划和具体安排确定后，组织者要把上团课的时间、地点、主题、主讲人等信息及相关要求提前 1 至 3 天通知全体团员，同时可根据实际情况吸收入团积极分子参加。

(三) 课堂组织

1. 主持团课

团课负责人需要主持团课、统计团员的出席情况并做好考勤。在授课人讲课前，需要向团员青年介绍授课人的情况和团课的主题内容，同时对广大团员提出听课要求，并做好团课记录。

2. 组织授课

授课是团课教育的中心环节。一堂团课能否起到教育引导团员的作用，关键在于授课的效果。一堂成功的团课，除了要求授课人具备深厚的理论功底和良好的语言表达能力外，还需要创新团课教育的方式方法，调动团员的积极性和主动性，取得良好的效果。

3. 课堂总结

授课人讲完团课后，团课主持人需要对这节团课进行总结，并就课后学习对团员提出要求。这个总结不是对团课内容的简复述，而是对本节团课的核心思想、主要观点的概括提炼。

(四) 课后总结

课后总结是对团课教育效果的深化和思考。通过总结，可以深化对团课内容的认识和理解。课后总结需要做好以下工作。

1. 组织讨论

团组织负责人需要在课后组织团员进行交流讨论，让大家谈心得体会，将团课内容与实际工作相结合，要密切联系团员的思想实际状况，做好讨论记录，并将讨论情况向同级党组织和上级团组织汇报。

2. 总结经验与不足

团课结束后，团组织负责人要对团员的意见和建议进行归纳总结，分析团课内容、形式等方面的经验和不足，为今后提高团课教育质量提供参考。

团课流程

课前准备：

①团支部组织委员根据支部年度工作安排制订本季度团课计划，团支部书记审定后组织实施。

②团支部宣传委员联系授课人员，准备讲课内容。

③以团支部为单位将团课时间、地点通知每一位团员。

讲授团课：

①团支部书记主持团课，并提出主要学习内容。

②团课一般由支部成员轮流讲授，可邀请上级领导、专家学者、先进典型人物或有特长的团员、专业技术人员授课。各级团组织主要负责人根据实际，每年至少为所在支部团员讲授1次课。

③团支部组织委员负责做好团课记录。

课后工作：

①团课结束后，组织团员青年进行讨论，必要时可组织团员青年开展交流研讨，巩固和深化团课教育效果，并向同级党组织和上级团组织报告讨论情况。

②向同级党组织和上级团组织报告团课整体情况，并做好团课材料的归档工作。

八、健全"团干部上讲台"工作机制的意义

团干部上讲台是共青团长期坚持的优良传统，也是做好新时代新征程共青团宣传思想文化工作、推进团干部教育培训改革创新的重要举措。在《干部教育培训工作条例》《中国共产主义青年团干部教育培训工作条例》《新时代全面从严治团实施纲要》

等文件中都提出要健全"团干部上讲台"工作机制,《全国团干部教育培训规划(2024—2028年)》还明确了要大力推进团干部上讲台,实施团干部上讲台计划,这些都有助于推动其制度化和规范化。"干而论道",可以实现教干部、干部教的良性循环。在深入开展团员和青年主题教育的背景下,团干部上讲台,如何上得去,怎么讲得好,这不仅检验着团干部的理论阐释能力和群众工作能力,还影响着团干部教育培训改革创新的实际效果。

九、上讲台的团干部能力要求

干部教育培训注重问题和实践导向。专家学者的理论功底扎实,但实践经验较少。团干部因其身份的权威和丰富的阅历可有效弥补教育培训师资队伍的短板,从而为培训注入活力,提升效果。"团干部上讲台"制度自推行以来,各级团干部纷纷上台授课,但从宣讲的情况来看,好课的呈现需要认真地遴选合适的团干部。

上讲台的团干部应该能讲。所谓能讲,是指有资格有能力讲。能走上讲台的,应该是在政治素质、理论水平和经验阅历等方面都优于台下学员的团干部,这样才有利于树立教师的权威,赢得学员的认可。教师有权威,课程有"干货",才能诠释好理论,讲解好政策,示范好经验,实现传道授业解惑的目的。

上讲台的团干部应该会讲。所谓会讲,是指善于课程讲授,这是教师的基本素养。讲课不是开会读文件、念稿子,文件是书面表达,讲课是口语表达。一堂好课需精心设计兴趣导入;讲稿需重点突出,素材丰富,节奏得当;讲解需口齿清晰,深入浅出,通俗易懂,要把道理讲清楚,把问题讲透彻,把案例讲生动。

上讲台的团干部应该愿讲。所谓愿讲,是指有表达意愿,愿意向团员青年传授经验。上讲台是团干部的政治责任，但团干部不能为了完成政治责任而将上讲台形式化。团干部需要在繁忙的工作之余，愿意花时间精力学习理论，组织备课，精磨内容，分享课程，并接受学员的反馈评价，完善改进，精益求精。

十、团干部讲团课的主题内容

团干部上讲台，讲的是团课。团课不是文艺表演，不是典型报告，也不是经验推介，必须坚持"课"的内核。团课的第一要素是政治性，同时也要兼顾知识性和实践性，要结合青年和共青团工作实际，有针对性地讲解党的创新理论，所以团课必须是与党团相关的课程。授课内容需遵循前沿导向、问题导向和实践导向，结合身份和经验情况，团干部讲以下方面的主题内容优势会比较突出。

党的青年工作。参与过党的青年工作政策制定或负责过某些专项工作执行的团干部是优选的主讲人，像《中长期青年发展规划（2016—2025年）》、青年发展型城市建设、共青团改革、全面从严治团等主题是不错的选择，这些文件出台的原因、落实的情况、取得的经验、面临的问题及下一步的计划等，这不仅是团干部熟悉的工作内容也是他们的宣讲任务，讲起来会更有切身体会与深刻见解。

共青团实践工作品牌。作为广大青年在实践中学习中国特色社会主义和共产主义的学校，100多年来，共青团带领青年守正创新、踔厉奋发，开展了一系列"青"字号品牌工作，如青年文明号、青年突击队、青年志愿者、青年安全生产示范岗等，这些品牌工作是宝贵的财富，需要继承弘扬，需要在实践中发挥作用。作为一线工作者，团干部收集这些品牌工作案例素材会更加丰富、典型、真实。

青年群众工作能力。团干部的工作能力水平决定了团的事业发展水平。面临青年出现的新特点新优势，如何组织动员青年听党话、跟党走，基层团干部亟待提升青年群众工作能力。善做青年工作的团干部可发挥经验优势，传授其在组织动员、宣传写作、沟通表达、整合资源、活动设计等方面的好做法，这些内容实践性和针对性较强，容易赢得学员的认同。

十一、团干部讲好团课的方法

宣讲不是演讲，不能让上讲台陷入作演讲的误区。演讲是针对某个问题，发表见解或抒发情感。团干部的宣讲则是为了传播党的理论，引领团员青年加强对党的政治认同的主题讲授。宣讲是有立场、有关照、有逻辑的，好的宣讲是能让团员青年听懂、听进，真正实现学以致用、用以促学的。团干部上讲台，怎么讲得好，可以掌握几个技巧。

从"近"入手，注重课程的真实性呈现。官话套话、泛泛而谈的课程往往是无效宣讲。好课不仅要上接天线，更要下接地气，要贴近实际，立足现实，找到学员的利益关注点、思想共鸣点，也就是课程内容一定是与"我"相关的。可以从小故事小切口展开，但一定要讲出大道理大观照，更要有团干部自己的理解和思考，做到立场正确，客观生动，有理有据，切忌照本宣科，高谈阔论，生搬硬套。

从"活"入手，注重课程的互动性体验。团课既严肃又生动。可以根据理论性、实践性和指导性等不同专题的内容选取相应的热点事件进行评述，创新地运用青年喜闻乐见的研讨式、案例式、模拟式等教学方法，同时团干部必须对内容熟稔于心，反复演练，主导好整个课程的方向、进程和边界。团课可以讲"活"，但一定不能讲错，要保证课程的严肃性和准确性，比如，共青团性质的权威表述、团的标志的规范使用等。

从"类"入手，注重课程的分众化讲授。不能只重视宣讲的规模和场次，而忽视学员是否有受益，课程是否受欢迎，所以讲授的内容要跟学员的需求进行有效对接。面向不同阅历、不同层次、不同领域的对象，讲解的重点也不一样。"分众化"宣讲需要团干部认真研究不同学员理论需求和知识需求的差异性，了解他们关注的热点、难点和疑点，从而为其量身定制相应的宣讲结构、内容和语言，做到因材施教。

十二、团干部的授课艺术

团课，是共青团工作的重要阵地。讲好团课，除了主题鲜明、时代感强外，讲课者的授课艺术也十分重要。高超的授课艺术，不仅可以调动听课者的情绪，而且可以帮助授课者传情达意，增强团课的效果。

1. 妙语开场吊胃口

团课大多是理论性较强的课题，如何在开场时激发起听众的兴趣显得尤为重要。万事开头难，良好的开头是成功的一半，每堂团课，主讲者一定要精心备课，深思熟虑，力求在最短的时间把听众的注意力吸引过来，深深揪住听众的心。

如在讲授《如何当好学生干部》的主题团课时，开场白就向学生抛去一个问号：大多数用人单位，对有当过学生干部的毕业生情有独钟，而有一家大型集团企业，却在招聘横幅上打出："学生干部除外"的字语，这是为什么？一个大大的问号，使学生纷纷陷入深思，注意力一下就集中过来。

2. 旁征博引启深思

讲课时，要举一些实例，不仅要趣味浓，而且要格调高；既有生动性、感染力，又有理论性、说服力，才能激励人心；所以要注意事例的典型性与时代性的关系，而要处理好这一关系，所选的例子，就必须既有典型性，令听者深受触动，又具有代表性，让听者信服以便于学习；不能脱离基本而又广泛的"受众面"实际去找虚无缥缈、不着边际的虚幻事例，使听众觉得不可信，无教益，无收获。

如在讲《学生干部如何处理好学习与工作的关系》的主题团课时，精心准备了一个平凡学生走向不平凡的典型事例，著名的新东方创办人之一徐小平所写的《黄金是怎样炼成的》主人公乔慧存，一个普通的中专生，如何从晨跑开始，步步向上，进入美国沃顿MBA之路的真实事例。这一个实例，与我们的学生有太多相同的背景，却做出了非同一般的成绩，鼓舞人心，令人敬佩仰慕效仿。主题团课讲完后，学生纷纷去购买这本书，一睹为快，用以自我激励。

3. 形式创新添鲜味

讲团课以"讲"为主，但授课时，决不能低头念讲稿，照本宣科，而要有清晰、流利、自如、通畅的语言，也不能夸夸其谈、长篇大论，让听者一头雾水，不知所云，不知重点、要点。要增强团课效果，还必须在形式上进行创新。

与时俱进，不断创新教育手段，积极依托网络现代化手段进行多媒体教育，可以增强团课教育常讲、常新、常鲜的吸引力。因此，所有的主题团课，最好都能制成多媒体课件，如讲《中国先进文化》的主题团课，将"东方红""国歌""春天的故事"等歌曲制作进课件，同时辅之以先进文化内涵的讲解，比起单纯的"讲授"，其韵味更为鲜纯深厚，团员青年在音乐艺术的美好熏陶中，潜移默化地接受了教育。

积极探索团干部、团员轮流上团课的新形式。如果总是沿用老师讲、团员青年听的团课教育老路子，旧面孔很有可能使团员青年感到枯燥无味，产生厌倦情绪。而团干部、团员轮流上团课的新形式，把团员青年从台下推到台上，打破了原来的教师一言堂，使之转为团员青年的群言堂；原来的你讲我听、你打我通，也由此变成了各抒己见；团课教育就永远是潺潺的清泉，而不会变成一潭死水。团干部、团员轮流上团课的做法，可收取两大效应：(1) 团员青年不断地产生新鲜感，从而调动了团员青年参加团组织活动的积极性；(2) 促进团员青年不断地以学促教、互学互教，因为团员青年要轮流讲课，要分小组自由辩论，就使得每个团员青年都感受到压力，都得认真备课；这本身是一种学习深入、或曰学会学习的过程。

4. 激励结尾鼓斗志

如果将整堂主题团课比喻为画龙的话，那么结尾部分就犹如点睛，能给人以强烈的印象。戴尔·卡耐基说过这样的名言：最后的——也是最重要的。……缄口之前挂在嘴边的词儿可能使人记得最久。

如在讲《新生如何适应新环境》的主题团课时，就以这样充满激情的语言结尾："光荣来自于梦想，未来属于青年人，一心向着自己目标前进的人，整个世界都给他让路。"给刚跨入大学校门的团员青年留下了强有力的刺激和难以忘怀的深刻印象。因此，对于主题团课的结尾，主讲者要以炽热的情感，调动能把听课者情绪推到顶峰的手段，提出殷切的希望，发出迎接生活挑战的号召，激励团员青年树立信心，并付之于行动。

十三、团课教育实效性的现实意义

1. 当代大学生的德育水平决定了加强团课教育的必要性

随着改革开放的深入，我国精神文明建设面临着许多新的挑战。一个时期以来，大学生行为道德水准的下降引起了人们的高度重视。由于社会环境影响促使大学生的理想追求从"社会型"转向"现实型"；大学生过分的技术崇拜造成了精神危机：如道德滑坡、亲情隐痛，造成人与人之间的欺诈与防范；正确的道德认知和淡漠的道德行为意识共存；诚信道德的缺失，考试作弊、毕业生自荐材料"注水"等一系列失信、败德现象客观存在于当今校园，冲击着德育教育的实效。较高的德育水平是大学生具备较高政治素质的前提，一个没有集体荣誉感不热爱集体的学生怎么可能热爱自己的祖国，一个连自己的人生目标都没有的人又怎么可能具备共产主义信仰，大学生德育水平的现状决定了加强团课教育实效性的必要性。

2. 提高团课教育的实效性是提高大学生道德水准和思想理论水平的有效途径

团课与传统的政治理论课存在很大的不同，传统的思想政治理论课忽视个体主体性的发挥，甚至完全剥夺了受教育者的主体性。而在团课教育中，是以学生为主体，更强调学生对学习内容的领悟。现代的思想政治教育只有充分发挥每个个体的主体性和能动性，才能够从道德水平的他律走向自律，使学生形成真正的道德判断。

通过有效开展团课，团课可以给学生提供这样的一个平台，让学生由原来的被动学习改为主动学习。同时，在团组织中每个个体在同一时期对同一事物的共同认知可形成良好的外部环境来促进学生良好行为的养成，从而使学生由对事物的认知转化为行为，最终增强思想政治教育的实效性。

十四、加强高校团课教育实效性的可行办法

1. 创新团课模式，以多样的团课形式激发学生学习兴趣

改变传统的"灌输式"团课学习模式，在团课开展中可借助PPT、视频、小品、短剧、演讲、讨论等形式开展团课活动，但所加的任何部分必须紧扣主题，不能背离主题改变团课的性质。同时，也可对部分主题团课以辩论赛、知识竞赛、专题讲座等形式开展，使团课形式多变、新颖、活泼。

2. 创新团课学习内容，加强学习内容与实际的联系

借鉴科尔伯格的道德理论，只有道德认知与社会环境长期相互作用，才可能转化为道德行为。也就是说只有把团课的思想精髓与实际相连，才有可能达成相互的作用。如果只是空谈理论，而与实际毫不相关是很难达到团课的实效性的。在学习内容中要结合学生学习、工作、生活实际，要有针对性，可以把学生心理健康知识学习、学生职业生涯规划、学生自我完善和发展、专业前景发展等学生普遍存在的话题引入团课学习中。

在团课学习中把学生对团课主题内容的看法、认识，作为团课的主体部分，减少讲授的比重。作为一名大学生，关于团的相关理论知识从中学到现在，基本上都已学习过，为什么无法应用这些理论来指导自己的思想行为，无法体现在实际行动中？最主要的原因还是学生没有把学到的知识转化为自己的认知，所以团课中应尽量激发学生的主动性，让学生成为团课的主体，让他们多去选择学习内容、多思考学习内容对自己的指导意义。

3. 加强团课实践，增强团课实效

在团课中加入实践环节，一方面激发学生把所学的知识应用

于实际，另一方面为学生营造了良好的外部环境，更有利于学生把所学的知识真正转化为自己的行为。

团课实践应根据团课主题来设定，例如：以爱国主义教育为主题的团课可以红色之旅、走访慰问革命前辈、参观历史博物馆等形式让学生切实体会到新中国的来之不易、在中国共产党领导下的中国几十年来发生的变化，增强学生的爱国情怀；在爱校为主题的团课中可加入美化校园、争做校园文明使者等方面的实践活动，增强学生的主人翁意识，在行动中理解爱校的真正含义。

团课实践应重在实效而不应流于形式，在实践之前要对实践的目的和意义向学生解释清楚，做好思想动员，让学生以积极的心态去实践。在实践开展过程中加强对学生的指导和监督，让学生亲身经历的同时，引导学生去思考、去感悟。对于有条件的实践活动应该保持一段时期以确保实效性。

注重团课实践的总结，召开实践总结会，选取典型，将他在实践中的具体做法和感悟与其他同学分享，进一步提升学生的思想意识。

4. 加入调查分析，使团课开展有理有据

定期对团课的开展情况进行调查，调查的内容应包括团课开展过程中的效果及团课对学生的后续影响，并对调查结果进行分析，找出成功与不足，以便及时地进行调整。

5. 联系实际制定考核制度，确保团课的实效性

团课考核制度的设定应根据团课开展的实际情况，应包括团支部、团员个人考核两部分，把考核结果作为团支部个人评优、评先及组织发展的重要考核依据。

总之，团课教育只有让学生真正成为课堂的主体，以形式新颖、内容贴近实际的团课来激发学生的学习兴趣，将理论与实践相结合，才能最终提升团课教育的实效性。

十五、团课的热点问题问答

1. 什么是"微"团课?

"微"团课是团课的一种,是团组织对团员进行思想政治教育和团的基本知识教育的一种形式。

2. 一堂优秀的微团课应该是什么样的?

优秀微团课至少具备三方面:一是引人深思的问题意识;二是积极向上的主题内容;三是灵活多样的教学方法。

3. 微团课的授课内容应该关注什么?

微团课的内容主题主要是理论阐释、回溯历史和关注时代等方面,目的在于帮助团员青年把握历史发展规律、思考深刻理论,从而更好地关注社会现实,真正将自我成长与时代发展结合起来,实现自我价值。

4. 如何把微团课讲得知识丰富又生动有趣?

最重要的是选题。选题应该注重三个层面:

第一,选择理论重难点。理论的重难点往往就是团员青年的"痛点",一旦把一个深刻理论阐释清楚,就会使得课程有趣。

第二,要结合现实热点。理论的生命力来自对现实的观照,所以要结合时代热点来阐释经典理论。

第三,立足学生疑惑点。真正关注团员青年的问题在哪里,有针对性地解决团员青年的疑惑,是教学的关键所在。

5. 团课最重要的使命是什么?

小到一个水杯的设计,也可以小见大,传递共青团文化;大到重温党史,用共产党的精神谱系感染青年一代,团课最重要的使命在于思想引领,说到底就是在为党育人。

6. 好的团课应该具备什么？

好的团课一定要有"三度五点"：

三度，即温度、高度、角度；

五点，即重点、观点、热点、焦点、泪点。

7. 团课老师要解决哪些问题？

中央团校吴庆教授关于团课老师如何讲好一节团课是这么思考的：第一个问题叫方向把准了没有？就是团课要讲政治，有明确的政治方向，这是合格团课的最关键的标准。第二个问题叫问题解决了没有？就是要强化我们课程的问题导向。问题导向非常重要，因为培训课更多的是要指导学员解决实际问题，有明确的实践导向，不能关起门来空讲理论，哪怕是理论问题，也有理论困惑的重点方向。第三个问题叫理论讲清了没有？就是在所授主题课程的基本规律表达得是否充分明确清楚。第四个问题叫现场吸引了没有？就是整个传授的现场要吸引学员的注意力，产生较好的教学互动体验。第五个问题叫感情表达了没有？这是对团课提出的更高的要求，团课的党性和青年性对团课所表达的感情要求尤为迫切。讲团课是传递什么？当然不是光传递知识，更重要的是传递情感与态度。第六个问题叫个性突出了没有？没有一模一样的团课老师讲授模式，每个老师都有自己的个性天赋，应该在课堂中很好地表达出来。团课老师应当解决这六个问题。

8. 团课教育开展中存在的主要问题是什么？

团课是高校思想教育的一个重要组成部分。但在部分高校团课只是应付课或是纯粹文娱节目表演的舞台，甚至有些高校团课处于无管理名存实亡的状态；多数高校对团课重视不够，团课教育重理论轻实效、教学模式以课堂"灌输"为主，模式单一、教学内容枯燥，缺乏实际指导意义、团课缺乏考核约束。

9. 学生在团课学习中存在的问题有哪些?

大学生对团课不感兴趣,在团课学习过程中部分学生不专心,存在看小说、玩手机、听音乐、做作业、聊天等问题。如何让大学生真正喜欢上团课,如何提高团课的思想政治效果,从而统一团员青年思想是对团的理论与实践工作的严峻挑战。

第八章

基层团组织队伍建设

一、团员教育管理概述

(一) 团员教育管理的意义

团员是团的肌体的细胞和团的活动的主体。团员教育管理是团的建设基础性经常性工作。长期以来，各级团组织在团员教育管理上做了许多基础性工作，建立了一支规模宏大、能够发挥模范作用的团员队伍。

由于团组织自身的特点，每年有数以百万计的团员超龄离团，又有数以百万计的青年入团，做好团员教育管理工作具有更为重要的意义。实践证明，只有把团员教育好、发展好、管理好，才能体现团员队伍的先进性，更好发挥共青团作为党的助手和后备军的作用。

(二) 团员教育管理的要求

党的十八大以来，习近平总书记对团员队伍建设高度重视，多次作出重要指示，明确要求抓好入团以后的教育实践，切实增强团员先进性。与时俱进加强和改进团员教育管理工作，是增强新时代团员先进性和光荣感的必然要求。

站在新的历史起点上,加强团的建设特别是先进性建设,必须把团员教育管理放在更加突出的位置,更好带动广大青年在全面建设社会主义现代化国家新征程中建功立业。

基层团组织应当加强团员教育管理,引导团员在实践中学习中国特色社会主义和共产主义,增强"四个意识"、坚定"四个自信"、做到"两个维护",认真履行义务,正确行使权利,珍惜团员身份,提高自身素质,切实发挥模范带头作用,体现先进性。

团员教育管理工作以马克思列宁主义、毛泽东思想、邓小平理论、"三个代表"重要思想、科学发展观、习近平新时代中国特色社会主义思想为指导,贯彻落实习近平总书记关于青年工作的重要思想,紧紧围绕保持和增强政治性、先进性、群众性,坚持团要管团、从严治团,进一步解放思想、改革创新,坚持教育、管理、监督、服务相结合,努力建设有信仰、讲政治、重品德、守纪律、肯奉献、争先锋的团员队伍,源源不断为党输送新鲜血液。

(三) 团员教育管理的原则

坚持把政治建设摆在首位,坚持党的领导,突出政治教育和理想信念教育,切实履行为党育人的职责。

坚持全面从严治团,将严和实的要求落实到团员教育管理工作的全过程和各方面。

坚持围绕中心、服务大局,注重团员教育管理质量实效,保证党的指示和团的决议得到有效贯彻执行。

坚持从实际出发,加强分类指导,尊重团员主体地位,发挥基层团组织特别是团支部直接教育、管理、监督团员作用。

坚持守正创新,体现时代特点。

二、团员教育管理的主要方式

（一）建立健全团的组织生活制度

团组织应当健全团的组织生活制度，落实"三会两制一课"制度，创新组织生活方式，增强时代感、实践性，对团员进行经常性教育管理。团员应当按期参加团的组织生活。保留团籍的党员应当积极参加党的组织生活，提倡参加团的组织生活，可不参加团员教育评议和年度团籍注册。各级团干部应当编入团的一个支部，参加所在团支部或者团小组的组织生活。

团支部每年至少召开一次组织生活会，组织生活会一般以支部团员大会、支部委员会或者团小组会形式召开。

团员教育评议一般与年度团籍注册、团员先进性评价、团的荣誉激励等工作统筹开展，每年进行一次。团支部召开支部大会，组织团员进行评议。团支部综合评议情况和团员日常表现情况，提出建议评议等次，报上级团的委员会批准。评议等次作为团的荣誉激励的重要依据。

（二）组织开展形式新颖的教育活动

基层团组织应当深入实施青年大学习行动，采取集中学习、定期轮训、理论宣讲、实践活动、在线培训等方式，推动团员学习培训常态化制度化、增强吸引力感染力。

基层团组织一般每月开展一次主题团日，贴近团员思想、学习和工作实际，组织上团课，开展学习交流、参观实践等形式的网上或网下活动。

基层团组织应当规范开展入团仪式、14 岁集体生日、18 岁成人仪式、超龄离团仪式等团内仪式教育活动。学校团组织每学期至少开展一次团内仪式教育活动。

基层团组织应当把团员参与志愿服务、社会实践作为新时代彰显团员先进性的重要载体。团员应当按照就近就便原则，依托基层团组织、"青年之家"、青年志愿者组织等，积极开展学雷锋志愿服务、向社区（村）报到等活动。团员应当在团组织及其授权的志愿者组织注册成为志愿者。团员每年应当参加志愿服务时长不少于20小时，未达标者一般不得参与团内评奖评优。

基层团组织应当挖掘青年身边的团员先进典型，教育引导团员始终保持创先争优的劲头和永久奋斗的姿态。鼓励学生团员通过假期社会实践、志愿服务等方式服务群众、奉献社会。教育引导职业团员通过青年突击队、青年志愿者、青年文明号、青年岗位能手、青年致富带头人等载体，开展团员承诺践诺和岗位建功等活动，提升服务大局贡献度。

基层团组织应当教育引导团员带头绿色上网、文明用网，成为网络文明志愿者，不造谣、不信谣、不传谣，敢于发声亮剑、驳斥错误，营造清朗网络空间。

基层团组织应当教育引导团员积极向党组织靠拢，加强推优入党工作，深化青年马克思主义者培养工程，推动党、团组织联合培养教育，不断向党组织输送新鲜血液。落实"两个一般、两个主要"的要求，按照《共青团推优入党工作实施办法（试行）》规定，规范"推优"程序，加强过程培养，提高"推优"质量。

基层团组织应当坚持从严教育管理和热情关心爱护统一，从政治、思想、工作、生活上关心爱护团员，注重分析团员思想动态和行为特点，有针对性地做好思想政治工作和心理疏导，帮扶困难团员。基层团组织负责人应当经常同团员谈心谈话。

三、团员教育的主要内容

(一) 思想政治教育

共青团作为党的助手和后备军,必须按照党的要求加强对团员的思想教育特别是政治教育和理想信念教育。在总结团员教育工作实践的基础上,结合新时代团员队伍建设需要,要把用习近平新时代中国特色社会主义思想武装团员头脑作为团员教育管理的首要政治任务,教育引导团员认真学习贯彻习近平总书记关于青年工作的重要思想,坚持读原著、学原文、悟原理,努力做到学思用贯通、知信行统一。

1. 思想政治教育的指导思想

坚持以习近平新时代中国特色社会主义思想为指导。习近平新时代中国特色社会主义思想是马克思主义中国化的最新成果,是党和人民实践经验和集体智慧的结晶,是中国特色社会主义理论体系的重要组成部分,是全党全国人民为实现中华民族伟大复兴而奋斗的行动指南,必须长期坚持并不断发展。要深刻理解习近平新时代中国特色社会主义思想的核心要义、精神实质、丰富内涵、实践要求,不断增强团员青年的政治意识、大局意识、核心意识、看齐意识,坚决维护习近平总书记党中央的核心、全党的核心地位,坚决维护党中央权威和集中统一领导。

要紧密结合团员学习生活实际,推动习近平新时代中国特色社会主义思想进企业、进农村、进机关、进校园、进社区、进军营、进网络,真正使党的创新理论落地生根、开花结果。要在知行合一、学以致用上下功夫,引导团员坚持以习近平新时代中国特色社会主义思想为指导,展现新气象、激发新作为,把学习教育成果转化为爱国报国的实际行动。

进一步提高思想觉悟和理论水平，树立共产主义远大理想和中国特色社会主义共同理想。深入贯彻党的二十大和二十届一中、二中、三中全会精神，以理想信念教育为核心，以爱国主义教育为重点，以思想道德建设为基础，解放思想、实事求是、与时俱进，努力提高思想政治教育的针对性、实效性和吸引力、感染力，培养中国特色社会主义合格建设者和可靠接班人。

组织团员学习党的基本理论、基本路线、基本方略，学习党史、新中国史、改革开放史、社会主义发展史、中华民族发展史，深刻认识中国共产党为什么能、马克思主义为什么行、中国特色社会主义为什么好，深刻认识党的领导是中国特色社会主义最本质特征和最大制度优势，自觉感党恩、听党话、跟党走。

2. 思想政治教育的主要任务

以理想信念教育为核心，深入进行树立正确的世界观、人生观和价值观教育。要高举中国特色社会主义伟大旗帜，广泛开展理想信念教育，用党领导人民进行伟大社会革命的成果说话，用改革开放以来社会主义现代化建设的伟大成就说话，用新时代坚持和发展中国特色社会主义的生动实践说话，用中国特色社会主义制度的优势说话，在历史与现实、国际与国内的对比中，引导人们深刻认识中国共产党为什么"能"、马克思主义为什么"行"、中国特色社会主义为什么"好"，牢记红色政权是从哪里来的、新中国是怎么建立起来的，倍加珍惜我们党开创的中国特色社会主义，不断增强道路自信、理论自信、制度自信、文化自信。

要坚持不懈地用马克思列宁主义、毛泽东思想、邓小平理论、"三个代表"重要思想、科学发展观、习近平新时代中国特色社会主义思想武装团员，深入开展党的基本理论、基本路线、基本纲领和基本经验教育,开展中国革命、建设和改革开放的历史教育,开展基本国情和形势政策教育,使团员正确认识社会发展规律,认识国家的前途命运,认识自己的社会责任,确立在中国共产党领导下走中国特色社会主义道路,实现中华民族伟大复兴的共同理想和坚定信念。同时,要积极引导团员不断追求更高的目标,使他们树立共产主义的远大理想,确立马克思主义的坚定信念。

以爱国主义教育为重点,深入进行弘扬和培育民族精神教育。深入开展中华民族优良传统和中国革命传统教育,开展各民族平等团结教育,培养团结统一、爱好和平、勤劳勇敢、自强不息的精神,树立民族自尊心、自信心和自豪感。要把民族精神教育与以改革创新为核心的时代精神教育结合起来,引导团员在中国特色社会主义事业的伟大实践中,在时代和社会的发展进步中汲取营养,培养爱国情怀、改革精神和创新能力,始终保持艰苦奋斗的作风和昂扬向上的精神状态。

以基本道德规范为基础,深入进行公民道德教育。要认真贯彻《公民道德建设实施纲要》,以为人民服务为核心、以集体主义为原则、以诚实守信为重点,广泛开展社会公德、职业道德和家庭美德教育,引导团员自觉遵守爱国守法、明礼诚信、团结友善、勤俭自强、敬业奉献的基本道德规范。坚持知行统一,积极开展道德实践活动,把道德实践活动融入团员生活工作之中。

(二) 爱国主义教育

爱国主义是中华民族的民族心、民族魂,是中华民族最重要的精神财富,是中国人民和中华民族维护民族独立和民族尊严的强大精神动力。爱国主义精神深深植根于中华民族心中,维系着中华大地上各个民族的团结统一,激励着一代又一代中华儿女为祖国发展繁荣而自强不息、不懈奋斗。把实现中华民族伟大复兴的中国梦作为鲜明主题，教育引导团员坚持爱国和爱党、爱社会主义高度统一，带头弘扬以爱国主义为核心的民族精神和以改革创新为核心的时代精神，立志把个人梦想融入实现中国梦的伟大实践，努力成为担当民族复兴大任的时代新人。

深入开展国情教育和形势政策教育，教育团员胸怀中华民族伟大复兴战略全局和世界百年未有之大变局，准确把握基本国情，发扬斗争精神、增强斗争本领，坚持在党的领导下集中精力做好自己的事情。紧密围绕贯彻落实党和国家重大决策部署、参与推进落实重大任务，深入浅出宣传阐释党的政策主张，积极回应团员关切，把团员的思想和行动统一到中央精神上来。

组织团员学习中华优秀传统文化，学习弘扬党领导人民创造的革命文化和社会主义先进文化，树立正确的历史观、文化观，增强民族自尊心、自信心、自豪感。教育团员树立总体国家安全观，铸牢中华民族共同体意识，维护社会稳定、祖国统一、民族团结。

1. 爱国主义教育的意义

中国共产党是爱国主义精神最坚定的弘扬者和实践者，一百多年来，中国共产党团结带领全国各族人民进行的革命、建设、改革实践是爱国主义的伟大实践，写下了中华民族爱国主义精神的辉煌篇章。

党的十八大以来，以习近平同志为核心的党中央高度重视爱国主义教育，固本培元、凝心铸魂，做出一系列重要部署，推动爱国主义教育。当前，中国特色社会主义进入新时代，中华民族伟大复兴正处于关键时期。新时代加强爱国主义教育，对于振奋民族精神、凝聚全民族力量，夺取新时代中国特色社会主义伟大胜利，实现中华民族伟大复兴的中国梦，具有重大而深远的意义。

2. 爱国主义教育的总体要求

坚持以马克思列宁主义、毛泽东思想、邓小平理论、"三个代表"重要思想、科学发展观、习近平新时代中国特色社会主义思想为指导，增强"四个意识"，坚定"四个自信"，做到"两个维护"，着眼培养担当民族复兴大任的时代新人，始终高扬爱国主义旗帜，着力培养爱国之情、砥砺强国之志、实践报国之行，使爱国主义成为全体中国人民的坚定信念、精神力量和自觉行动。

坚持把实现中华民族伟大复兴的中国梦作为鲜明主题。伟大事业需要伟大精神，伟大精神铸就伟大梦想。要把国家富强、民族振兴、人民幸福作为不懈追求，着力扎紧全国各族人民团结奋斗的精神纽带，厚植家国情怀，培育精神家园，引导团员坚持中国道路、弘扬中国精神、凝聚中国力量，为实现中华民族伟大复兴的中国梦提供强大精神动力。

坚持爱党爱国爱社会主义相统一。新中国是中国共产党领导的社会主义国家，祖国的命运与党的命运、社会主义的命运密不可分。当代中国，爱国主义的本质就是坚持爱国和爱党、爱社会主义高度统一。要区分层次、区别对象，引导团员深刻认识党的领导是中国特色社会主义最本质特征和最大制度优势，坚持党的领导、坚持走中国特色社会主义道路是实现国家富强的根本保障和必由之路，以坚定的信念、真挚的情感把新时代中国特色社会主义一以贯之进行下去。

坚持以维护祖国统一和民族团结为着力点。国家统一和民族团结是中华民族根本利益所在。要始终不渝坚持民族团结是各族人民的生命线，巩固和发展平等团结互助和谐的社会主义民族关系，引导全国各族人民像爱护自己的眼睛一样珍惜民族团结，维护全国各族人民大团结的政治局面，巩固和发展最广泛的爱国统一战线，不断增强对伟大祖国、中华民族、中华文化、中国共产党、中国特色社会主义的认同，坚决维护国家主权、安全、发展利益，旗帜鲜明反对分裂国家图谋、破坏民族团结的言行，筑牢国家统一、民族团结、社会稳定的铜墙铁壁。

坚持以立为本、重在建设。爱国主义是中华儿女最自然、最朴素的情感。要坚持从娃娃抓起，着眼固本培元、凝心铸魂，突出思想内涵，强化思想引领，做到润物无声，把基本要求和具体实际结合起来，把全面覆盖和突出重点结合起来，遵循规律、创新发展，注重落细落小落实、日常经常平常，强化教育引导、实践养成、制度保障，推动爱国主义教育融入贯穿国民教育和精神文明建设全过程。

坚持立足中国又面向世界。一个国家、一个民族，只有开放兼容，才能富强兴盛。要把弘扬爱国主义精神与扩大对外开放结合起来，尊重各国历史特点、文化传统，尊重各国人民选择的发展道路，善于从不同文明中寻求智慧、汲取营养，促进人类和平与发展的崇高事业，共同推动人类文明发展进步。

3. 爱国主义教育的基本内容

（1）国情和形势政策教育。深入开展国情教育和形势政策教育。要深入开展国情教育，帮助团员了解我国发展新的历史方位、社会主要矛盾的变化，引导团员深刻认识到，我国仍处于并将长期处于社会主义初级阶段的基本国情没有变，我国是世界上最大发展中国家的国际地位没有变，始终准确把握基本国情，既不落后于时代，也不脱离实际、超越阶段。要深入开展形势政策教育，帮助团员树立正确的历史观、大局观、角色观，了解世界正经历百年未有之大变局，我国仍处于发展的重要战略机遇期，引导团员清醒认识国际国内形势发展变化，做好我们自己的事情。要发扬斗争精神，增强斗争本领，引导团员充分认识伟大斗争的长期性、复杂性、艰巨性，敢于直面风险挑战，以坚韧不拔的意志和无私无畏的勇气战胜前进道路上的一切艰难险阻，在进行伟大斗争中更好弘扬爱国主义精神。

（2）民族精神和时代精神教育。以爱国主义为核心的民族精神和以改革创新为核心的时代精神，是凝心聚力的兴国之魂、强国之魂。要聚焦培养担当民族复兴大任的时代新人，培育和践行社会主义核心价值观，广泛开展爱国主义、集体主义、社会主义教育，提高团员的思想觉悟、道德水准和文明素养。要唱响人民赞歌、展现人民风貌，大力弘扬中国人民在长期奋斗中形成的伟大创造精神、伟大奋斗精神、伟大团结精神、伟大梦想精神，生动展示人民群众在新时代的新实践、新业绩、新作为。

（3）"五史"教育。广泛开展党史、新中国史、改革开放史、社会主义发展史、中华民族发展史教育。历史是最好的教科书，也是最好的清醒剂。要结合中华民族从站起来、富起来到强起来的伟大飞跃，引导团员深刻认识历史和人民选择中国共产党、选择马克思主义、选择社会主义道路、选择改革开放的历史必然性，深刻认识我们国家和民族从哪里来、到哪里去，坚决反对历史虚无主义。要继承革命传统，弘扬革命精神，传承红色基因，结合新的时代特点赋予新的内涵，使之转化为激励团员青年进行伟大斗争的强大动力。要加强改革开放教育，引导团员深刻认识改革开放是党和人民大踏步赶上时代的重要法宝，是坚持和发展中国特色社会主义的必由之路，是决定当代中国命运的关键一招，也是决定实现"两个一百年"奋斗目标、实现中华民族伟大复兴的关键一招，凝聚起将改革开放进行到底的强大力量。

（4）中华优秀传统文化教育。传承和弘扬中华优秀传统文化。对祖国悠久历史、深厚文化的理解和接受，是爱国主义情感培育和发展的重要条件。要引导团员了解中华民族的悠久历史和灿烂文化，从历史中汲取营养和智慧，自觉延续文化基因，增强民族自尊心、自信心和自豪感。要坚持古为今用、推陈出新，不忘本来、辩证取舍，深入实施中华优秀传统文化传承发展工程，推动中华文化创造性转化、创新性发展。要坚守正道、弘扬大道，反对文化虚无主义，引导团员树立和坚持正确的历史观、民族观、国家观、文化观，不断增强中华民族的归属感、认同感、尊严感、荣誉感。

（5）祖国统一和民族团结进步教育。实现祖国统一、维护民族团结，是中华民族的不懈追求。要加强祖国统一教育，深刻揭示维护国家主权和领土完整、实现祖国完全统一是大势所趋、大义所在、民心所向，增进广大同胞心灵契合、互信认同，与分裂祖国的言行开展坚决斗争，引导全体中华儿女为实现民族伟大复兴、推进祖国和平统一而共同奋斗。深化民族团结进步教育，铸牢中华民族共同体意识，加强各民族交往交流交融，引导各族群众牢固树立"三个离不开"思想，不断增强"五个认同"，使各民族同呼吸、共命运、心连心的光荣传统代代相传。

（6）国家安全和国防教育。国家安全是安邦定国的重要基石。要加强国家安全教育，深入学习宣传总体国家安全观，增强全党全国人民国家安全意识，自觉维护政治安全、国土安全、经济安全、社会安全、网络安全和外部安全。要加强国防教育，增强全民国防观念，使关心国防、热爱国防、建设国防、保卫国防成为全社会的思想共识和自觉行动。要深入开展增强忧患意识、防范化解重大风险的宣传教育，引导广大团员强化风险意识，科学辨识风险、有效应对风险，做到居安思危、防患未然。

（三）公民道德教育

中华文明源远流长，孕育了中华民族的宝贵精神品格，培育了中国人民的崇高价值追求。中国共产党领导人民在革命、建设和改革历史进程中,坚持马克思主义对人类美好社会的理想,继承发扬中华传统美德,创造形成了引领中国社会发展进步的社会主义道德体系。坚持和发展中国特色社会主义,需要物质文明和精神文明全面发展、人民物质生活和精神生活水平全面提升。

1. 公民道德教育的意义

中国特色社会主义进入新时代,加强公民道德建设、提高全社会道德水平,是全面建设社会主义现代化强国的战略任务,是适应社会主要矛盾变化、满足人民对美好生活向往的迫切需要,是促进社会全面进步、人民全面发展的必然要求。

为大力弘扬以集体主义为原则的社会主义道德,积极教育引导团员践行社会主义核心价值观,培养群众观点和人民立场,增强集体观念和社会责任感,把正确的道德认知、自觉的道德养成和积极的道德实践紧密结合起来。

党的十八大以来,以习近平同志为核心的党中央高度重视公民道德建设,立根塑魂、正本清源,做出一系列重要部署,推动思想道德建设取得显著成效。中国特色社会主义和中国梦深入人心,践行社会主义核心价值观、传承中华优秀传统文化的自觉性不断提升,爱国主义、集体主义、社会主义思想广为弘扬,崇尚英雄、尊重模范、学习先进成为风尚,民族自信心、自豪感大大增强,人民思想觉悟、道德水准、文明素养不断提高,道德领域呈现积极健康向上的良好态势。

同时也要看到,在国际国内形势深刻变化、我国经济社会深刻变革的大背景下,由于市场经济规则、政策法规、社会治理还不够健全,受不良思想文化侵蚀和网络有害信息影响,道德领域依然存在不少问题。一些地方、一些领域不同程度存在道德失范现象,拜金主义、享乐主义、极端个人主义仍然比较突出;一些社会成员道德观念模糊甚至缺失,是非、善恶、美丑不分,见利忘义、唯利是图，损人利己、损公肥私；造假欺诈、不讲信用的现象久治不绝，突破公序良俗底线、妨害人民幸福生活、伤害国家尊严和民族感情的事件时有发生。这些问题必须引起全党全社会高度重视，采取有力措施切实加以解决。

加强公民道德建设是一项长期而紧迫、艰巨而复杂的任务，要适应新时代新要求，坚持目标导向和问题导向相统一，进一步加大工作力度，把握规律、积极创新，持之以恒、久久为功，推动全民道德素质和社会文明程度达到一个新高度。

2. 公民道德教育的总体要求

要以习近平新时代中国特色社会主义思想为指导，紧紧围绕进行伟大斗争、建设伟大工程、推进伟大事业、实现伟大梦想，着眼构筑中国精神、中国价值、中国力量，促进全体人民在理想信念、价值理念、道德观念上紧密团结在一起，在全民族牢固树立中国特色社会主义共同理想，在全社会大力弘扬社会主义核心价值观，积极倡导富强民主文明和谐、自由平等公正法治、爱国敬业诚信友善，全面推进社会公德、职业道德、家庭美德、个人品德建设，持续强化教育引导、实践养成、制度保障，不断提升公民道德素质，促进人的全面发展，培养和造就担当民族复兴大任的时代新人。

坚持马克思主义道德观、社会主义道德观，倡导共产主义道德，以为人民服务为核心，以集体主义为原则，以爱祖国、爱人民、爱劳动、爱科学、爱社会主义为基本要求，始终保持公民道德建设的社会主义方向。

坚持以社会主义核心价值观为引领，将国家、社会、个人层面的价值要求贯穿到道德建设各方面，以主流价值建构道德规范、强化道德认同、指引道德实践，引导团员明大德、守公德、严私德。

坚持在继承传统中创新发展，自觉传承中华传统美德，继承我们党领导人民在长期实践中形成的优良传统和革命道德，适应新时代改革开放和社会主义市场经济发展要求，积极推动创造性转化、创新性发展，不断增强道德建设的时代性实效性。

坚持提升道德认知与推动道德实践相结合，尊重人民群众的主体地位，激发团员形成善良的道德意愿、道德情感，培育正确的道德判断和道德责任，提高道德实践能力尤其是自觉实践能力，引导团员向往和追求讲道德、尊道德、守道德的生活。

坚持发挥社会主义法治的促进和保障作用，以法治承载道德理念、鲜明道德导向、弘扬美德义行，把社会主义道德要求体现到立法、执法、司法、守法之中，以法治的力量引导团员向上向善。

坚持积极倡导与有效治理并举，遵循道德建设规律，把先进性要求与广泛性要求结合起来，坚持重在建设、立破并举，发挥榜样示范引领作用，加大突出问题整治力度，树立新风正气、祛除歪风邪气。

要把社会公德、职业道德、家庭美德、个人品德建设作为着力点。推动践行以文明礼貌、助人为乐、爱护公物、保护环境、遵纪守法为主要内容的社会公德，鼓励团员在社会上做一个好公民；推动践行以爱岗敬业、诚实守信、办事公道、热情服务、奉献社会为主要内容的职业道德，鼓励人们在工作中做一个好建设者；推动践行以尊老爱幼、男女平等、夫妻和睦、勤俭持家、邻里互助为主要内容的家庭美德，鼓励人们在家庭里做一个好成员；推动践行以爱国奉献、明礼遵规、勤劳善良、宽厚正直、自强自律为主要内容的个人品德，鼓励人们在日常生活中养成好品行。

3. 公民道德教育的重点任务

（1）筑牢理想信念之基。人民有信仰，国家有力量，民族有希望。信仰信念指引人生方向，引领道德追求。要坚持不懈用习近平新时代中国特色社会主义思想武装全党、教育人民，引导人们把握丰富内涵、精神实质、实践要求，打牢信仰信念的思想理论根基。在全社会广泛开展理想信念教育，深化社会主义和共产主义宣传教育，深化中国特色社会主义和中国梦宣传教育，引导团员不断增强道路自信、理论自信、制度自信、文化自信，把共产主义远大理想与中国特色社会主义共同理想统一起来，把实现个人理想融入实现国家富强、民族振兴、人民幸福的伟大梦想之中。

（2）培育和践行社会主义核心价值观。社会主义核心价值观是当代中国精神的集中体现，是凝聚中国力量的思想道德基础。要持续深化社会主义核心价值观宣传教育，增进认知认同、树立鲜明导向、强化示范带动，引导人们把社会主义核心价值观作为明德修身、立德树人的根本遵循。坚持贯穿结合融入、落细落小落实，把社会主义核心价值观要求融入日常生活，使之成为人们日用而不觉的道德规范和行为准则。坚持德法兼治，以道德滋养法治精神，以法治体现道德理念，全面贯彻实施宪法，推动社会主义核心价值观融入法治建设，将社会主义核心价值观要求全面体现到中国特色社会主义法律体系中，体现到法律法规立改废释、公共政策制定修订、社会治理改进完善中，为弘扬主流价值提供良好社会环境和制度保障。

（3）传承中华传统美德。中华传统美德是中华文化精髓，是道德建设的不竭源泉。要以礼敬自豪的态度对待中华优秀传统文化，充分发掘文化经典、历史遗存、文物古迹承载的丰厚道德资源，弘扬古圣先贤、民族英雄、志士仁人的嘉言懿行，让中华文化基因更好植根于人们的思想意识和道德观念。深入阐发中华优秀传统文化蕴含的讲仁爱、重民本、守诚信、崇正义、尚和合、求大同等思想理念，深入挖掘自强不息、敬业乐群、扶正扬善、扶危济困、见义勇为、孝老爱亲等传统美德，并结合新的时代条件和实践要求继承创新，充分彰显其时代价值和永恒魅力，使之与现代文化、现实生活相融相通，成为全体人民精神生活、道德实践的鲜明标识。

（4）弘扬民族精神和时代精神。以爱国主义为核心的民族精神和以改革创新为核心的时代精神，是中华民族生生不息、发展壮大的坚实精神支撑和强大道德力量。要深化中国共产党历史、新中国历史、改革开放史、社会主义发展史、中华民族近代史、中华文明史教育，弘扬中国人民伟大创造精神、伟大奋斗精神、伟大团结精神、伟大梦想精神，倡导一切有利于团结统一、爱好和平、勤劳勇敢、自强不息的思想和观念，构筑中华民族共有精神家园。要继承和发扬党领导人民创造的优良传统，传承红色基因，赓续精神谱系。要紧紧围绕全面深化改革开放、深入推进社会主义现代化建设，大力倡导解放思想、实事求是、与时俱进、求真务实的理念，倡导"幸福源自奋斗""成功在于奉献""平凡孕育伟大"的理念，弘扬改革开放精神、劳动精神、劳模精神、工匠精神、优秀企业家精神、科学家精神，使全体人民保持昂扬向上、奋发有为的精神状态。

（四）劳动教育

劳动教育是中国特色社会主义教育制度的重要内容，直接决定社会主义建设者和接班人的劳动精神面貌、劳动价值取向和劳动技能水平。开展劳动教育和艰苦奋斗教育，教育引导团员厉行节约、反对浪费，树立以辛勤劳动为荣、以好逸恶劳为耻的劳动观，学习弘扬劳模精神、劳动精神、工匠精神，反对拜金主义、享乐主义和极端个人主义，争做新时代的奋斗者。

1. 劳动教育的意义

长期以来，各地区和学校坚持教育与生产劳动相结合，在实践育人方面取得了一定成效。同时也要看到，近年来一些团员青年中出现了不珍惜劳动成果、不想劳动、不会劳动的现象，劳动的独特育人价值在一定程度上被忽视，劳动教育正被淡化、弱化。对此，全党全社会必须高度重视，采取有效措施切实加强劳动教育。

2. 劳动教育的指导思想

加强劳动教育，要以习近平新时代中国特色社会主义思想为指导，全面贯彻党的教育方针，落实全国教育大会精神，坚持立德树人，坚持培育和践行社会主义核心价值观，把劳动教育纳入人才培养全过程，贯通大中小学各学段，贯穿家庭、学校、社会各方面，与德育、智育、体育、美育相融合，紧密结合经济社会发展变化和学生生活实际，积极探索具有中国特色的劳动教育模式，创新体制机制，注重教育实效，实现知行合一，促进学生形成正确的世界观、人生观、价值观。

3. 劳动教育的基本原则

把握育人导向。坚持党的领导，围绕培养担当民族复兴大任的时代新人，着力提升学生综合素质，促进学生全面发展、健康成长。把准劳动教育价值取向，引导学生树立正确的劳动观，崇尚劳动、尊重劳动，增强对劳动人民的感情，报效国家，奉献社会。

遵循教育规律。符合学生年龄特点，以体力劳动为主，注意手脑并用、安全适度，强化实践体验，让学生亲历劳动过程，提升育人实效性。

体现时代特征。适应科技发展和产业变革，针对劳动新形态，注重新兴技术支撑和社会服务新变化。深化产教融合，改进劳动教育方式。强化诚实合法劳动意识，培养科学精神，提高创造性劳动能力。

强化综合实施。加强政府统筹，拓宽劳动教育途径，整合家庭、学校、社会各方面力量。家庭劳动教育要日常化，学校劳动教育要规范化，社会劳动教育要多样化，形成协同育人格局。

坚持因地制宜。根据各地区和学校实际，结合当地在自然、经济、文化等方面条件，充分挖掘行业企业、职业院校等可利用资源，宜工则工、宜农则农，采取多种方式开展劳动教育，避免"一刀切"。

4. 劳动教育的目标和内容

（1）劳动教育的总体目标。准确把握社会主义建设者和接班人的劳动精神面貌、劳动价值取向和劳动技能水平的培养要求，全面提高学生劳动素养，使学生树立正确的劳动观念。正确理解劳动是人类发展和社会进步的根本力量，认识劳动创造人，劳动创造价值、创造财富、创造美好生活的道理，尊重劳动，尊重普通劳动者，牢固树立劳动最光荣、劳动最崇高、劳动最伟大、劳动最美丽的思想观念。

具有必备的劳动能力。掌握基本的劳动知识和技能，正确使用常见劳动工具，增强体力、智力和创造力，具备完成一定劳动任务所需要的设计、操作能力及团队合作能力。

培育积极的劳动精神。领会"幸福是奋斗出来的"内涵与意义，继承中华民族勤俭节约、敬业奉献的优良传统，弘扬开拓创新、砥砺奋进的时代精神。

养成良好的劳动习惯和品质。能够自觉自愿、认真负责、安全规范、坚持不懈地参与劳动，形成诚实守信、吃苦耐劳的品质。珍惜劳动成果，养成良好的消费习惯，杜绝浪费。

（2）劳动教育的主要内容。主要包括日常生活劳动、生产劳动和服务性劳动中的知识、技能与价值观。日常生活劳动教育立足个人生活事务处理，结合开展新时代校园爱国卫生运动，注重生活能力和良好卫生习惯培养，树立自立自强意识。生产劳动教育要让学生在工农业生产过程中直接经历物质财富的创造过程，体验从简单劳动、原始劳动向复杂劳动、创造性劳动的发展过程，学会使用工具，掌握相关技术，感受劳动创造价值，增强产品质量意识，体会平凡劳动中的伟大。服务性劳动教育让学生利用知识、技能等为他人和社会提供服务，在服务性岗位上见习实习，树立服务意识，实践服务技能；在公益劳动、志愿服务中强化社会责任感。

（五）法治教育

法治是人类文明进步的重要标志，是治国理政的基本方式，是中国共产党和中国人民的不懈追求。法治兴则国兴，法治强则国强。党的十八大以来，以习近平同志为核心的党中央从坚持和发展中国特色社会主义的全局和战略高度定位法治、布局法治、厉行法治，将全面依法治国纳入"四个全面"战略布局，加强党对全面依法治国的集中统一领导，全面推进科学立法、严格执法、公正司法、全民守法，形成了习近平法治思想，开创了全面依法治国新局面。

当今世界正经历百年未有之大变局，我国正处于实现中华民族伟大复兴关键时期，改革发展稳定任务艰巨繁重，全面对外开放深入推进，人民群众在民主、法治、公平、正义、安全、环境等方面的要求日益增长，需要更好发挥法治固根本、稳预期、利长远的保障作用。在统揽伟大斗争、伟大工程、伟大事业、伟大梦想，全面建设社会主义现代化国家新征程上，必须把全面依法治国摆在全局性、战略性、基础性、保障性位置，向着全面建成法治中国不断前进。

1. 法治教育的重要性和紧迫性

青少年是祖国的未来、民族的希望。加强青少年法治教育，使广大青少年学生从小树立法治观念，养成自觉守法、遇事找法、解决问题靠法的思维习惯和行为方式，是全面依法治国、加快建设社会主义法治国家的基础工程；是在青少年群体中深入开展社会主义核心价值观教育的重要途径；是全面贯彻党的教育方针，促进青少年健康成长、全面发展，培养社会主义合格公民的客观要求。

长期以来，各有关部门、各级各类学校通过多种途径开展了形式多样的青少年法治宣传教育，广大青少年法律素质明显提高。但从总体上看，青少年法治教育仍存在对其重要地位和作用认识不深刻、定位不够准确；法治教育缺乏整体规划，方式方法有待创新；学校法治教育的评价体系不健全，教育针对性和实效性不强；学校、社会、家庭多元参与的青少年法治教育网络还没有形成；师资、教育资源的保障机制尚不健全等问题。

建设社会主义法治国家的宏伟目标，对加强和改善青少年法治教育提出了现实而迫切的要求，当前和今后一段时间，要高度重视青少年法治教育工作，加快完成法治教育从一般的普法活动到学校教育的重要内容，从传授法律知识到培育法治观念、法律意识的转变，完善工作机制，加大工作力度，将法治教育全面纳入国民教育体系，创新青少年法治教育的形式与内容，着力提高系统化、科学化水平，切实增强教育的针对性与实效性。

2. 法治教育的指导思想和工作要求

（1）青少年法治教育的指导思想

开展青少年法治教育，要高举中国特色社会主义伟大旗帜，以马克思列宁主义、毛泽东思想、邓小平理论、"三个代表"重要思想、科学发展观、习近平新时代中国特色社会主义思想为指导,全面贯彻党的教育方针,以培育和践行社会主义核心价值观为主线,以宪法教育为核心,把法治教育融入学校教育的各个阶段,全面提高青少年法治观念和法律意识,使尊法学法守法用法成为青少年的共同追求和自觉行动。

(2)青少年法治教育的工作要求

以社会主义核心价值观为主线。法治教育要与道德教育相结合,注重以法治精神和法律规范弘扬社会主义核心价值观,以良法善治传导正确的价值导向,把法律的约束力量、底线意识与道德教育的感化力量、提升精神紧密结合,使青少年理解法治的道德底蕴,牢固树立规则意识、诚信观念、契约精神,尊崇公序良俗,实现法治的育人功能。

以宪法教育为核心,以权利义务教育为本位。法治教育要以宪法教育和公民基本权利义务教育为重点,覆盖各教育阶段,形成层次递进、结构合理、螺旋上升的法治教育体系。要将宪法教育贯穿始终,培养和增强青少年的国家观念和公民意识;将权利义务教育贯穿始终,使青少年牢固树立有权利就有义务、有权力就有责任的观念。

以贴近青少年实际、提高教育效果为目的。法治教育要遵循青少年身心发展规律,贴近青少年生活实际,科学安排教学内容,合理确定教学重点和方法,注重知行统一,坚持落细落小落实;要更多采取实践式、体验式、参与式等教学方式,与法治事件、现实案例、常见法律问题紧密结合,注重内容的鲜活,注重学生的参与、互动、思辨,创新形式,切实提高法治教育的质量和实效。

以构建系统完整的法治教育体系为途径。法治教育要从小抓起，贯穿学校教育的各个阶段。要充分发挥课堂教学的主渠道作用，深入挖掘各门学科蕴含的法治教育内涵，注重发挥课外活动、社会实践和网络文化的重要作用，加强政府部门、学校、社会、家庭之间的协调配合，形成校内校外、课内课外、网上网下相结合的教育合力。

3. 法治教育的目标和内容

（1）青少年法治教育的总体目标

以社会主义核心价值观为引领，普及法治知识，养成守法意识，使青少年了解、掌握个人成长和参与社会生活必需的法律常识和制度、明晰行为规则，自觉尊法、守法；规范行为习惯，培育法治观念，增强青少年依法规范自身行为、分辨是非、运用法律方法维护自身权益、通过法律途径参与国家和社会生活的意识和能力；践行法治理念，树立法治信仰，引导青少年参与法治实践，形成对社会主义法治道路的价值认同、制度认同，成为社会主义法治的忠实崇尚者、自觉遵守者、坚定捍卫者。

（2）青少年法治教育的总体内容

青少年法治教育要以法律常识、法治理念、法治原则、法律制度为核心，围绕青少年的身心特点和成长需求，结合青少年与家庭、学校、社会、国家的关系，分阶段、系统安排公民基本权利义务、家庭关系、社会活动、公共生活、行政管理、司法制度、国家机构等领域的主要法律法规以及我国签署加入的重要国际公约的核心内容；按不同的层次和深度，将自由、平等、公正、民主、法治等理念，宪法法律至上、权利保障、权力制约、程序正义等法治原则，立法、执法、司法以及权利救济等法律制度，与法律常识教育相结合，在不同学段的教学内容中统筹安排、层次递进。

(六) 团员意识教育

团员意识是指以马克思列宁主义、毛泽东思想、邓小平理论、"三个代表"重要思想、科学发展观、习近平新时代中国特色社会主义思想为指导，以广大青年为基础，以先进青年为成员，以民主集中制为组织原则，以团章的基本要求为准则形成的，团员在团内组织生活和社会活动中发挥先锋模范作用的思想基础和行为准则的总和。其主要包含思想政治意识、组织纪律意识、先进模范意识和道德品行意识四方面。

1. 团员意识教育的背景意义

党的十八大以来，习近平总书记明确指出，团员要有团员意识和光荣感，追求先进性；团员要在政治标准上向党员看齐，始终做到不忘初心跟党走。团员是团的肌体的细胞和团的活动的主体，团的先进性要通过团员意识和团员的先锋模范作用来体现。当前，全面建成小康社会已经顺利完成，全面深化改革进入攻坚期和深水区，全面依法治国和全面从严治党纵深推进，共青团必须适应新形势新任务新要求，组织动员广大团员，进而团结带领广大青年紧跟党走在时代前列，更好地发挥助手和后备军作用。这对增强团员意识提出了新的更高要求。

2. 团员意识教育的指导思想

进行团员意识教育要高举中国特色社会主义伟大旗帜，以马克思列宁主义、毛泽东思想、邓小平理论、"三个代表"重要思想、科学发展观、习近平新时代中国特色社会主义思想为指导，深入学习贯彻习近平总书记关于青年工作的重要思想，按照新时代共青团工作布局，以深化改革和从严治团为保证，聚焦解决突出问题，教育引导团员坚定理想信念，牢固树立政治意识、大局意识、核心意识、看齐意识，更加紧密地团结在以习近平同志为核心的党中央周围，在学习、工作、生活等各领域体现先进性，充分发挥先锋模范作用，团结带领广大青年紧跟党走在时代前列。

3. 团员意识教育的主要内容

（1）思想政治意识是团员意识的核心。坚决维护以习近平同志为核心的党中央权威，在思想上政治上行动上同党中央保持高度一致。高扬理想信念旗帜，坚定共产主义远大理想和中国特色社会主义共同理想，坚决拥护党的领导，坚定中国特色社会主义道路自信、理论自信、制度自信、文化自信，坚定对党的政治认同、思想认同、情感认同。积极参加政治理论学习，认真学习习近平总书记系列重要讲话精神，坚决贯彻落实中央路线方针政策和决策部署。热爱祖国、热爱人民、热爱社会主义。旗帜鲜明反对和抵制违背党中央精神的错误言行，积极弘扬主旋律、传播正能量，坚持传播党的政策主张，主动面向身边青年开展思想引领工作。

（2）组织纪律意识是团员意识的基础。积极向党章党纪看齐，模范遵守团章团纪，认真执行团的决议，自觉履行团员义务，积极参加团的组织生活和团的活动。自觉遵守国家法律法规，坚决贯彻依法治国基本方略，在尊法学法守法用法中做表率。带头遵守本单位各项规章制度。

（3）先进模范意识是团员意识的关键。励志勤学，敏于求知，增长才干，不断提高与时代发展和事业要求相适应的素质和能力，做到德智体美劳全面发展。爱岗敬业，脚踏实地履职尽责，立足岗位争先创优。勇于到条件艰苦的基层、国家建设的一线、项目攻关的前沿经受锻炼，艰苦奋斗。有探索真知、求真务实的态度，在立足本职的创新创造中不断积累经验、取得成果。

（4）道德品行意识是团员意识的前提。自觉树立和践行社会主义核心价值观，自觉弘扬爱国主义、集体主义、社会主义思想，积极传承中华优秀传统文化、革命文化、社会主义先进文化，带头倡导良好社会风气。积极锤炼高尚品格，践行和倡导社会公德、职业道德、家庭美德。主动成为注册志愿者，积极参加志愿服务。主动成为网络文明志愿者，积极参与构建清朗网络空间。积极联系青年，热心帮助他人。

4. 加强团员意识教育的内容举措

（1）严格发展团员标准。严格按照团章规定的标准发展团员，通过严把"入口关"把优秀青年吸收到团组织中，确保发展团员工作质量。始终把政治标准放在首位，把综合素质作为重要考察内容，着重看发展对象是否具有坚定的理想信念和良好的道德品行，是否在学习、生产、工作和社会活动中发挥模范带头作用。坚持成熟一个发展一个，杜绝不按计划发展、突击发展的现象，同时防止"关门主义"。

（2）控制发展团员数量。通过控制团员队伍规模，增强团员的光荣感、使命感。通过实行总量控制的方式，采取逐级分配发展名额和发展编号的方式控制发展团员数量。

（3）规范发展团员程序。严格按照团章和发展团员工作细则规定的程序发展团员，入团积极分子的推荐确定、培养考察，新团员的大会表决、审批、宣誓、教育等各个环节都要做到程序严格、手续完备，通过严格的入团程序增强新入团团员的团员意识。要抓好入团积极分子培养教育，建立入团积极分子集中教育和日常培养考察相结合的培养教育机制。严格贯彻执行入团积极分子确定为发展对象之前要参加不少于8学时的团课学习制度。新团员的接收须经过团支部大会讨论并采取无记名投票方式进行表决。

（4）强化团员经常性教育。要坚持以学习习近平新时代中国特色社会主义思想为重点，通过学习培训、主题教育、实践活动、同伴分享、选树典型等方式，用科学理论、先进思想武装团员，促进团员坚定理想信念，保持思想上精神上的先进性，自觉增强团员意识。还要注重运用好网络手段，不断丰富和完善团员经常性教育载体，提升团员经常性教育成效。注重并用好对团员的仪式教育，举办好入团、超龄离团等仪式，体现仪式的庄重性、感染力和神圣感，使其成为青年成长过程的重要里程碑，从而增强团员对团组织的归属感、自身作为团员的光荣感。

（5）落实"三会两制一课"。按照"三会两制一课"实施细则要求，保质保量开展好"三会两制一课"，注意结合实际创新形式，更好发挥制度解决问题、教育团员的作用。突出思想政治要求，提高组织生活质量，坚决防止表面化、形式化、娱乐化、庸俗化。

（6）做好团员日常管理。督促团员认真履行团章规定的团员义务，在学习、工作、生活中发挥模范带头作用。要求团员认真执行团的决议，积极参加团的工作和活动，认真完成团组织分配的任务，按时交纳团费。加强团员档案管理，认真做好流动团员管理和团组织关系转接。创新团员管理手段，逐步建设推广集基础团务管理、团干部管理和团的工作管理于一体的全国"智慧团建"系统。

（7）做好不合格团员处置。对理想信念缺失，严重违反政治纪律、政治规矩和组织纪律，团的组织意识淡薄，不能履行团员义务、不执行团的决议、不按照规定参加团的组织生活，道德失范、行为失当，造成不良影响的团员，团组织应对其进行教育，要求其限期改正；对拒不改正或限期改正期满仍无转变的，应当劝其退团；对劝而不退的予以除名。处置不合格团员要按照稳妥、慎重的要求，做到事实清楚、理由充分，处理恰当、手续完备，认真执行规定，严格把关。对违反团章规定的团员依章及时处理。对违反纪律的团员，要根据有关规定及时给予相关处分。

（8）落实团员激励表彰制度。进一步健全团内评选表彰体系，广泛开展优秀团员评选表彰，加大激励力度，增强团员荣誉感和自豪感。落实"表彰先进请群众一起评议"等要求，让更多普通团员参与到评选工作中来，及时把团员身边的先进典型挖掘出来。做好"推荐优秀团员作为入党积极分子人选"工作，及时把那些拥护党的纲领、积极贯彻党的基本路线、在经济社会建设和本职岗位中做出突出贡献、基本具备党员条件的优秀团员，向党组织推荐为入党积极分子。把团员参与志愿服务情况作为评选表彰、"推荐优秀团员作为入党积极分子人选"的重要考察内容和依据。

（9）落实团内关怀帮扶制度。努力提升团员的获得感，充分保障团员的各项权利，加强对团员的教育培养，促进团员成长发展。坚持从思想、工作、生活上关心和爱护团员，团干部要坚决落实直接联系青年系列制度安排，通过走访慰问、谈心谈话、结对帮扶等措施，帮助支持在学习和生产生活方面存在困难的团员。广泛开展团员交流分享，提倡在工作生活中分享思想体会，增进彼此了解，共同提高进步。

（10）鼓励团员积极参与志愿服务。把参与志愿服务作为团员践行社会主义核心价值观、增强和发挥先进性的重要途径，积极鼓励团员100%成为注册志愿者，并且每年参加志愿服务时间不少于20小时；组织动员所属团员加入网络文明志愿者队伍，积极参与网络文明建设，组织引导团员在互联网上积极发声，用文明语言和理性态度宣传正面思想、驳斥错误言论，带头发出好声音，主动弘扬正能量，提高网络文明素养，在构建清朗网络空间中发挥生力军作用。

四、团干部教育培训工作应当遵循的原则

1. 坚持政治统领。旗帜鲜明讲政治，坚持和加强党的全面领导，紧紧围绕习近平总书记提出的铸牢团干部对党忠诚的政治品格的重要要求开展团干部教育培训，始终坚持"党旗所指就是团旗所向"。

2. 坚持按需施教。围绕组织需求、岗位需求、干部需求，把培训需求调研贯穿培训全过程，全面提升团干部政治能力、理论素养、群众工作本领。

3. 坚持分级分类。按照分级负责、统筹规划的方式，构建科学完备、系统集成的团干部教育培训体系，推动优质培训资源向基层延伸倾斜，不断增强团干部教育培训的时代性、系统性、针对性、有效性。

4. 坚持学以致用。弘扬理论联系实际的马克思主义学风，在团干部教育培训中坚持问题导向，引导团干部加强主观世界和客观世界改造，做到学思用贯通、知信行统一。

5. 坚持从严治训。将严和实的要求落到团干部教育培训的全过程、各方面，依规依法开展团干部教育培训，从严治校、从严治教、从严治学，保持良好的教学秩序和学习风气。

五、团干部教育培训工作的管理体制

1. 团干部教育培训工作在共青团中央领导下，由各级团的领导机关分级管理，各系统行业团组织分工负责。各级团的组织部门是团干部教育培训工作的主管部门，履行整体规划、制度建设、宏观指导、协调服务、督促检查等职能。

2. 各级团的领导机关应当加强对团干部教育培训工作的检查评估。下级团组织每年应当把团干部教育培训工作情况作为向上级团组织报告工作的重要内容。上级团组织在开展年度考核评价时，应当检查下级团组织开展团干部教育培训工作情况。团的各级组织、团干部教育培训机构、团干部所在单位和团干部本人必须严格执行本条例，自觉接受监督。对在团干部教育培训工作中失职失责的，应当予以问责。

六、团干部教育培训的对象

1. 团干部教育培训的对象是全体团的干部。团干部有接受教育培训的权利和义务。

2. 团干部应当根据实际情况，在按照要求参加全国干部教育培训的基础上，另外参加共青团专题培训、集中轮训、任职培训等教育培训。

3. 团的领导机关乡科级及以上领导干部、四级主任科员及以上职级公务员应当每5年内到团干部教育培训机构参加1个月或者180学时以上的共青团系统性培训，乡科级以下干部、四级主任科员以下职级公务员每5年内累计参加共青团培训不少于12天或者90学时。

团的基层组织县处级及以上领导干部、四级调研员及相当层次职级（含）以上干部应当每5年内到团干部教育培训机构参加1个月或者180学时以上的共青团系统性培训。各领域基层团干部每5年内累计参加共青团培训不少于5天或者40学时。

4. 依据《干部教育培训工作条例》，团干部在参加组织选派的脱产教育培训期间，一般应当享受在岗同等待遇，一般不承担所在单位的工作、会议、出国（境）考察等任务。因特殊情况确需请假的，必须严格履行请假手续，累计请假时间原则上不得超过总学时的1/7，超过的应当予以退学。

七、团干部教育培训的内容

1. 团干部教育培训以深入学习贯彻习近平新时代中国特色社会主义思想为主题主线，以理论教育、党性教育和履职能力培训为重点，注重知识培训，全面提升团干部政治能力、理论素养、群众工作本领。

2. 理论教育立足于团干部思想理论武装，突出党的创新理论教育，坚持用习近平新时代中国特色社会主义思想统一思想、统一意志、统一行动，讲清楚"两个结合"的历史逻辑、理论逻辑、实践逻辑，教育引导团干部全面系统掌握这一思想的基本观点、科学体系，把握好这一思想的世界观、方法论，坚持好、运用好贯穿其中的立场观点方法，深刻领悟"两个确立"的决定性意义，增强"四个意识"、坚定"四个自信"、做到"两个维护"，不断提高政治判断力、政治领悟力、政治执行力，自觉在思想上、政治上、行动上同以习近平同志为核心的党中央保持高度一致。帮助团干部深入学习领会习近平总书记关于青年工作的重要思想，学习掌握党的青年工作的地位作用、目标任务、职责使命、实践要求，为做好新时代新征程党的青年工作打牢思想基础。

3. 党性教育立足于团干部政治品格锻造，帮助团干部不断提高思想觉悟、精神境界、道德修养，不断提高战略思维、历史思维、辩证思维、系统思维、创新思维、法治思维、底线思维能力，重点开展理想信念、党的宗旨、革命传统、党风廉政教育。突出党章和党规党纪学习教育，强化政治忠诚教育，加强政治纪律和政治规矩教育，加强斗争精神和斗争本领养成，深入开展党史、新中国史、改革开放史、社会主义发展史、中华民族发展史学习教育，坚持用以伟大建党精神为源头的中国共产党人精神谱系教育团干部，坚持用共青团百年来与党同心、跟党奋斗的光荣传统教育团干部，加强铸牢中华民族共同体意识教育，开展社会主义核心价值观教育、中华优秀传统文化教育、中华民族传统美德教育，开展政德教育、警示教育，教育引导团干部树立正确的权力观、政绩观、事业观。

4. 履职能力培训立足于团干部实战本领提升，围绕"国之大者"，加强专业训练，不断增强团干部推动高质量发展本领、服务青年群众本领、防范化解风险本领，提高团干部团结动员广大团员青年积极投身中国式现代化建设，在科技创新、乡村振兴、绿色发展、社会服务、卫国戍边等各领域各方面争当排头兵和生力军的能力。开展党领导下的中国青年运动史、团史教育培训，开展党内、团内规章制度和政策文件解读培训，开展全面从严管团治团等纪律教育培训，帮助团干部更好掌握党的青年工作理论和青年政策、青年群众工作路径方法等。

5. 知识培训立足于团干部综合素养提高，根据岗位特点和工作要求，加强各种新知识新技能的教育培训，帮助团干部优化知识结构、完善知识体系。

八、团干部教育培训的方式方法

1. 团干部教育培训坚持集中教育和经常性教育相结合，组织培训和个人自学相结合，采取脱产培训、理论学习中心组学习、网络培训、在职自学等方式进行。

2. 建立健全脱产培训制度，以组织调训为主。各级团的组织部门负责制订团干部调训计划，选调干部参加脱产培训，对重点岗位的团干部可以实行点名调训。共青团中央安排的系统性培训班次，每年年初下达全年调训计划，各省级团委依计划申报参训人员，确定到班、明确到人。对同一年度已列入各级党委系统性培训班次计划的团干部，可以不安排共青团中央系统性培训班次调训。各级团组织参照开展组织调训。团干部必须服从组织调训。

3. 建立健全团的各级领导机关班子成员理论学习中心组学习制度，每季度以形势任务报告、专题辅导、交流研讨等形式开展不少于1次集体学习。

4. 建立健全在职自学和网络培训制度，充分运用现代信息技术，建立兼容、开放、共享、规范的网络培训体系，提高团干部教育培训教学和管理数字化水平，用好大数据、人工智能等技术手段，为团干部提供必要学习条件。

5. 团干部教育培训应当根据内容要求和团干部特点，综合运用讲授式、研讨式、案例式、模拟式、体验式、访谈式、行动学习等方法，突出仪式教育和光荣感教育，突出实战实效，加强实践教学，实现教学相长、学学相长。

九、团干部教育培训的制度

1. 组织调训制度。共青团中央安排的系统性培训班次调训工作，每年年初下发全年调训计划，各省级团委依计划申报参训人员，确定到班、明确到人，对同一年度已列入各级党委系统性培训班次计划的团干部，可不安排共青团中央系统性培训班次调训。各级团组织参照建立相应组织调训制度。

团干部必须服从组织调训，因故未按规定参加培训或者未达到培训要求的，应当及时补训。建立调训情况通报制度，对违反调训纪律的组织和个人予以通报。

2. 需求调研制度。牢固树立按需培训理念，综合考虑组织需求、事业需求、岗位需求，把培训需求调研贯穿训前、训中、训后，做到组织要求与学员愿望、讲授方式与学员基础、教学内容与工作实际、教学与研究有效衔接。

3. 教学管理制度。建设团干部教育培训课程教研组，建立选题论证、教案审核、集体备课、课前试讲、教学督导、评价反馈等教学管理制度。加强培训管理队伍建设，完善跟班管理制度，实行班主任责任制，注重对跟班管理人员的教育管理。

4. 学员管理制度。建立严格的学习管理、组织管理、生活管理等管理制度，严肃培训纪律、切实改进学风。注重发挥学员主体作用，强化学员自我管理，1个月以上的培训班建立学员临时党支部，严格开展组织生活。

5. 考核评价制度。团干部接受培训情况应当作为考核内容和任职、晋升的重要依据。考核不合格的，年度考核不得确定为优秀等次。健全团干部教育培训登记制度，完善干部培训档案，全面记录学员表现，团干部参加脱产培训情况记入干部年度考核表，参加2个月以上的脱产培训情况记入干部任免审批表。

6. 质量评估制度，开展团校和团干部教育培训基地办学质量评估，实施培训项目质量评估和培训课程质量评估。评估结果应当作为团校、团干部教育培训基地改进工作，分配具体培训任务，指导教学部门和教师改进教学的重要依据。

十、团中央青年讲师团的成员构成

团中央青年讲师团成员主要由各省（区、市）、各系统团委向团中央差额推荐。团中央对推荐人选进行审核、把关，重点考察人选政治水平、理论素养、个人业绩和宣讲能力，遴选其中优秀者作为培养对象，经过集中培训并测试合格后颁发"团中央青年讲师团成员"聘书。团中央青年讲师团成员主要包括以下类别：

1. 团干部。主要包括团中央机关和省级、地市级团委干部，约 25 人。

2. 高校青年教师和青年理论专家。主要包括高校思想政治课教师、人文社科领域青年专家等，约 25 人。

3. 青联委员。主要包括全国和省级青联中科技、社科、法律、经济、技能人才、农业农村、文化艺术、体育等界别的委员，约 10 人。

4. 青年媒体工作者和正能量网络意见领袖。主要包括省级、地市级重点新闻媒体骨干记者、撰稿人、主持人，正能量网络大 V 等，约 15 人。

5. 各类青年典型。主要包括曾获得全国和省级"青年五四奖章""优秀共青团员""优秀共青团干部""向上向善好青年""乡村振兴青年先锋"等荣誉称号的青年典型；曾获得其他全国层面荣誉的青年典型以及曾获得其他省级荣誉中特别优秀的青年模范等，约 15 人。

6. 新兴领域青年、青年社团负责人、少先队辅导员等各行各业优秀青年代表，约 10 人。

以上人选在推荐时，注重面向乡村振兴、医疗卫生、高校师生、基层团干部等重点领域和一线倾斜。加强与党委讲师团、红领巾巡讲团、博士生宣讲团等组织的横向联系，与省级、地市级、县级讲师团的纵向融合，优秀青年宣讲员可推荐纳入团中央青年讲师团。其中，特别注意结合"团干部上讲台"计划，重点遴选一批团中央机关各部门干部加入青年讲师队伍。

十一、团中央青年讲师团的课题组制度

讲师团实行课题组制度，每个大课题组之下，依照相近的宣讲内容划分若干子课题组。

大课题组的职责是：

1. 制订本组全年的理论学习、研究计划、宣讲计划，指导各子课题组的工作；

2. 开展组内建设，组织课题组成员间的交流互动、日常学习、调查研究、宣讲训练等；

3. 总结全年工作情况并向团中央宣传部汇报；

4. 完成讲师团交办的其他工作。

子课题组是讲师团开展理论学习、课题研究、集中备课的基本单位，应在大课题组的指导下，完成相关工作任务，子课题组设置应兼顾基层开展团课教育的需要。

每个大课题组设组长1名，人选由团中央宣传部推荐产生，负责主持课题组的工作，并参与课题学习研究及宣讲工作；另设秘书1名，人选由课题组组长建议，负责配合组长开展日常联络协调工作。每个子课题组设组长1名。

十二、严格管理团的专职干部

1. 严格遵守党的政治纪律和组织纪律。团的各级领导干部要讲党性、讲原则、讲纪律，坚决贯彻执行党的理论和路线方针政策；要坚持民主集中制，健全集体议事制度，在涉及人事等重大问题上不得泄露有关酝酿、讨论情况。

2. 健全学习制度。团的各级领导机关要建立定期学习制度，

每个月集中学习时间不得少于 2 个半天。

3. 从简安排接待工作。团的各级领导机关和直属单位的干部下基层调研或工作时，下级团组织不得安排班子成员到机场、车站、高速路口接送，不悬挂和张贴横幅、标语，不搞层层陪同，团内只安排工作餐。

4. 春节等重要节日，各级团组织不得到团的领导机关拜年、走访，集中精力抓好工作。

5. 团的专职干部不得在工作日的中午饮酒。

十三、团干部协管工作的内容

《中国共产党章程》第四十九条明确规定，共青团的地方各级组织受同级党的委员会领导，同时受共青团上级组织领导。根据中共中央印发的《党政领导干部选拔任用工作条例》、《中国共产党党组工作条例（试行）》和中组部印发的《关于干部双重管理工作若干问题的通知》等文件规定，共青团的干部管理，以党委管理为主，团组织协助管理；团的地方委员会领导班子及成员接受上级团委协管；团的地方委员会成立党组的，党组成员职务的任免按照干部管理权限执行。

1. 对下级团委领导班子任免、调动提出意见建议。根据下级团委领导班子配备的实际情况，主动向其同级党委提出调整配备建议。团委领导班子成员（含挂职、兼职干部）的任免，同级党委应当事先征求上级团委的意见，相关团委要主动了解情况，认真提出协管意见。各级团的领导机关要建立完善下级团委班子及干部配备情况统计通报制度，定期向相关党委通报配备情况。

2. 参与下级团委领导班子成员的考察。根据有关规定，调整配备领导班子考察干部时，相关党委要事先邀请上级团委参加，上级团委要积极配合，一般不要重复考察。考察干部上级团委没有参加的，相关党委在考察后应向上级团委通报情况。上一级团委必须参加下一级团委领导班子正职的推荐考察，对于副职的考察要力争参加。换届时，上一级团委必须参加下一级团委领导班子的推荐考察。

3. 协助做好下级团委领导班子思想作风建设。加强各级团委领导班子成员的政治理论学习，教育引导团干部坚定理想信念。常态化开展成长观教育，教育引导团干部忠诚、干净、担当。团的领导机关班子要将成长观教育作为民主生活会的重要内容，在征求团干部、团员代表意见建议的基础上，认真开展批评和自我批评，上级团委应派员列席会议。

4. 协助做好下级团委领导班子考核。对下级团委领导班子定期开展工作考核，了解其推动当地共青团和青年工作有关情况，并形成工作评价、提出工作建议。对下级团委领导班子的考核评价结果，要及时反馈其同级党委组织部门，帮助其全面了解班子成员工作情况。下级团委班子成员因挂职、借调、学习培训等原因离开岗位或出现受党纪政纪处分等情况的，要及时报告上级团委。坚持和完善下一级团委向上一级团委年中述职制度。

5. 指导和规划下级团委干部培训。落实团干部教育培训规划要求，针对各级团的领导班子成员开展任职培训和专项培训，突出抓好新任职领导班子成员培训。指导推动下级团委分级分类开展教育培训，做好网络在线培训，不断提高团干部思想政治素质和业务能力。

十四、做好团干部协管工作的要求

1. 高度重视协管工作。抓好协管工作是在党的领导下推进从严治团的重要内容，各级团组织要认真履职尽责，抓好协管工作各项任务的落实。团中央将每年定期开展协管工作专项督导检查，每年派员参加各省级团委班子民主生活会。每年年底前，各省级团委组织部要将本年度干部协管工作情况书面报告团中央组织部。

2. 严格执行协管制度。各级团组织开展协管工作，贵在积极主动，重在考察考核。要熟悉掌握协管工作内容和程序，严格执行协管规定。要以抓好对下级团委班子工作的督导检查、考核评价为重点，积极配合党委组织部门按程序做好协管工作，积极推动完善协管工作制度和机制建设。

3. 主动向党委组织部门汇报沟通。争取相关党委及组织部门的重视支持，加强沟通交流，通过工作简报、团报团刊等方式，经常性向相关党委及组织部门负责同志报送团的工作情况。上级团委负责同志要主动与相关党委负责同志汇报沟通，介绍下级团委领导班子工作和建设情况，征求党组织对于共青团工作的意见和建议。

4. 参照有关要求做好对基层团委领导班子的协管。各地要参照团的地方委员会协管规定，规范和加强团的基层团委领导班子的协管工作。

十五、青年马克思主义者培养工程

青年马克思主义者培养工程（以下简称"青马工程"）主要任务是：以习近平新时代中国特色社会主义思想为指导，着眼党的事业薪火相传，着眼为党培养和输送坚定的青年政治骨干，通过规范开展思想淬炼、政治历练、实践锻炼、专业训练，引领"青马工程"学员增进对党的政治认同、思想认同、理论认同、情感认同，深刻领悟"两个确立"的决定性意义，增强"四个意识",坚定"四个自信",做到"两个维护",努力成长为具有坚定的马克思主义信仰、德才兼备、全面发展的社会主义合格建设者和可靠接班人。

"青马工程"管理工作应当坚持以下原则:

(一)坚持党的领导,坚持"党管青年""党管人才"原则,把党的全面领导贯穿到"青马工程"实施的各领域和全过程,确保正确政治方向;

(二)坚持完善体系,突出政治要求,遵循育人规律,完善规范各培养板块的目标任务和路径载体,逐步建立标准统一、科学有效的培养体系;

(三)坚持分级负责,各级"青马工程"组织单位必须压实管理责任,确保培养过程严格规范;

(四)坚持从严管理,建立健全从严管理机制,严格按照各环节培养标准从严实施,切实提升培养质量。

对在培养过程中出现以下行为的学员,应予以淘汰,并通报其推荐单位:

(一)不遵守党的政治纪律和政治规矩,违反党的路线方针政策的;

(二)违反国家法律法规,违反党章党规党纪,违反所在单位纪律规定的;

(三)利用信息网络造谣传谣、污蔑诽谤或者实施网络暴力,造成不良影响的;

(四)违背社会公序良俗,违反社会公德、职业道德、家庭美德,有不当言行造成不良影响的;

(五)面对党团组织分配的重大攻坚任务,表现消极、畏惧退缩、临阵脱逃、没有发挥先锋模范作用的;

(六)在工作、学习、生活等方面自我要求不严,造成不良社会影响或者群众反映强烈的；

（七）不遵守培训纪律的；

（八）未达到培养考核标准的。

"青马工程"导师应当具备以下基本条件：

（一）坚决拥护中国共产党的领导，热爱中华人民共和国，对习近平新时代中国特色社会主义思想有强烈的政治认同、思想认同、理论认同、情感认同；

（二）政治面貌为中共党员；

（三）具备良好的教学能力和职业道德，能够较好结合"青马工程"培养方案进行授课；

（四）能够认真履行"青马工程"导师工作职责。

十六、基层团组织书记述职评议考核

开展基层团组织书记述职评议考核（以下简称"述职评议考核"），必须坚持以习近平新时代中国特色社会主义思想为指导，认真贯彻习近平总书记关于青年工作的重要思想，紧紧围绕团的根本任务、政治责任、工作主线，压实基层团组织书记责任，增强政治性、先进性、群众性，推动基层团的组织力、引领力、服务力和大局贡献度协同提升。

述职评议考核以乡镇（街道）、学校、国有企业、机关事业单位等领域团的基层委员会为重点，逐步向非公有制经济组织、社会组织团的基层委员会扩展。团员人数较多的团（总）支部可参照执行。

述职评议考核一般应包括以下内容：

（一）组织团员青年参与青年大学习，学习党的科学理论特别是习近平新时代中国特色社会主义思想情况；加强团员政治教育和政治训练，面向团员青年开展理想信念教育、爱国主义教育、国情和形势政策教育、道德品行教育、法纪教育情况；开展团内集中教育情况；组织引导团员青年营造风清气正的网络空间情况等。

（二）加强团组织自身建设和扩大组织覆盖情况；规范发展团员情况；加强团员日常教育管理，转接组织关系和流动团员联系服务情况；团费收缴管理情况；"三会两制一课"、主题团日等组织生活落实情况；加强党、团、队衔接，履行全团带队职责情况和推优入党制度落实情况；全面从严治团和团干部队伍建设情况；"青年之家"建设和发挥作用情况等。

（三）代表团员青年向党组织和有关方面反映青年利益诉求和推动落实情况；结合团员青年在学习、工作、生活中的现实需求开展服务和活动情况；整合资源帮扶团员青年特别是困难团员青年情况；团员青年对团组织的获得感等。

（四）组织团员青年围绕国家重大战略、本地区本单位党的中心任务和"急难险重新"工作，开展岗位建功、创先争优，发挥生力军和突击队作用情况；组织团员青年开展社会实践、志愿服务、社区报到等情况；吸纳、培养、推荐青年人才情况；党组织对团组织的工作评价情况等。

述职评议考核一般安排在当年年底或次年年初开展，可采取现场述职与书面述职相结合的方式进行。

基层团（工）委书记要围绕述职评议考核重点内容，对本级团组织履行职责和工作情况认真述职，客观总结成绩、查找存在问题、提出改进措施。

开展述职评议可以在上级团的委员会全体会议期间开展；上级团的委员会全体会议闭会期间，一般以常委会会议、常委会扩大会议或专题工作会议的形式听取述职。可邀请有关党团组织、团员青年代表参与评议。听取述职的上级团委负责人应对述职情况进行点评，重点指出存在的问题和努力方向。点评一般采取"一述一评"的方式进行，也可集中点评。

上级团委根据实地考核、述职评议和日常掌握情况，对下一级基层团（工）委的工作情况形成综合评价意见，肯定成绩，指出问题。一般按"好、较好、一般、差"确定等次，评价为"一般"及以下等次的应占一定比例，防止只表扬不批评的好人主义。综合评价意见及等次确定后，应向被评议考核基层团（工）委及其同级党组织反馈，并在一定范围内通报。

针对述职评议考核中指出的问题，基层团（工）委书记要及时梳理短板弱项、列出问题清单，认真抓好整改落实。上级团委要经常性督促检查，整改落实情况应列入下一年度述职评议内容。

注重将评价结果与奖励惩戒、评先树优挂钩，鼓励团干部履职尽责、担当作为。综合评价等次为"好"的，上级团组织应给予一定激励。综合评价等次为"一般"和"差"的，相关团组织及其负责同志一年内不得参加团内评奖评优，上级团委应约谈提醒、限期整改；连续 2 年评价等次为"差"的，上级团委应建议同级党组织对其主要负责同志进行组织调整。

第九章 基层团组织制度建设

一、团支部例会制度

团支部例会是由团支部组织的全体成员的定期会议，按照各团支部的具体情况安排周例会、月例会或者季度例会，但原则上间隔时间不宜太长；由于工作需要的临时会议可临时通知。一般而言，支委会每月召开一次。召开支委会议时，到会的支委必须超过支部委员的半数。

支委会召开会议讨论有关问题，认为有必要请支委会外其他成员参加时，可以扩大支委会会议参加对象范围。支委扩大会议的范围，应根据支委会会议的议题来确定。例如：分析研究支部团员、青年的思想、工作、学习和生活情况，讨论部署支部重要工作、活动，可扩大到部分团员；讨论团课讲授问题，可扩大到讲课的团干部或团员；讨论对犯错误的团员处分问题，必要时可扩大到部分团干部和团员；支委会民主会，必要时可扩大到全体团员等。

召开支委扩大会议前，应将要讨论的问题尽早通知到列席会议的同志，讨论中，支委会成员们在带头发表意见的同时，要注意听取列席者的意见，有分析地采纳他们的意见。

二、团支部民主选举制度

1. 实施团支部民主选举的意义

共青团组织是按照民主集中制原则建立起来的先进青年的群团组织。团内民主选举是团的民主集中制原则在团的生活中的集中体现。实施团内民主选举，对于充分发扬团内民主，保障团员的民主权利，调动团员和团干部的积极性，密切团组织与团员青年的联系，提高团员青年的民主素质，创造一个使优秀青年人才脱颖而出的环境，推进团内民主建设进程，具有十分重要的意义。

2. 团支部民主选举工作的基本内容

团支部民主选举工作主要包括选举出席上一级团代会的代表、团支部委员会的换届选举两方面的工作。

（1）选举出席上一级团代会的代表

选举出席上一级团的代表大会的代表，被选人不限于本级团组织范围以内，本级团组织范围以外的，也可以被选为代表。但是，这些被选人必须是上级团代表大会所属团组织范围以内的人员。

出席上一级团代表大会的代表名额和代表产生办法，应根据上一级团委有关召开团代表大会的决定来制定。出席上一级团的代表大会的代表，应具有最大的广泛性和代表性，应该包括团的干部和各方面有代表性的优秀团员，从而能够充分全面地反映各方面工作的情况和团员青年的要求，使代表大会发挥应有的作用。团支部推选出席上一级团代会的代表，应由上级团委与有关单位党团组织协商，并征求本人所在单位团内外群众意见，上级团委审查后，再由团支部召开团员大会选举产生。

（2）团支部委员会的换届选举

团支部委员会由团员大会选举产生。委员会候选人由全体团员酝酿提名，上一届委员会根据多数团员的意见确定，提交团员大会进行选举。团支部委员会委员也可以不提候选人，经全体团员充分酝酿后，直接投票选举产生。团支部委员会书记、副书记由团员大会从新当选的委员会委员中选举产生。候选人由新选出的支部委员会全体会议酝酿提名；也可以由上一届支部委员会提名，经同级党的委员会和上一级团的委员会同意后，根据新选出的委员会多数委员的意见确定。团支部委员会书记、副书记，也可以不提候选人，由团员大会直接从新当选的委员会委员中选举产生。支部委员等人名单确定后，上届支部委员会将新一届团支部委员会委员名单交上级团委审批。上级团委一般在接到选举报告后一个月内批复，发文并抄送下一级党组织，下一级党组织找新当选团支部书记谈话，谈话通过后，将上级团委的批复向全体团员公布并召开支委会议，按正式分工开始工作。

3. 团支部民主选举的原则

（1）团支部要按照民主集中制原则，民主选举支部委员会成员和出席上一级团代表大会代表。团支部在民主选举中必须充分发扬民主，严格履行民主程序，保障团员的民主权利。要充分酝酿候选人，采取无记名投票和差额选举的办法进行，要体现选举人的意志，合法的选举必须有效。

（2）团支部民主选举要遵循机会均等和平等竞争的原则，每一选举人在每一次选举中都享有平等的权利，选举人无论是什么性别、年龄、职业、身份、民族，都是在平等的基础上参加选举的。

4. 团支部民主选举的对象

《中国共产主义青年团基层组织选举工作条例》（2025 年 1 月

3 日共青团中央发布）第六条、第七条、第八条规定：中国共产主义青年团团员、党组织安排在团内担任职务或从事共青团和青年工作的中国共产党党员在团内有选举权、被选举权和表决权。受留团察看处分的团员在留团察看期间，没有选举权、被选举权和表决权。团员被依法留置、逮捕的，团组织应当按照管理权限中止其选举权、被选举权和表决权等团员权利。受留党察看处分的党员在留党察看期间，或党员被依法留置、逮捕的，应当中止其在团内的选举权、被选举权和表决权。党组织、团组织提名为团的委员会成员候选人或团员代表大会代表候选人的中国共产党党员在团内有被选举权。选举应当充分发扬民主，尊重和保障选举人、被选举人的民主权利，体现选举人的意志。任何组织和个人不得以任何方式强迫选举人选举或不选举某个人。

5. 团支部民主选举的程序

团支部的民主选举，无论是选举支部委员会，还是选举出席上一级团代会的代表，都有一套严格的程序，其中的基本环节是必不可少的。

（1）大会执行主席报告应到和实到团员人数。实到会人数超过应到团员人数的2/3方可宣布开会，否则，选举应改期进行。

（2）表决通过办法（选举办法应经团员酝酿讨论）。

（3）宣布下届支部委员会候选人建议名单，提交大会表决，产生正式候选人名单。

（4）推荐监票人，并由大会表决通过。监票人负责监督选举全过程。

（5）确定记票人。记票人可以是团员，也可以不是团员，在监票人监督下负责记票工作。

（6）监票人当众检验票箱，保证票箱内空无一物。

（7）按出席大会有选举权的人数发放选票。报告实发选票数。

（8）宣布画票方法和填写选票的注意事项。

（9）宣布投票顺序。先由监票人、记票人等工作人员投票，然后是大会执行主席和团员依次投票。

（10）投票完毕，当众打开票箱验票。收回票数等于或少于实发票数选举有效；反之，选举无效，需重新发选票进行选举。

（11）记票。只计算有效票情况，得赞成票超过半数方可当选。同时，以得票多少为序列出记票结果，以姓氏笔画为序列出选举结果。

（12）监票人宣布记票结果，大会执行主席宣布选举结果。

三、团支部工作报告制度

1. 向团员大会和上级团组织报告的制度

团支部一般应做到年有计划、月有安排。每季度向支部团员大会和上级团组织报告工作。

（1）团支部一般以"团支部工作报告"的形式向团员大会提交书面报告并由团支部委员向与会人员作口头报告。这样可以更好地与团员青年交流沟通，接受团员的批评、建议和监督，从而更好地服务团员青年，提高自身建设。

（2）团支部定期向上级团组织请示、汇报工作，是团支部工作的一项重要内容。《团章》明确规定："团的各级领导机关应当经常听取并认真处理下级组织和团员的意见；团的下级组织既要向上级组织请示、报告工作，又要独立负责地解决自己职责范围内的问题。"

上级团组织与团支部的关系是领导与被领导的关系。因此，作为团支部，首先要自觉地遵守民主集中制的原则，主动争取上级团组织的指导和帮助，经常向上级组织反映情况并及时请示、汇报工作，而不是被动地、消极地等到上级团委找上门来才进行汇报。特别是在上级团组织照顾不到的时候，更应该去主动汇报、请示工作。

请示、汇报的形式有两种：一种是口头的；一种是书面的。按时间来分，也有两种：一种是定期的，如一个月、两个月或一季度汇报一次；一种是不定期的，如遇到紧急情况或有关重大问题时，需要及时请示汇报。

请示、汇报的内容很多，一般应着重汇报以下几个方面：汇报上级团组织交给任务的落实和完成的情况；团支部独立开展了哪些活动，做了哪些工作；工作中的主要经验、教训；工作中遇到了哪些新的问题；下一步工作的意见、想法和打算；团员和青年的思想现状、要求；等等。还要征求上级团组织对本支部工作的指示、意见。

汇报工作要实事求是。既讲成绩又讲缺点，既讲工作经验又讲存在的问题，而不要报喜不报忧，只讲成绩和经验，不讲缺点和问题。请示、汇报工作要做好准备。汇报前，团支部要对汇报的内容、请示的问题进行认真地充分地讨论和分析。请示工作时，团支部一般应拿出几种方案来供上级团组织参考。

2. 向同级党支部汇报工作的制度

（1）团支部受支部团员大会委托，要定期向同级党支部汇报请示工作。

（2）团支部一般每月应向同级党支部汇报一次工作。

（3）坚持重大事项报告制度。团支部每半年向党组织汇报一次工作，重要事项及时汇报。

（4）团支部向同级党支部汇报的内容为：落实上级团组织和同级党组织布置的工作情况，团支部独立开展工作的情况，传达上级团组织的工作要求和团支部开展工作的安排，需向党支部请示解决的问题等。

四、团支部团员大会制度

1. 支部团员大会简介

支部团员大会是团支部的最高领导机关，是支部全体成员共同讨论决定重要问题的会议，出席支部团员大会的对象应是支部全体成员。如果进行团内选举，参加对象必须是具有表决权的共青团员。

支部团员大会的召集人为支部委员会。在支部大会召开过程中，要充分发扬民主，并按照少数服从多数的原则，做出支部大会的决议。如果支部的某些团员因故缺席，要有支部半数以上团员到会，才能做出决议，到会有表决权团员的半数以上团员赞同，支部的决议才有效。

2. 支部团员大会的主要任务

支部团员大会的主要任务是：学习党的理论，学习习近平总书记系列重要讲话精神；传达学习党的路线、方针、政策和团的政策文件、重要会议精神，传达同级党组织、上级团组织的决议、指示等，研究制定贯彻落实的计划和措施；听取和讨论支部委员会的工作报告，对支部委员会的工作进行审议和监督；选举新的支部委员会和出席上级团代会的代表，增补和罢免支部委员；讨论接收新团员；开展团员教育评议工作；研究决定对团员的奖励，推荐优秀团员作为入党积极分子；讨论通过对团员的处分；决定除名要求退团和自行脱团的团员；开好团支部组织生活会；研究决定本支部其他重要事项。

3. 支部团员大会的主题

支部团员大会的主题不是单一的，要做到具体问题具体分析，主要有以下几个方面的内容。

（1）学习和讨论党的路线、方针、政策；学习和讨论《团章》及有关团组织建设和团的工作的政策、条例、规则；

（2）讨论如何创造性贯彻执行团委的决议，制订团支部的工作计划，落实团支部的重要工作和进行团支部的工作总结；

（3）讨论支部团员青年的要求和意见，形成反映团员青年利益决议；

（4）开展正常的组织生活，开展批评和自我批评，表彰先进；

（5）讨论接收新团员，讨论支部的工作制度，讨论对团员的奖励和处分；

（6）评议支部委员会的工作报告，并提出各种有益的建议和批评意见；

（7）选举支部委员会、选举出席上一级团员代表大会的代表。

五、团支部委员会管理制度

1. 支部委员会

支部委员会是团支部在支部团员大会闭会期间的领导机构，它按照支部团员大会的决议、党的组织和团的上级组织的决定精神，负责团支部的日常工作，是团支部的核心。

按照民主集中制的组织原则，支部委员会由支部团员大会民主选举产生。选举中必须充分发扬团内民主，真正把团员当中的优秀分子选拔到团支部的领导岗位。新的支部委员会产生后，要报告上级团委批准。支部委员会每届任期三年，其中大、中学校学生支部委员会每届任期一年。支部委员会成员的设立，要根据具体情况来决定。一般设立支部书记、组织委员和宣传委员。团员多的支部可以增设副书记、文体委员和生活委员。还可以依据团支部的特点和实际需要，设立如科技委员、少年委员等其他委员。人数在七名以下的团支部，可以不设委员会，只需选举支部书记一人，或书记、副书记各一人。支委正式调动工作，应及时进行补选。支委临时外出，可不必补选，如果工作需要，可经支委会讨论，委托其他支委或团员暂时代理他的工作。

2. 团支部委员会的主要任务

团支部委员会的主要任务如下：

（1）学习党的理论，学习习近平总书记系列重要讲话精神；

（2）宣传和执行党的路线、方针、政策，学习团的政策和重要会议精神，执行同级党组织、上级团组织的决议、指示等；

（3）贯彻落实支部大会的决议和工作安排；

（4）研究制订团支部工作计划，起草工作报告；

（5）研究确定提交支部大会审议的议题；

（6）研究确定入团积极分子和团员发展对象；

（7）研究讨论支部团员教育评议意见，决定对团员奖励，研究提出团员处分意见；

（8）讨论检查支部自身建设工作，研究制定支部相关制度；

（9）研究解决支部、团员的问题和困难；

（10）开好团支部委员会组织生活会；

（11）研究其他需要支部委员会讨论决定和贯彻执行的事项。

3. 团支部委员会工作原则

团支部委员会要成为团支部强有力的领导核心，必须在工作中遵循以下的原则：

（1）要严格遵循民主集中制原则。支委会必须贯彻和执行支部大会的决议。当支委会的意见被支部大会否决时，支委会不能违背支部大会的决议去另搞一套。如果支委会的决议是正确的，但一时又不为大多数团员所接受，支委会也不能强行让团员去服从，而应积极地去做工作，使自己的意图逐渐为多数团员所理解，然后再交支部大会讨论。

（2）要实行集体领导和个人分工负责相结合的原则。支委会在决定重大问题时要共同讨论，不能由个人说了算。只有坚持集体领导，体现团内民主，才能形成支委之间互相学习，互相监督，取长补短的良好关系，做出正确的决定。个人分工负责是在集体决定之后，要让每个支委都负有具体的责任。只有这样，才能使支委会的决定落到实处，并使每个支委在职责明确的前提下，积极地创造性地去开展工作。

（3）要严格执行团支部工作的有关制度。要定期向支部大会报告工作，总结前段工作，布置今后的工作，让全体团员对支委会的报告进行充分讨论，提出意见，使支委会自觉地接受支部团员大会的检查和监督。

4. 团支部委员会会议

团支部委员会的会议是为完成支委会工作任务而召开的。根据需要团支部委员会的会议可分为：学习和讨论党的各项方针政策和国内外大事；分析研究团员青年的思想、工作、学习和生活情况；讨论团支部活动事项；讨论本单位、本部门党的中心工作和业务工作；为团员大会有关议题提出初步意见；讨论支部团课、民主生活会、团小组长会议等必要的准备工作；开展批评与自我批评，搞好支委会的自身建设等。支委会召开会议讨论有关问题，认为有必要请支委会外其他成员参加时，可以扩大支委会会议参加对象范围，这样的会议称作支委扩大会议。支委扩大会议是支委会会议的特殊形式。支委扩大会议的范围，应根据支委会会议的议题来确定。召开支委会会议，到会的支委必须超过支部委员的半数。列席支委会议的同志，只有发言权，没有表决权。

5. 团支部委员会会议的原则

委员会的会议是为完成支委会工作任务而召开的。必须遵循以下四个原则：

（1）严格民主集中制，明确支委会职权范围，支委会必须服从、贯彻和执行支部大会的决议；

（2）必须实行集体领导和个人分工负责相结合；

（3）必须适应工作需要，转变工作方式，讲求工作效率；

（4）严格执行支部工作有关制度，定期向支部大会汇报工作。

6. 团支部委员会会议的内容

根据需要，支委会会议的主要内容如下：

（1）学习和讨论党的各项方针政策和国内外大事；

（2）分析研究支部团员、青年的思想、工作、学习和生活情况；

（3）讨论团支部活动事项；

（4）讨论本单位、本部门党政的中心工作和业务工作；

（5）为支部团员大会讨论提出初步意见；

（6）为团支部团课、民主生活会、团小组长会等做必要的准备工作；

（7）开展批评和自我批评，搞好支委会的自身建设。

六、团支部工作定期检查、考核制度

1. 团支部工作定期检查、考核的意义

（1）加强团支部的自身建设，监督团支部日常工作的执行情况，完善团支部委员的配备，提高团支部工作的主动性，保障团支部工作的质量。

（2）使团支部工作进一步制度化、规范化，使团的工作能够顺利开展，全面推进共青团工作。

2. 团支部工作定期检查、考核的内容

（1）班子建设

团支委班子健全，团支委由团支部书记、组织委员、宣传委员三人组成。换届改选工作一定要通过支部团员大会民主选举。团支委要有良好的政治思想素质，在团员青年中有威信，并能模范遵守团的纪律，在团内能起带头作用。

（2）团的组织生活

组织生活是团组织对团员进行思想政治教育和团员自我教育的具体形式，是加强团的思想建设的重要途径。组织生活的核心是发扬团内民主，健全落实"三会两制一课"制度。

（3）团员教育评议工作制度

团员教育评议工作即对团员进行团员意识教育和民主评议。教育评议工作的根本目的是提高团员的政治素质和思想素质，进一步激励广大团员的模范带头作用。同时，严肃团的纪律，对于极少数不合格团员作出必要的组织处理。

（4）年度团籍注册制度

团员年度团籍注册是对团员团籍的连续认定，是团组织掌握和了解团员履行义务、参加活动情况的重要途径，是团员管理的关键环节。年度团籍注册以团支部为单位进行，团支部一般应在每年1月份，为团员办理年度团籍注册手续。学校团组织一般应在秋季开学后的一个月内完成团员注册工作。超过规定注册时间一年未注册的团员证，即为失效。

(5) 团课

团课是团组织对团员进行系统教育，提高团员思想理论水平和政治素质的重要途径，是教育引导团员在本职岗位和社会生活中发挥模范带头作用的重要载体，是团组织的一项经常性重要工作。团课讲授者可由开设团课的基层团组织的团干部担任，也可邀请党政领导、专家学者担任，还可适当安排先进人物开展座谈交流。基层团委主要负责人每年至少要为团员青年讲授一次团课。授课者要严格遵守党的政治纪律和组织纪律，以自己的模范行为和人格魅力去影响和教育团员青年。

3. 社会实践

社会实践是学校教育的重要组成部分，是学校教学的重要补充，是思想政治教育的重要形式，是青年学生健康成长的重要课堂，也是促进学生全面成才的有效途径。

团支部必须将社会实践作为一项重要工作，要求每位同学都要参加社会实践，并书写调查报告上交。

4. 团内档案

团内档案是衡量团支部工作的一个重要标准，主要包括：

(1) 上级团委文件整理清楚；

(2) 团员名册完整；

(3) 团员证登记完整；

(4) 团员年度注册登记清楚；

(5) 工作有计划、有总结；

(6) 团外青年情况清楚；

(7) 申请入团的青年和积极分子登记清楚；

(8) 违纪团员处理记载清楚；

(9) 团支部日常工作记录完整；

(10) 好人好事，学雷锋活动登记清楚；

（11）团支部的活动记录登记清楚；

（12）支部团员学习、工作情况登记清楚；

（13）社会实践调查报告上交登记清楚；

（14）共青团义务劳动情况登记清楚；

（15）团员教育评议登记清楚；

（16）受表彰和处分的团员登记清楚。

5. 团的特色工作及文化建设

团的特色工作及文化建设要紧密围绕如何创造条件，引导广大团员青年健康发展来进行。在工作中勇于创新，突破陈规，大胆探索，开展适合青年特点兼具思想性和教育性的健康、愉快、生动活泼、丰富多彩的文化娱乐活动（活动要有记录）。

6. 团的日常工作

（1）按时完成上级组织布置的各项任务，积极参加团的各项活动；

（2）支部团员的德育教育应常抓不懈；

（3）共青团义务劳动应正常开展；

（4）团支部成员要认真履行团员义务，正确行使团员权利；

（5）青年志愿者活动应常抓不懈，好人好事层出不穷；

（6）团日活动按时开展。

7. 宣传及思想教育活动

（1）结合实际，经常开展多种形式的思想政治教育活动，组织开展丰富多彩的适合青年团员特点的文体活动，活跃青年业余文化活动；

（2）加强宣传阵地建设，做到有计划、有措施、有总结；

（3）团员青年遵守规章制度，遵守社会公德，无违法乱纪行为。

七、团支部工作目标管理制度

1. 建立团支部工作目标管理制度的意义

建立团支部工作目标管理制度是进一步规范团支部管理，明确团支部工作目标，切实发挥好团支部的先锋模范作用的需要；是明确支部工作任务和工作要求，定期对团支部进行考核评先的依据；是搞好团支部自身建设，做好监督促进工作的必然要求。

2. 团支部工作目标管理制度的内容

团支部自身建设是团支部工作目标管理制度的重要内容之一，具体细则如下：

（1）支部的工作年初有计划，年末有总结，能按时向上级组织呈报计划和总结，定期报告工作；

（2）组织生活制度健全，做到定期组织活动，召开支委会、团员民主生活会、团员民主评议活动，引导组织团员青年过好团组织生活；

（3）建立健全团员管理制度，内容包括组织生活、团员学习、团员思想汇报、团员联系群众、团员后续教育和民主评议等制度；

（4）有团员花名册及登记表，熟悉团员基本情况；

（5）能紧密结合实际，认真组织团员学习马克思列宁主义、毛泽东思想、邓小平理论、"三个代表"重要思想、科学发展观和习近平新时代中国特色社会主义思想，积极宣传和贯彻执行党的路线方针和政策，并经常对团员进行形势政策教育；

（6）认真做好共青团员的摸底教育工作，鼓励吸收优秀团员加入组织，并及时派送入党积极分子参加党校培训；

（7）严格按照"成熟一个，发展一个"的标准，认真做好团员青年的组织发展工作；

（8）认真做好新团员的教育、培养及考察工作，按期办理转正手续；

（9）能按期按标准交纳团费并及时登记，每年公布一次团费收缴情况。

发挥团支部的模范带头作用，发挥团支部的先进性是团支部工作目标管理制度的又一重要内容，具体表现如下：

（1）支部书记以身作则，认真履行岗位职责，调动支委及其他团员的积极性，发挥团支部的战斗堡垒作用；

（2）团支部应经常调查、分析支部团员青年的思想状况，做好各项工作；

（3）关心青年的工作、生活和发展，定期召开群众座谈会，广泛听取群众意见，及时向上级组织反映他们的意见和要求，维护群众正当利益，接受群众监督；

（4）团员模范遵守各种法律、法规和规章制度，严于律己，无违纪行为。

3. 团支部工作目标管理评比与表彰

通过目标考核对松散瘫痪的团组织进行限期整改，健全组织，配好干部，开展活动；对自身建设有一定基础的团组织要提高工作水平；努力达到合格的标准；对自身建设基本达到合格标准的团支部，要巩固工作成果，争创先进团组织。

考核结果按百分制计算，便于团支部之间的评比和表彰，便于团支部自身的改善和提升，具有科学性、可比性和可操作性。

负责考核的团组织，应将考核结果及时向同级党组织汇报，便于党组织及时准确地了解团的建设和工作情况。

对表现突出的团支部，上级团组织应进行相应表彰，表彰工作一般每年进行一次，评出一定数量的先进团支部，以资鼓励，促进团支部工作的全面开展。

八、团干部奖惩管理制度

1. 团干部奖惩制度的原则

《团章》规定："对工作有显著成绩的团干部，团的组织应当给以表扬和奖励。"

对团干部奖惩的考核应坚持实事求是原则、民主监督原则、德才兼备原则和民主集中制原则。做好团干部考核管理工作是建设一支政治强、业务精、作风好的团干部队伍的需要，是共青团工作持续、健康发展的重要保证。团支部应在客观、科学、具体的考核基础上，对工作积极、成绩突出的团干部给予表扬和"推优"；对工作作风散漫，不负责任的团干部，无故多次不参加团的活动和会议的团干部，视其情节轻重应给予相应的警告、批评或劝退处理；对严重失职者，态度恶劣者，作免职处理并通报批评。

2. 团干部奖惩考核的内容

（1）团干部负责的具体团务工作的完成情况，及时传达贯彻团组织的决议、指示精神，经常向团组织和党组织汇报情况；

（2）按时召开或参加支委会和支部大会，能根据上级团组织的指示，从团支部的实际出发，研究、计划和组织团支部工作；

（3）准时参加团委或所在单位的有关会议和活动，及时向负责人汇报团委和支部工作安排及工作情况；

（4）认真填写三簿一册、入团志愿书意见和支部工作报表；

（5）同各支委成员团结保持密切联系，帮助或相互督促做好分管的工作；

（6）成为青少年的知心朋友，并能做好后进生的思想转化工作；

（7）注意思想修养，全面发展，工作业绩或成绩优良，成为先进个人和大家学习的榜样；

（8）工作有创新能力，完成工作效果好。

3. 团干部的奖励制度

奖励评比条件。坚持四项基本原则，积极宣传党的路线方针政策，有政治上进心；工作勤奋，作风扎实，对团工作有事业心，工作认真负责，勤于思考，勇于创新，实事求是，讲求实效，团结群众，做青年的知心朋友；品德高尚，克己奉公，助人为乐，有批评和自我批评精神，道德品质好；业务刻苦，各项日常工作都能达到先进水平。

奖励办法。团干部的奖励分：通报表扬、授予"优秀共青团干部"荣誉称号，授予荣誉称号者颁发荣誉证书，也可以视具体情况可给予适当物质奖励。

奖励评审程序。受通报表扬，授予荣誉称号与奖励的，原则上经团支部讨论通过后报上级团委批准，由上级团委公布，上级团委也可以根据实际情况直接给予通报表扬和授予称号。

4. 团干部的惩罚制度

对违反共青团纪律的团干部，违反《团章》对团干部要求的团干部，即对那些团员意识不强，组织、纪律观念淡薄，自我要求不严，政治上不坚定，学习上不勤奋，工作上不刻苦，作风上不扎实，道德上不高尚的团干部，为了严肃团的纪律，教育本人和广大团干部，团组织要对他们进行相应的惩罚，以提高整个团组织的素质，保证团的先进性。

对不符合要求的团干部，团内处分有以下五种：警告，严重警告，撤销团内职务，留团察看（时间为六个月或一年），开除团籍。

有下列情形之一者，团组织给予通报批评、警告直至开除团籍处分。

（1）反对四项基本原则，扰乱社会公共秩序，破坏安定团结，严重触犯国家的法律法规者，给予开除团籍的处分；

（2）违反所在单位或者学校的管理规定的给予警告以上处分，极其严重的给予开除团籍处分；

（3）无故不过团组织生活、不按期交纳团费、不做团组织分配的工作者，二次（含二次）以下给以通报批评；三次（含三次）以上五次（含五次）以下给以警告或严重警告处分；六次（含六次）以上给以留团察看或开除团籍处分。对不按时组织支部生活的团干部，团组织给予从严处分；

（4）对参与赌博、偷窃、诈骗、卖淫、嫖娼者，给以留团察看或开除团籍处分；

（5）对破坏环境卫生和公共物品者，视情节给以通报批评直至开除团籍处分。

受到警告（含警告）以上处分的团员，不能参加本年度团内的各项评比表彰。

凡受留团察看处分者，在留团察看期满后，经考察证实改正了错误，团组织应当及时恢复其团员的权利，坚持错误不改的，应当开除团籍。

对团员的处分，各级团组织要本着"惩前毖后，治病救人"的精神，开展广泛的调查研究工作，要坚持实事求是的原则，慎重、客观地作出处理决定。对犯错误的团员，要做好耐心细致的思想工作，处理结论要同本人见面，允许本人申辩或向上一级团组织申诉，对本人的申诉，上一级团组织有责任进行复议。

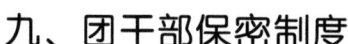

九、团干部保密制度

为确保党和国家的秘密,使保密工作更好地服务于团的各项工作,开展好团的活动,维护好青年的利益,在共青团工作中遵守保密制度有着重大意义。

1. 共青团工作的保密原则

共青团工作中的保密原则有以下几点:(1)不该说的秘密绝对不说;(2)不该知道的秘密绝对不问;(3)不该看的秘密绝对不看;(4)不在私人通信(讯)中涉及秘密事项;(5)不在非保密本上记录秘密;(6)不在不利于保密的场合谈论秘密;(7)不带秘密材料到公共场所和探亲访友;(8)不用公共电话办理秘密事项;(9)不在非涉密计算机上打印秘密文件;(10)不准用涉密计算机连接互联网。

2. 共青团工作需要保守的秘密

共青团工作中国家秘密及其密级具体范围的规定如下:

(1)共青团工作中国家秘密的具体范围包括:不宜公开的青年现状分析,重要动态反映及其对策性建议;团代会筹备期间的人事酝酿情况;尚未公开的共青团组织情况统计数据;与国外境外青年组织交往中的方针政策方案。

(2)共青团工作中秘密级别分为机密级事项和秘密级事项。其中机密级事项包括:青年(青年统战对象)对重大社会敏感问题、国家重大方针政策的综合反映、动态分析及其对策性意见;配合有关部门处理青年突发性事件的方针政策;省团代会筹备期间的人事酝酿情况;与国外及境外青年组织交往中未公开的方针、政策、计划、会谈方案。秘密级事项有:尚未公开的有关青年状况的分析、调查报告和统计数据;尚未公开的共青团组织情况统计数据；地市级团代会筹备期间的人事酝酿情况。同时也要注意，青年工作中涉及其他部门的秘密事项及其密级按所涉及部门的规定执行。

3. 共青团保密工作的三个重要方面

（1）国家秘密载体的保密

属于国家秘密的文件、资料、胶片、磁带、光盘、软盘、秘密设备等是保密的主要对象，绝大部分国家秘密存在这些载体中，必须确保其安全。具体来说，机要室、文书档案室、人事档案室是存放秘密载体的要害部门，要经常检查其保密设施，确保其安全；秘密文件非经原确定密级的机关、单位或者其上级机关批准，不得复制和摘抄；不准通过普通邮政传递秘密文件、内部资料和其他涉密物品；密件的密级和保密期限一经确定，应当立即作出明显并易于识别的标志（标志所采用的形式见有关规定）；秘密载体必须在设备完善的保险装置中（保险柜和有保险门的室内）保存；未经有关主管部门的批准，禁止将属于国家秘密的文件、资料和其他物品携带、传递、寄运至境外；秘密文电、物品定期检查清理，发现短缺，及时查找；机要室和各部门的秘密文电每月清查一次，每季复查一次，年底归机要室清退；需销毁的秘密文件，要经领导批准后到指定造纸厂监销，焚烧。有秘密内容的字纸、废页要做到纸净灰碎，严禁将内部文件当做废纸出售。

（2）通信和办公自动化的保密

不在普通电话上讲国家秘密；不用明码电报传递国家秘密；坚持密电密复，不用明电答复密电；召开涉密会议不使用无线话筒；不自编密码进行通信；存储秘密的计算机必须安装干扰器等保密设施。

（3）涉密会议的保密

选择具有保密条件的场所召开涉密会议；根据工作需要，限定参加会议人员的范围；依照有关保密规定使用会议设备（不使用无线话筒等）和管理会议文件、资料；确定会议内容是否传达及传达范围。

4. 定密工作

由部门负责人根据《纪检监察工作中国家秘密及其密级具体范围的规定》确定秘密事项，提出密级的级别意见；确定级别后的秘密文件经团省委保密委员会有关负责同志审核；经审核后送机要室由机要人员填写定密登记表备忘；在秘密文件左上方印上密级标志；确定密级后的文件要严格按规定打印、发放和保管。

5. 保密教育

机关每半年召开一次保密教育会议；机关保密委员会一季度召开一次保密工作会议；对机要、档案、文件管理人员进行经常性地保密教育；涉密会议召开前进行保密教育；机关工作人员出国前进行保密教育；对新调进工作人员进行保密教育；节假日（五一、十一、春节）前进行保密教育。

6. 团干部保密工作责任制

（1）各级团干部必须自觉接受保密监督，模范遵守保密法律、法规和下列保密守则：不泄露党和国家秘密。不在无保密保障的场所阅办、存放机要文件、电报、资料。机要文电阅办后及时清退给文电管理人员，不积压，不横传。不擅自或指使他人复制、摘抄、销毁或私自留存带有密级的文件、资料。确因工作需要复印的，经主管领导签批后方可复印，复印件应按同等密级文件管理。工作笔记属保密范围，应妥善保管。不在非保密笔记本或未采取措施的电子信息设备中记录、传输和储存党和国家秘密事项。不携带秘密文件、资料进入公共场所或进行社交活动；特殊情况确需携带时，须经本单位保密部门或主管领导批准，并由本人或指定专人严格保管。文件带回要及时交文电管理人员保存。不准用无保密措施的通信设施和普通邮政传递党和国家秘密。不准与亲友和无关人员谈论党和国家秘密。不在私人通信及公开发表的文章、著作、讲演中涉及党和国家秘密。不在涉外活动或接受记者采访中涉及党和国家秘密；确因工作需要涉及或提供党和国家秘密的，应事先报经有相应权限的机关批准。不在出国访问、考察等外事活动中携带涉及党和国家秘密的文件、资料或物品；确因工作需要携带的，须按有关规定办理审批手续，并采取严格的保密措施。

各级团干部对保密工作负有领导责任。在研究、部署党和国家涉密的工作时，要同时对保密工作提出要求，作出安排，做到业务工作管到哪里，保密工作也要管到哪里。各部门、各单位主要领导对本部门的保密工作负有领导责任。要带头贯彻执行中央关于保密工作的方针、政策、指示、决定，定期了解保密工作的情况，及时解决保密工作中存在的问题。分管保密工作的领导，对本部门的保密工作负有直接领导责任。应结合实际，提出贯彻执行上级保密工作的方针、政策、指示、决定的具体意见和措施，负责指导、协调和督促、检查本部门的保密工作，及时处理保密工作中的问题和失泄密事件。

（2）保密委员会，应履行以下保密工作职责：健全和完善保密组织，由一名领导同志主持保密委员会的工作；指定一名干部从事日常的保密管理工作。及时组织传达学习上级的保密工作文件和指示，有计划地开展保密宣传教育工作。贯彻执行保密法规，制订实施保密工作计划。组织依法定密工作，健全各项保密规章制度，加强保密管理，进行督促检查。对涉密的通信和办公自动化设备，负责采取保密技术防范措施。本部门主办的涉及党和国家秘密的重要活动、会议或项目，组织制定保密工作方案，采取保密措施。认真总结本部门的保密工作，组织查处失泄密事件，表彰先进。积极支持保密人员依法开展保密工作，切实帮助解决工作中的困难，为保密干部做好工作创造必要的条件。对玩忽职守，拒不履行保密工作领导职责，造成严重失泄密后果的领导干部，要依法追究其法律责任。

(3) 涉外人员保密守则

忠于祖国，发扬爱国主义精神，坚持维护国家主权和利益，维护民族尊严，在一切对外活动中，严格按照党的方针政策办事。坚定立场，坚持原则，内外有别，提高警惕，严守国家秘密，严格执行保密规定，凡未经公开发表的重大事件、数字等秘密和内部情况或通报一律不准向外泄露；凡属敏感的政治问题，在党和国家没有正式统一的观点外，任何个人不得私自随意表态；凡涉及重大问题，自己把握不住的可婉言推辞或转换话题。不背着组织同外国机构和外国人私自交往，不在涉外场所和客人面前谈论秘密，不携带国家文件、内部通报等秘密材料进行接待工作。涉外工作人员要严格请示汇报制度，如遇重大问题及时向上级主管部门反映情况，以求妥善解决。要加强组织观念，自觉遵守外事纪律。涉外工作人员要以党和国家的利益为重。把保守党和国家的秘密放在一切工作的首位，立场坚定，旗帜鲜明，不受任何引诱出卖国家秘密或提供有关重要情况、材料等。涉外工作中要头脑清醒，思维敏捷，提高警惕，严防个别组织和个人以了解情况为名刺探和搜集党和国家的秘密、情况。

十、团支部活动管理制度

1. 活动管理制度

活动管理制度包括活动思路和宗旨、申请、开展的情况、总结及财物的保管与使用五个部分。活动开展前上交详细策划、填写活动申请表，开展时按照计划安全，高质高效组织活动，开展后及时总结经验教训，上交活动总结的规范化管理。

（1）活动思路和宗旨

全面贯彻党的二十大和二十届一中、二中、三中全会精神，高举中国特色社会主义伟大旗帜，在组织青年方面，着力增强对广大青年的吸引和凝聚，团结带领广大青年为建设社会主义现代化国家做贡献；在引导青年方面，针对不同领域、不同年龄段青少年思想意识的关键点，探索有效教育引导方式，坚定广大青少年跟党走中国特色社会主义道路的理想信念；在服务青年方面，把促进青年就业创业作为重中之重；在维护青少年合法权益方面，积极探索维护青少年普遍性利益诉求的方式和渠道。

（2）活动开展的申请

开展活动前应写出详细的活动策划与可行性分析报告，并填写活动审批表，上交审批。经批准后，活动方可开展。审批表交由秘书处备档，审批表盖章生效。不经申报，擅自开展，若出现事故应追究其组织者责任。

（3）活动的开展

活动得到批准后，应按计划积极地做好财物准备，人员调配，组织宣传等前期准备活动，并及时向支委会汇报活动进展情况。在活动中，各相关部门要做好活动资料的搜集和整理工作。

（4）活动的总结

应该在活动结束后一周内对活动进行总结，包括活动开展基本情况，活动资料，经验教训，需表扬（批评）名单等，经支部委员会审核后，存入本部档案，并备份后上交秘书处存档。

（5）财物的保管与使用

基层团组织开展活动所需使用的财物，应依照厉行节约和合理使用的原则。

2. 团支部活动项目化管理制度

项目化管理制度的主体为团支部和项目负责人。

（1）本团支部成员个人、团小组、自由组合团队可经申请，由团支部批准为项目负责人，项目负责人对项目的运行负全责。

（2）团支部行使项目的审批权，对项目负责人的监督权，项目财务管理权。

（3）由本支部的个人、团小组、自由组合团队向团支书提出组织意愿，并提供工作思路，鼓励上交书面的项目策划书。

（4）由支部会议对申请的资格，认识和项目可行性进行讨论，并在三日内作出决定，通知申请人。

（5）正式立项后，申请人获得项目负责人资格，项目开始运行。

（6）项目完成后，项目负责人向团支部提交总结材料。

十一、团支部考勤制度

考勤制度为每次团员大会、团支部委员会、各种例会前，各与会人员应自觉到团支部宣传组织部签到，宣传组织部应认真作好会议签到记录，并存档作为日后考核依据。团支部组织各项活动时，组织委员应做好对活动工作人员的签到工作，活动后将签到情况交秘书处存档作为日后奖惩依据。

考勤制度原则：干部考核必须坚持公平、公正、公开的原则；例会成员根据各自到会时间依次自觉签到，不可帮他人代签，或冒名顶替。一经发现，团组织可视情况的严重程度予以一定的惩处。

考勤的内容：包括共青团会议和活动的出席情况，凡被通知成员，均应准时到会参加。如有例外不能参加的，应该做书面或口头请假，否则，按缺席处理。

会议考勤表其他各项，由会议记录员根据会议情况如实填写，如有特殊情况另加注明。考勤表由各会议记录员交与组织委员，不可无故拖延，如有例外，应及时向组织委员说明。组织委员将对考勤表的统计情况进行统一登记、汇总、存档。

十二、团的民主集中制

民主集中制是共青团根本的组织原则。要充分发扬民主，切实保障团员的民主权利。要实行正确的集中，加强组织性和纪律性，保证团的决议得到有效地贯彻执行。

1. 民主集中制是共青团的组织原则

（1）民主与集中的关系：是矛盾的统一体，是在民主基础上的集中和在集中指导下的民主，民主集中制是把民主和集中很好地结合起来。

（2）民主集中制是我们党和国家政治生活的根本制度，共青团利用民主集中制把自己建设成为团结、教育青年的核心。

（3）团内实行民主集中制原则，就可以正确处理和解决团组织内部领导和被领导的关系、上级与下级、团员和团组织的关系，团内的生活和工作就都有了准则，就能建成有集中又有民主的政治局面，从而形成一个严密的战斗集体，充分发挥团的组织作用，团内实行民主集中制，还可以使团员从年轻时就有机会接受民主集中制教育。

2. 团的民主集中制的基本原则

中国共产主义青年团是按照民主集中制组织起来的统一整体。团的民主集中制的基本原则如下：

（1）团员个人服从组织，少数服从多数，下级组织服从上级组织。

（2）团的全国领导机关，是团的全国代表大会和它产生的中央委员会。地方各级团的领导机关，是同级团的代表大会和它产生的团的委员会，团的各级委员会向同级代表大会负责并报告工作。

（3）团的各级领导机关，除它们派出的代表机关外，都由选举产生。

（4）团的各级领导机关应当经常听取并认真处理下级组织和团员的意见；团的下级组织既要向上级组织请示、报告工作，又要独立负责地解决自己职责范围内的问题。团的各级组织要使团员对团内事务有更多的了解和参与。

（5）团的各级委员会实行集体领导和个人分工负责相结合的制度。

3. 实行民主集中制的要求

（1）充分发扬团内民主

团内实行民主集中制的基础是充分发扬民主；团的干部，特别是领导干部，要模范地执行民主集中制，不能搞"一言堂"，团内集中应是发扬民主基础的集中，团的领导机关必须由团员民主选举产生，团的决议必须经过团员大会或团员代表大会讨论制定通过，团的委员会必须执行团员大会或团员代表大会的决议，定期向团员大会或团员代表大会报告工作，认真听取意见和批评，接受其监督，对其负责；只有认真发扬民主，才能使广大团员以主人翁的态度，自觉参加团的各项活动，遵守团的纪律，使全团真正的团结一致，使团的领导更加正确完善，使团的决议更能有效地贯彻下去。

（2）加强组织纪律性

发扬团内民主，应该是在民主基础上，形成有力的集中领导和严明的组织纪律；全体团员和团的干部必须有牢固的组织纪律观念，在处理团员之间、团员与组织、下级和上级之间关系时，应当毫不犹豫地执行个人服从组织、少数服从多数、下级组织服从上级组织的原则，团员要加强组织纪律性。对于团的决议要坚决执行，绝不能以个人是否满意来决定自己的态度，团员必须认真参加团的组织生活，接受团组织分配的工作并积极去完成，团员和团干部必须对团的组织忠诚，在团的纪律面前，全体团员、团干部，包括在团内工作的共产党员都一律平等；加强团内组织纪律性，同发扬民主一样，都是实行民主集中制必不可少的内容，团内有了严明的组织纪律，就能做到队伍整齐，步伐一致，发挥出强大的战斗力。

(3) 坚持从严治团

从严治团是从团组织、团员现状及团委所面临的新任务提出的。其主导思想是在团组织发展建设过程中，在青年团员的思想、学习、生活各方面全面发展的过程中，保持团组织的先进性和纯洁性，经得起考验，能发挥共产主义青年团的力量和作用，为完成共青团现阶段任务而奋斗。

从严治团的基本要求是：

坚持党的领导。始终坚持党的集中统一领导，全面贯彻党中央关于群团改革的重大部署，坚决落实习近平总书记关于青少年和共青团工作的重要指示批示，严格遵循习近平总书记关于从严治团的重要要求，把坚持和加强党的全面领导落实到从严治团的全过程各方面。

坚持守正创新。从党的百年奋斗重大成就和历史经验中汲取智慧力量，弘扬"党有号召、团有行动"的优良传统，继承和发扬管团治团的历史经验，结合新形势新任务新要求，与时俱进、改革创新，系统构建全面从严治团工作体系，建立健全全面从严治团制度机制，开创全面从严治团新局面。

坚持问题导向。直面突出问题，聚焦部分团干部机关化行政化倾向、一些团员先进性不够明显、不少基层团组织政治功能发挥不够充分和部分领域组织覆盖不足等问题，针对工作中存在的制度体系不够健全、较真碰硬不够坚决等短板，对症下药、精准发力。

坚持严实标准。坚决贯彻习近平总书记对共青团政治建设、干部队伍建设、团员队伍建设提出的严和实的重要要求，学习全面从严治党的经验，坚定向党看齐的决心，鲜明树立严的标准，系统构建实的机制，确保工作取得实效。

坚持分类施策。准确把握全面从严治团的工作重点及标准，针对不同层级团组织、不同岗位团干部、不同年龄段团员，突出政治标准、把握成长规律、照顾青年特点、注重方式方法，正确处理严管和厚爱的关系，促进全面健康发展。

第十章 主题团日活动

一、主题团日活动的概念

主题团日活动就是以团支部为单位进行的一系列有益于德智发展的活动；是围绕党的中心工作，根据青年特点，积极组织有影响、有实效的活动，是发挥团的战斗力，带领团员青年在活动中受教育、起作用、做贡献、长才干的重要途径。其活动围绕一定的主题展开。好的主题团日活动可以让成员体验乐趣的同时收获一定社会认可，创造一定的社会价值。

团日活动的内容是非常丰富的，不同时间、不同地区、不同行业、不同支部，都可以有自己不同的活动内容。总体来说，主题团日活动可以分为六类：教育活动、科技活动、公益活动、组织活动、文娱活动和体育活动。

二、主题团日活动的特点

（一）主题团日活动是对青年开展思想政治教育工作的最直接手段

《中国共产主义青年团章程》中明确规定，共青团"贯彻党管青年原则……围绕党的中心任务，开展适合青年特点的独立活动，关心青年的工作、学习和生活，切实为青年服务"，团的工作的首要基本要求即"坚持党的领导""要坚持党建带团建，把党的要求贯彻落实到团的建设之中，使团的建设纳入党的建设总体规划，同部署同检查同总结"。开展主题团日活动是共青团组织落实党对团的工作的基本定位和基本要求的最直接方式。主题团日活动的参与者是青年团员，而参与主题团日活动是青年团员感受党的创新理论伟力，学习贯彻党的政策路线的直接渠道。面向青年开展思想政治教育，引领青年听党话、跟党走，认同党的创新理论并自觉用党的创新理论武装头脑是青年团组织的基本职责和重要任务，其实现方式也带有群团组织的鲜明特点，内容丰富多彩、形式多种多样。

（二）主题团日活动以培养堪当民族复兴大任的时代新人为根本追求

团章中明确要求，新时代共青团的建设必须"坚持把帮助青年确立正确的理想、坚定的信念作为首要任务""坚持服务青年的工作生命线"。主题团日活动内容丰富、形式多样，其内容设计和形式选择的根本依据在于培养堪当民族复兴大任的时代新人。内容是否合适，形式是否恰当的标准也在于是否能够通过开展活动，不断激发广大青年为实现中华民族伟大复兴而奋斗的主人翁意识和使命担当，为党和国家培养社会主义事业建设者和接班人。中国特色社会主义进入新时代以来，一方面，党领导人民取得的我国经济社会发展历史性成就和历史性变革使得青年更能够通过身边人、身边事，通过切身感受到的经济社会发展成就感受民族复兴伟业。另一方面，在百年未有之大变局特别是全球经济增长乏力、一些西方国家出现"逆全球化"思潮的背景下，贸易战、地区冲突、极限施压等国际事件也能不断激发青年的民族自信心、自豪感，对于民族复兴伟业产生更多思考、更深刻的认识。开展主题团日活动就是要用好党的创新理论，帮助青年理解和认识当前我国经济社会发展的新形势、新战略，投身中华民族伟大复兴的大事业，形成将"小我"融入"大我"，将个人命运与国家命运紧密联系、高度结合的认识和决心。

（三）主题团日活动是基层团组织建设的有效方法

2019年，共青团中央印发的《中国共产主义青年团支部工作条例（试行）》明确指出，团支部的基本任务包括："对团员进行教育、管理、监督和服务，健全团的组织生活，定期开展主题团日。"从团的组织建设实践来看，主题团日活动是团的基础组织——团支部进行自身组织建设，凝聚工作力量的有效方法。在此过程中，主题团日活动立足于共青团组织的政治性、先进性和群众性，通过开展丰富多样的学习、实践活动，实现对团员教育的全覆盖。应该明确的是，定期开展主题团日活动是基层团支部面向团员开展教育、管理、监督和服务的重要手段和有效方式。同时，通过主题团日活动的开展也能进一步巩固和强化基层组织建设，发挥战斗堡垒作用。

三、主题团日活动的创意

共青团作为党和青年的桥梁纽带，要善于从工作、学习、生活中的点点滴滴抓住灵感，寻找创意。主题团日活动的创意主要来源于以下几方面。

（一）党团工作安排

共青团的活动首先便是要贴合党的中心任务和实践需求，要围绕共青团的使命开展活动。共青团作为党组织的助手和连接青年的纽带，往往会承担着大量的如庆祝党的生日、纪念五四运动、学习一些会议的精神等政治任务，这些任务看似中规中矩，但只要调整一下思路，换个角度去看待，结合一些新形式、新方法，就会产生比较好的创意。

（二）单位或部门的工作安排

共青团开展活动，要服务于本单位、本部门的中心工作，要围绕中心工作配合本单位、本部门完成工作目标，发挥团组织作用，凝聚青年完成本单位急、难、险、重的工作任务。主题团日活动内容要选定这些方面作为重点内容。

（三）青年特点和需求

共青团组织作为青年利益的代表，必须帮助青年解决实际问题，最大程度地满足青年的需求。只有急团员青年之所急，想团员青年之所想，才能代表广大青年的利益，为团员青年服务。满足青年需求是共青团工作的一项中心环节。新时代随着各种文化的变迁和冲击，青年的生活方式、思维观念等都产生了极大的变化。同时，不同阶层、不同领域的青年的特点和需求也存在极大的不同。因此，了解和把握青年的需求是做好共青团工作、策划好主题团日活动的基础。共青团活动要紧紧围绕青年的特点和需求来开展，才能真正吸引青年、赢得青年。

（四）社会热点和趋势

青年是新兴力量，对社会有着强烈的责任感，相对于中老年人有着对社会热点更敏感的反应和更浓厚的兴趣。在不同的时间段里青年都会有不一样的"兴奋点"。抓住社会的热点，适时地开展主题团日活动，一定能够得到广大青年朋友的欢迎，因而社会热点往往成为当前共青团组织活动的一个重要来源。此外，反映社会发展趋势和走向的活动往往也能够得到比较大的认同。

(五) 传统文化

中国传统文化是中华文明演变而汇集成的一种反映民族特质和风貌的民族文化，使中国人引以为荣，是中华民族的重要凝聚力。因此，以优秀的中国传统文化指引广大青年是共青团开展主题团日活动的一个不错选择。同时，中国青年作为祖国的未来，也肩负着传承这些优秀文化的使命，从这个角度来说，共青团组织作为青年利益的代表，作为党管理青年事务的助手，更应该重视传统文化在青年中的传播和继承。

四、主题团日活动的主题

(一) 主题的重要性

活动的主题是活动的指导思想、宗旨、目的要求等最凝练的概括与表述，它是活动的精髓，是团日活动策划中最核心的要素，在一定程度上影响活动内容的安排、活动形式的选择和其他诸要素的设计。活动的主题往往是经过高度概括和提炼而产生出来的，具有较强的感染力和号召力，比如，"迈好青春第一步""做新时代红旗手"等。

主题要素、内容要素、形式要素是活动设计和策划通常需要考虑的三大要素。这三大要素中又以主题要素为先导。一般活动的设计和策划都是主题要素设计在先；其次为活动的内容要素；待主题要素与内容要素确立后，再根据主题要素与内容要素的具体要求和特别需要来设计活动的形式，即最后进行形式要素的设计和确定。活动方案的设计要注意三大要素的有机结合、统一。

（二）主题的提出

1. 挖掘深刻内涵

活动的主题既是活动的总概括，更是对活动的一种宣传和动员，共青团在开展活动时一定要保持活动的主题具有深刻的内涵。

具体来说，就是团日活动的主题要符合时代、青年的需求或体现一定的哲理。比如"求职在路上""争做时代的弄潮儿"等都体现了时代的大节拍、大趋势，体现了青年的实际需求。此外，善于和勤于思考是青年的一大特点，青年处于成长和独立的关键时期，他们对人生的思考尤其多，因此共青团在组织这方面活动时一定要提炼出一些积极向上、能够激发青年的主题。比如，"寻找完美的自我""青春、活力、创造""为了理想的生活"等。

2. 提炼关键词

提炼关键词是确定主题的一个最基本的方法，也是比较简单直白的一种方法。具体来说，就是通过我们对活动的指导思想、目的要求、宗旨的归纳，总结提炼出活动主题的方法。就像我们通过反复阅读一篇文章，然后从中找出或提炼出关键词一样。

3. 语言的艺术化处理

语言的艺术化处理就是利用一些修辞优化主题的方法。常用的修辞手法有比喻、对仗、借代、引用，甚至使用同音词，等等。比如，"多彩校园·闪亮青春"采用的就是对仗的手法；以"'袋'上爱·传递温暖"为主题的赠送环保袋为纪念品的募捐活动，就巧用了"带"与"袋"的同音，同时非常契合赠送环保袋这一安排。

修辞的手法固然会使主题词句朗朗上口，易读、易记，在一定程度上会大大提高活动本身的质量，但要特别注意，这些修辞手法要贴切、恰如其分，不能滥用，不能以辞害意。不能充分表达活动主题的意义和内涵，再深刻、再动人的语言也不是我们所需要的。

4. 主题的实体化表现

主题的实体化表现是主题设置的一个较高层次的境界。主题的实体化表现形式目前主要有三种：一是活动标志的设计；二是活动吉祥物的设计；三是活动的形象代言人。目前大部分主题团日活动设计都没有达到这一层级，往往只有在比较大型和比较成熟的系列活动中才能实现主题的实体化表现。

五、主题团日活动的内容

活动的内容是活动的主体部分。主题确立后，内容的安排是十分重要的。有了鲜明的活动主题，还必须有与主题相配合的恰当的内容，通过内容去体现主题，使活动达到预期的效果。

（一）内容的基本要求

1. 内容应紧密联系主题，具有针对性

内容的策划要紧紧围绕主题这个轴心，为主题服务，而不游离于主题之外，使内容与主题脱节。内容必须说明主题，服务于主题，并受主题的制约。一个成功的活动，必须是主题、内容乃至形式的统一，如果内容不能充分反映主题的要求，在活动的过程中，就会改变我们最初制定的活动宗旨和目的要求，使得活动的性质发生变化而出现南辕北辙的现象，最终导致活动失败。

2. 内容应反映真实需要，具有可操作性

主题团日活动要吸引青年，不仅要从形式上创新，而且从内容上也要反映真实需要,包括在活动内容的设计上要体现群众性、反映青年特点和需求、紧跟时代性,所以团干部要抓住青年特点,学会用青年的语言去和青年交流,了解青年需求。除了反映青年需求外,还应体现共青团工作的特色,增强共青团活动的影响力。

3. 内容应平衡两种倾向,具有高雅性

主题团日活动内容设计要防止两个倾向:一是脱离普通青年、高端化;二是低俗、媚俗和庸俗化。主题团日活动内容的策划要坚持大众化的路线,从实际出发,根据青年群体的不同文化层次、兴趣爱好来设计活动的内容,那种脱离青年的实际接受能力的活动内容,曲高和寡,很难受到大多数青年的欢迎,比如对于大部分青年而言,大合唱与歌剧相比,他们会更容易接受和喜欢合唱。当然,如果活动的策划是专门针对知识水平较高的青年群众,可能歌剧会是更好的选择。活动内容的选择要根据受众来平衡好这两个倾向。

大众路线绝不是低俗、媚俗、庸俗化路线。强化活动内容的审美,以产生"距离"效应,就是在活动内容的安排上追求较高层次,增强活动的难度,使团员、青年觉得有"距离感"。这段"距离"的存在,不但不会使活动的参加者减少,反而会让他们觉得团的活动很有"学问",会使自己得到提高和锻炼,很快对团的活动产生浓厚兴趣,在行动上表现得积极、踊跃。因此,在活动内容的设计上我们不能过于迁就,还必须保证活动内容有一定的深度和超前性,并达到一定的水平。这就需要我们把握好活动内容设计上的"度"。

(二)内容的设计

1. 投其所好

(1)社会的需求

活动的内容要体现社会的需求,比如诸多公益类的活动就是着眼于社会的需求。体现社会需求的活动内容，往往具有一定的公益性和社会效益，青年通过参加这类活动能够实现自我价值和社会价值的双赢。在自我价值方面青年通过这类活动展现了自己的技能或风采，得到社会的认可。同时，也可以给社会带来利益，解决社会存在的一些问题，实现社会价值。

（2）单位部门的需求

主题团日活动内容从单位部门的需求出发来设计，比如教育单位可以开展教学技能比赛，科研单位可以开展科研申报知识辅导，农村青年可以开展农业技术和知识的传授和服务，等等。主题团日活动不是为了活动而活动，而是必须服务于中心工作，只有这样才能更好地赢得团组织所在的党政、单位支持，也只有这样团的活动才能发挥实效，更好地服务青年、引导青年。

（3）青年的需求

满足青年需求要求基层团组织开展团的活动，让团员、青年满意，使之成为团结、教育青年的基本途径。只有急团员、青年之所急，想团员、青年之所想，才能代表广大青年的利益，为团员、青年服务。所以我们选定团的活动内容，要从团的活动应具有青年性的角度出发。青年需求是社会需求、单位部门需求的最终落脚点。

（4）青年关注的热点

我们还应该注意到青年一定时期内的"兴奋点"。这也是我们选定活动内容的一个重要参考。团的活动内容触及青年热点问题，是有针对性地开展青年工作的一个重要表现。只有针对他们的热点问题来选定活动内容，才能使我们的活动内容丰富、不断变化、有新意、受欢迎。

2. 拿来主义

所谓拿来主义，指的是主题团日活动内容的设计可以参照其他活动的好的内容；也可以直接将其他组织活动的精彩内容拿过来。但拿来不是简单地照搬照抄，拿来是有学问的。拿来有不同的层次。最简单的层次就是直接"拿来"，也就是照搬照抄。在组织活动的过程中，活动的组织者都会去参考一些已经组织过的活动，从中去找灵感、找内容，发现适合本次活动的内容时也往往不乏有直接拿过来就用的情况。较深的层次是有选择地"拿来"。有选择地"拿来"是指，在发现适合本次活动的内容时，还要对该内容进行分析和解剖，找出里面最合适的部分，拿到本次活动中来。最深层次的是创新地"拿来"。这一层次的"拿来"是为了推陈出新，创造新的活动内容，所以严格意义上说它不是"拿来"，而是一种创新。拿来的东西只是一种参考、一种灵感的激发。在共青团的活动策划中要提倡最高层次的"拿来"，要把其他的活动为共青团所用，并呈现共青团自身的特点，融入共青团的血液，成为共青团活动的重要部分。

六、主题团日活动的形式

（一）活动的形式

活动的形式是共青团活动的载体，是共青团通过活动表达主题、展现内容的一种方式。根据不同的划分方法，我们可以把主题团日活动形式划分为不同的类型。

从团的活动时间和数量上着眼，可以把团的活动划分为小型活动和大型系列活动两种。

1. 小型活动

小型活动是指时间跨度小，内容、形式单一的活动。这类活动具有规模小、渗透性强、组织简单的特点，也是基层团组织经常开展的活动。但小型活动的影响力往往有限。

2. 大型系列活动

大型系列活动是指时间跨度较大，内容、形式多样的活动。这类活动多是在同一主题下不同时间内各种活动的组合。这类活动一般气势宏大，影响面较宽，能在社会上产生较大的反响。但是，大型系列活动一般耗资较大、组织工作繁重，对组织者的能力要求较高。

此外，我们还可以按活动的主体把主题团日活动划分为青年活动、青少年活动等；按活动的开展地，我们可以将活动分为城市共青团活动、农村共青团活动；从空间上，还可以将共青团活动分为室内活动和户外活动等。

（二）活动形式的选择标准

1. 主题内容是基础

主题是整个活动的宗旨，内容则是活动形式的基础。活动形式的选择要契合主题和内容的风格及要求。比如政治性比较强的主题，它的活动形式就要正式一些、严肃一些；而联欢类的主题，活动的形式则需要活泼一些、欢快一些。

2. 青年爱好是参考

主题团日活动设计是面向青年的，要得到青年的欢迎，就需要参考青年的特点和爱好。随着社会的发展，青年的生活方式、思维方式都发生了极大的变化，对事物的审美观念也越来越多元化。因此，共青团活动的设计要充分考虑青年的这一变化和特点，尽量选择青年喜欢的形式，这样往往能使活动收到更好的效果。

3. 客观条件是限制

活动形式的选择往往还会受到场地、经费等客观条件的限制。

活动形式的选择要符合组织者的组织能力和其他客观条件的要求，不可一味地追求活动形式的创新和大规模。

4. 保持层次是底线

主题团日活动形式的选择要充分考虑青年特点和喜好，但并不是说只要是青年喜欢的形式我们就能拿过来用。共青团作为先进青年的群团组织，要保持自己的先进性，因此在活动的组织上也要保持活动形式的先进性，活动要保持一定的层次。

（三）活动形式的发展趋势

1. 小型活动将成为主题团日活动的主流形式

当前，共青团组织活动的方向逐步转向小型活动的组织，小型活动的组织将成为共青团组织日常工作中的主流活动形式。小型活动直接作用于基层团组织中的广大团员青年，虽然活动气势不大，"影响"较小，但效果不可低估。要实现团的活动影响全体青年，靠一两次轰轰烈烈的大型活动是不可能奏效的，需要靠小型多样的活动的普遍开展才能取得良好效果。因此，小型活动将成为基层团组织活动的重点。

2. 新媒体渗透到活动各个环节

随着互联网的快速发展，新媒体深刻影响着青少年的思想观念、表达方式、聚集方式和动员方式，也深刻影响着共青团的各项工作。青年接受新事物快、好奇心强等特点，使得青年使用新媒体占有很大比例，运用新媒体紧密联系青年是一个趋势，新媒体在青年思想引导、活动覆盖和增强活动影响力等方面具有重要作用。

七、主题团日活动的方案

（一）方案制订的原则

1. 系统完整

活动方案要系统而完整，即活动的主题、内容、形式、时间、环境等统一到一个完整的系统设计中。活动方案的制订要围绕主题定内容和形式，同时在选择内容和形式时也要充分体现主题。比如，主题是严肃的，活动的内容、形式就不能过于活泼。

2. 清晰明确

任何活动方案的每一项都应该进行具体而详尽的安排和制订。方案撰写要简单易懂便于操作实施，每一项具体详尽，做到量化细化。比如，参加活动的人的心境、文化、服饰等，都要纳入活动方案。

3. 可行性强

活动方案制订后，应保证顺利进行和推进，需要考虑综合团组织的人力、物力、财力等情况，方案不能过高，内容不能过大，形式不能过难。否则方案制订出来以后，困难度过高会让人丧失信心。

（二）方案的内容

活动方案应包括：

1. 名称。活动一般要有名称。
2. 主题。主题的设定即简单概括活动特点，为活动制定基调。

3. 意义。方案中可阐述活动的意义。

4. 内容、方式和步骤。这部分要求非常详尽、具体，要分条目来写。一些注意事项、重要的地方要额外进行说明。

5. 时间、地点及参加人员。这些事先要确定好。

6. 经费预算。活动需要经费，在设计活动时应做好活动经费预算，本着节约原则，达到少花钱、多办事。

7. 所需物资。写明活动所需物品，活动所需文字材料和其他项目。活动中尤其是大型活动需要相应的设备，需提前拉出清单，以备落实。

8. 分工安排。列明活动的人员分工情况。

（三）方案制订的注意事项

1. 活动方案制订要充分考虑活动主体——团员青年的特点。根据对象特点，制定活动的主题、内容、形式等。

2. 活动方案制订时，在时间上不能将活动战线拉得过长，否则活动容易虎头蛇尾。

3. 活动的规模要适中。应视具体活动、具体情况而定。

4. 活动方案应注意体现自身特点。不能单纯模仿类似活动方案或雷同于本单位其他组织、部门的活动，否则很难体现新鲜感。

（四）活动方案模版

×××活动方案策划书

一、活动概况

（一）活动背景

（二）活动意义

二、活动主题

三、活动时间

四、活动地点

五、参加人员

六、活动分工

（一）总负责人：×××

（二）宣传：×××

（三）物资：×××

……

七、活动开展

（一）活动准备

1．宣传

2．物资准备

（二）活动实施

1．现场布置

2．礼仪接待

……

八、应急方案

九、经费

（一）各项费用明细

（二）总计

十、附录

（一）所需物资清单

（二）参加人员名单

（三）活动现场地图

（四）其他事宜

八、主题团日活动的实施

实施环节是主题团日活动能否成功的关键。如果实施环节发生问题，前面所有的完美策划都将功亏一篑。

活动的组织实施顺畅与否关键在于组织者的执行力，执行力强的个人或团队能够丝毫不差地将活动方案的内容完美地展现出来，甚至会有更好的发挥。增强执行力的必要操作有四点：一是充分准备，保证各个环节及时到位；二是依据方案严格控制活动的过程；三是高度重视活动的每一个细节；四是及时做好反思和总结工作。

实施环节，我们按时间先后可以分为前期准备和具体实施两个阶段。

（一）前期准备阶段

活动的准备是活动开展过程是否顺利的重要环节和基础环节。总体来说，活动的准备包括组织准备、精神准备和物质准备三种形式。

1. 组织准备

任何活动都是一个群体性的活动，活动的过程会涉及方方面面的事宜。因此，建立活动的组织机构是开展活动的前提。从广义上说，共青团活动的组织者当然是共青团，但具体活动的组织往往还需要具体到一个专门的团队进行细节的策划和实施。

组织团队的建立主要有两种方式：一是以某一职能部门为活动的组织者。二是以项目组的形式组织团队。活动的组织往往会涉及多个部门、多家单位，甚至是多个地区，这时项目组的形式往往更适宜活动的组织。项目组是指为了完成某个特定的任务而把一群不同背景、不同技能和来自不同部门的人组织在一起的组织形式。其特点是根据任务的需要，将各种人才集合在一起进行联合攻关，任务完成后，小组基本就可以解散了。这种形式的组织方式往往适应性强，机动灵活，容易接受新观念、新方法。

此外，在共青团活动的组织过程中还要学会借力：一是社会资源的力量，共青团组织活动时应尽力地吸纳活动过程中可能要涉及的单位和其他社会组织，在活动组织机构中吸纳这些单位或其他社会组织的人员，往往能使活动达到事半功倍的效果。二是青年的力量，共青团是青年利益的代表者，其活动的组织也往往是以青年为主体的或直接面向青年的，因此，共青团活动的组织尤其要借助青年的力量，在活动的组织机构中吸纳部分优秀青年，有助于拉近与青年的关系。

一个好的活动组织机构应该具备人员充沛、分工明确、行动高效等特点。在较大的活动过程中还应在组织机构下面分设各个实施小组，例如宣传组、物资组、场地组、联络组、保障组等。

2. 精神准备

活动开展的精神准备主要包含两方面：一是活动的动员；二是活动的宣传。精神准备是活动开展的门面和思想基础。

（1）动员准备

活动的动员准备主要集中在组织者的内部，通过动员激发活动组织者的激情和热情，充分调动活动组织者的积极性，使其上下一心、步调一致地搞好活动，提高活动组织的质量和效率。

（2）宣传准备

开展任何一种类型的活动，都需要在活动开展之前，利用各种传播方式让参加者了解活动的目的和要求、内容和形式、时间和地点、仪式和步骤等情况。当前开展团的活动，主要的宣传手段有以下两大类：

A、传统媒介。传统的媒介主要有宣传单、海报、黑板报、墙报、条幅等。这些方式或以招贴画为主，或以文字通知为主，或图文并茂，具有直观、醒目、画面吸引人、文字简明扼要的特点。

B、新兴媒介。新兴的媒介主要有 QQ、微博、微信、快手、抖音等，该类宣传手段传播信息快，已被各基层团委广泛采用。其中，随着青年人口流动性的增加及青年对网络电子产品的依赖程度日益提高，这类方式已开始逐渐取代传统的宣传手段，成为共青团活动通知、宣传的主要手段。

无论我们使用哪种宣传手段，都应该注意宣传对象和宣传效果，而且还需培养选拔一批能写会画善讲的人才。伴随着团的各项活动的蓬勃开展，宣传舆论阵地也应是十分活跃的。通过宣传使活动深入人心，通过开展活动也能使我们的宣传工作更贴近共青团的工作实际，更好地发挥它的教育职能。

3. 物质准备

活动的物质准备，包括开展活动所必需的经费、工具、器材、学习资料、音响设备、场地等条件的准备。

主题团日活动经费非常有限，开展活动时所进行的物质准备要从实际出发，绝不能搞形式主义。在经费和物资的准备方面，我们在尽力求得领导的支持的同时，也要走出去，争取社会上其他资源的支持，同时我们也要靠自己的力量，或自己动手，或学会巧花钱，力争少花钱多办事。尤其在准备物资的过程中，要合理安排经费，尽量将经费花在可重复利用的物资的采购上面，同时要做好这一部分物资的维护工作，从而减轻以后活动的经费压力。

组织开展活动，离不开一定的活动空间。场地布置与环境的美化对活动本身具有很强的视觉影响力和穿透力。不同风格的会场会对活动起到不同的作用。一般而言，庄严的会场，会给参会者一种庄重的气氛；花团锦簇、彩灯闪烁的会场，会给参加者一种强烈美好的感受。因此，在组织团的活动时，一定要注意环境因素的作用。当然，环境的美化既包括活动场所内的美化，也包括与活动场所相关或毗邻的建筑物、通道和区域的美化,其目的也在于营造一种整体的氛围。美化的方式可用彩旗、产品广告小旗、花卉造型、悬挂标语、彩灯、彩绸飘带装饰点缀。环境美化的程度一般视活动的规模和影响大小而定。

(二) 具体实施阶段

1. 以主题为中心,贯穿始终

主题是活动的主线,在共青团的活动中应贯穿始终,不断强化和突出主题,这样才能使活动达到预期的效果。同时,在活动的过程中,不断地强化主题,以避免活动目标在活动推进过程中发生偏移。

2. 以方案为指南,步步推进

活动的实施就是按照既定的活动方案进行推进的过程,因此,活动的实施必须紧扣活动的方案,在方案的指导下一步一步地推进,加强对活动过程的控制,从而使活动各个阶段的任务能够顺利完成。

第一,活动内容的控制。活动内容的安排要按照轻重缓急的顺序排列,做到有主有次,突出重点,层层推进,圆满地实现方案中确定的每一项内容。

第二,活动过程的把握。活动的过程中,不同的人员对活动的利益和审美有着不同的需求,这就需要我们在活动的过程中做好协调工作,减少、化解矛盾和冲突。此外,由于各种因素的影响,活动的各个环节可能会产生一些变化,比如某一环节的时间比预期的要长,这就需要活动的组织者控制流程,紧凑接下来的各个环节,以实现整体上活动的按部就班、按时按点地完成。

第三,阶段性的总结与调整。正如前面所说,活动的各个环节和流程因为一些突发因素的影响而产生一些变化,因此,在活动的组织实施过程中要不断地对活动进行阶段性的总结，及早地发现问题并适时做出调整，从而保障活动按照既定的目标一步步顺利地向前推进。

3. 依据分工各司其职，有序推进

在活动的组织实施过程中，尤其是比较大型的活动实施过程中，一定要对活动的组织者进行分工，做到分工明确、责任到人。

一般活动的组织可以分为组织领导组、物资准备组、现场协调组、安全保障组。其中每个组下面还可以再进一步地细分，比如在演出活动中，现场协调组就可以再进一步地分为灯光组、音响组、场务组、礼仪组等。但分工不分家，而是有组织、有联系、有交叉地分工，只有统一协调的分工，才能保证各项工作齐头并进，有序进行。

4. 抓好活动细节，工作到位

老子曾有言："天下难事，必作于易；天下大事，必作于细。"

认真做事只是把事情做对，用心做事才能把事情做好。任何一件事情都是一个一个细节做出来的，而不是喊口号喊出来的，一个好的活动也是如此。在活动的实施过程中，只有做好每一个细节，才能保证活动顺利地开展。做好活动的细节最重要的是具体工作落实到人，而且要确保人有足够的胜任力和责任心。

5. 做好应急预案，保障有力

任何活动的过程中都有有序和不安定因素两种倾向，在看似"有序"的活动中往往充满着各种混乱的可能，比如说户外活动天气的变化、群体活动中参加者之间的摩擦、活动中设备出现故障等，这种潜伏的不可预知或不可控的因素往往会对整个活动系统产生不利的影响，打乱活动的正常进行，甚至会直接导致活动的被迫中止。因此，共青团在组织活动的过程中，一定要做好应

急预案，做好突发事件的处理工作。此外，在组织活动时，还要充分考虑参加者的安全问题，比如，在封闭的场所开展活动时，一定要做好防火等安全保障准备；组织大型活动时要做好防踩踏的预案，做好防火、停电、突发疾病的救援等各项准备工作。

九、主题团日活动的总结

凡事当善始善终，不能虎头蛇尾。开展主题团日活动也应注意搞好活动总结，及时总结经验、查找不足、表彰先进、评估效果。

对活动进行总结和评估的目的，在于充分展示和肯定成绩及收获，总结、检查存在的问题和不足，表彰先进和优胜，鼓励青年以更大的热情投入到今后的活动中，并取得更好的成绩。总结的方式可以根据活动的内容与形式的特点，灵活运用。

(一) 总结经验

主题团日活动的策划实施在完成其既定的主题目标的同时，还会产生两个积极的效果：第一，锻炼了活动的组织人员。组织成员在经过组织活动的洗礼后，会更加的成熟和稳重，还会积累丰富的经验，为以后的活动准备实力强大的组织领导者。第二，为以后组织类似活动积累了宝贵的经验。活动中各个环节和流程、技巧的实践，让以后的活动可以有所参考和借鉴，尤其是一些好的做法可以在以后的活动中得到创新性发展。

一个活动的结束时刻也是它的生命重新开始的时刻，因此从活动结束的那一刻它就成了案例。它的各种流程、做法和技巧都将成为以后类似活动的一个参考。因此，积累活动中的经验，对于我们共青团组织活动来说，是一项宝贵的财富。

(二) 查找不足

在主题团日活动的策划实施过程中难免会存在一些不足乃至失败的地方，这些不足和失败，我们不能仅仅把它看成是活动的缺憾，更要看成是活动的另一笔宝贵财富，我们必须正视这些失败和不足，从中吸取教训，为今后的活动组织积累经验。

不足和失败只是一个表面现象，我们不能仅仅停留在认识到了、知道了这些不足和失败的浅层面，而是要深入分析和总结背后深层次的原因。如果可能的话，我们不仅要找出症结所在，更要找出解决的办法，避免在今后的活动中出现同样的问题。俗话说"聪明人不会在同一个地方跌倒两次"，就是这个道理。

(三) 表彰先进

表彰先进是开展各项活动的重要总结方式之一。表彰的目的在于学习先进、激励后进。表彰的方式本身就是一种激励效应。表彰奖励主要有两种方式：一种是物质奖励，一种是精神奖励。表彰用的奖品，一般视活动的规模而定。奖品的购置，应当把物质奖励与精神奖励相结合的原则贯穿进去，并要重视精神奖励。可以表现为情感激励、荣誉激励、物质激励、榜样激励、目标激励等物质与精神相结合的激励方式。

每开展一项活动，都是一次团内青年的感情交流。肯定青年在活动中的良好表现和突出成绩，可以使团的干部和团员、青年的情感联系更加紧密。一张小小的奖状，一个小小的奖品或纪念品，一次活动成果的展示，一次口头的表扬、提名，都会给受表彰者带来极大的鼓舞，进一步激发他们工作的动力，从而更好地投入共青团的活动中。

（四）评估效果

1. 评估的形式

评估是对活动方案落实情况的一种总结，也是提高活动质量的一种途径。评估可以分为三种形式：

（1）过程评估。即对活动开展的整个过程的程序进行评价，包括活动准备阶段、实施阶段的评价，如活动中是否有失误环节、人员分工是否恰当、活动参加者的感受等，利用这些资料去评估活动质量。

（2）成果评估。即检验活动是否达到了当初订立的目标，造成现在活动成果的因素，参加者对活动满意度的评价，工作是否有一些额外成果等。

（3）效益评估。主要是对在一定成本下活动的效果和收益的评估，这样可以使以后的活动更有效益。

2. 评估的步骤

（1）明确评估目的和活动目标。评估的形式有很多种，采取哪种评估形式往往取决于评估的目的，以及想解决的是哪种问题，根据不同的情况灵活选择评估形式。活动的评估不能脱离活动方案，评估的目标应与对活动的预期目标相联系，所以也要首先明确活动的预期目标，才能进行有效的评估。

（2）建立评估标准。确定活动目标后，我们应该考虑如何去测评它们，这就需要一个标准或指标。我们把活动目标具体化，成为可以观察和量度的指标，这叫作操作化，操作化的过程帮助我们对活动质量和成果进行有效的测评。很多时候不能靠单一的指标去评估，往往会涉及多个指标。

（3）选择适当的研究策略。为了弄清活动是否有实际效果，通常情况下我们可以运用以下两种经常用的研究策略来加以解释：

A. 运用比较和控制组的方法。即可以将一个参加活动的组别和另一个没有参加活动的组别作比较。

B. 运用时间序列测量的方法。即测量不同时间段活动的成果。

（4）资料收集及分析。资料收集的方法很多，应根据实际情况灵活选用，比如问卷调查、面谈访问、观察记录、查阅资料等。最后根据收集的资料进行分析，以评估项目是否达到预期目标，以及出现差距的原因。

学习心得体会随手记